Tom Hess
Abrahams Kinder

Tom Hess

# Abrahams Kinder

Verlag Gottfried Bernard
Solingen

Titel der Originalausgabe:
**Sons of Abraham**
Egypt, Israel and Assyria Worshipping God Together as a Blessing on the Earth
Tom Hess


Published by Progressiv Vision International
P. O. Box 31393, Jerusalem 91313, Israel


Verlag Gottfried Bernard
Heidstr. 2a
42719 Solingen
E-Mail: Verlag.GottfriedBernard@t-online.de

Übersetzung: Michaela Wedel
Satz: Satz & Medien Wieser, Stolberg
Grafik: Thomas Sommerer, type + print, Nürnberg
Druck: Schönbach Druck, Erzhausen

Alle Bibelzitate sind, wenn nicht anders angegeben, der Elberfelder Bibel in der revidierten Fassung von 1985 (Brockhaus Verlag, Wuppertal und Zürich, 1996) entnommen.

ISBN 3-934771-57-2
Best.-Nr. 175752

Dieser sowie alle weiteren Titel aus dem Verlag Gottfried Bernard sind erhältlich bei:
Gerth Medien GmbH
D-35607 Asslar

# Inhalt

**Teil III**
**1967-2004**
**24 messianisch-jüdische und arabische Väter der Josua-Generation**

# Vorwort

*Abrahams Kinder: Ägypten, Israel und Assyrien – ein Segen inmitten der Erde* wurde geschrieben, um die Juden und Araber in Israel und dem Nahen Osten zu ermutigen. Es wurde geschrieben, um die leuchtenden israelischen und arabischen Fackeln zu ermutigen, gemeinsam zu brennen als loderndes geistliches Feuer vom Nil bis zum Euphrat, bis die ganze in 1. Mose 15,18-21 und Jesaja 19,23-25 beschriebene Region zum Haus Abrahams aus Juden und Arabern wird, die ihm in Heiligkeit und Reinheit inmitten der Erde dienen:

> **Deinen Nachkommen habe ich dieses Land gegeben, vom Strom Ägyptens an bis zum großen Strom, dem Euphratstrom: die Keniter und die Kenasiter und die Kadmoniter und die Hetiter und die Perisiter und die Refaiter und die Amoriter und die Kanaaniter und die Girgaschiter und die Jebusiter. (1. Mose 15,18-21)**
>
> **An jenem Tag wird es eine Straße von Ägypten nach Assur geben. Assur wird nach Ägypten und die Ägypter nach Assur kommen, und die Ägypter werden mit Assur dem HERRN dienen. An jenem Tag wird Israel der Dritte sein mit Ägypten und mit Assur, ein Segen inmitten der Erde. Denn der HERR der Heerscharen segnet es und spricht: Gesegnet sei Ägypten, mein Volk, und Assur, meiner Hände Werk, und Israel, mein Erbteil! (Jesaja 19,23-25)**

Dieses Buch ist über weite Strecken eine Sammlung von Zeugnissen dessen, was Gott in Israel und dem arabischen Nahen Osten im 19., 20. und 21. Jahrhundert getan hat, vergleichbar mit der Apostelgeschichte, die über das 1. Jahrhundert berichtet. Offenbarung 12,11 sagt, dass wir durch das Blut des Lammes und das Wort unseres Zeugnisses überwinden. Unser Gebet ist, dass die Zeugnisse von Leitern der Mose-Generation (1799-1967) Sie berühren werden, weil ich persönlich sehr angesprochen und berührt wurde, und dass Sie beim Lesen dieser Zeugnisse einen Eindruck von der fundamentalen Vaterschaft, der Geschichte und der Verwurzelung aller Dinge in der Wiederherstellung Jerusalems erhalten. Von diesen Fundamenten aus bewegen wir uns weiter auf dem Zeitstrahl des in Jesaja 19,23-25 beschriebenen Wiederherstellungsprozesses, der die Wiederkunft des Königs vorbereitet. Paulus' Wort, dass wir nicht viele Väter haben (1. Korinther 4,15), ist wahr, aber wir danken Gott für diese zwölf jüdischen und zwölf arabischen Männer und Frauen und für die anderen, die geholfen haben, das schmale apostolische Fundament zur Wiederherstellung in Israel und dem Nahen Osten über die letzten beiden Jahrhunderte zu legen.

Die Zeugnisse insgesamt handeln von dem, was Gott durch die vielen Konferenzen, durch die kleineren von ausschließlich jüdischen und arabischen Leitern sowie durch die größeren Konferenzen für alle Nationen und durch die „Jericho-Märsche" getan hat. Wir beten, dass dadurch viele Juden, Araber und diejenigen von Ihnen aus den Nationen genauso ermutigen werden, wie uns die kleinen Anfänge von Einheit unter den Kindern Abrahams – Juden und Arabern – in Ägypten, Israel und Assur von 1984-2004 ermutigt haben. Wir preisen Gott für die Leiter der Mose-Generation, die geholfen haben, den Weg für die Josua-Generation, der 1967 begann, vorzubereiten. In Josua 1,1-11 heißt es:

> **Und es geschah nach dem Tod des Mose, des Knechtes des HERRN, da sprach der HERR zu Josua, dem Sohn des Nun, dem Diener des Mose: Mein Knecht Mose ist gestorben. So mache dich nun auf und gehe über diesen Jordan, du und dieses ganze Volk, in das Land, das ich ihnen, den Söhnen Israel, gebe! Jeden Ort, auf den eure Fußsohle treten wird – euch habe ich ihn gegeben, wie ich zu Mose geredet habe. Von der Wüste und die-**

**sem Libanon an bis zum großen Strom, dem Strom Euphrat, das ganze Land der Hetiter, und bis zum großen Meer gegen Sonnenuntergang, das soll euer Gebiet sein. Es soll niemand vor dir standhalten können, alle Tage deines Lebens. Wie ich mit Mose gewesen bin, werde ich mit dir sein; ich werde dich nicht aufgeben und dich nicht verlassen.**

**Sei stark und mutig! Denn du, du sollst diesem Volk das Land als Erbe austeilen, das ihnen zu geben ich ihren Vätern geschworen habe. Nur sei recht stark und mutig, dass du darauf achtest, nach dem ganzen Gesetz zu handeln, das mein Knecht Mose dir geboten hat! Weiche nicht davon ab, weder zur Rechten noch zur Linken, damit du überall Erfolg hast, wo immer du gehst! Dieses Buch des Gesetzes soll nicht von deinem Mund weichen, und du sollst Tag und Nacht darüber nachsinnen, damit du darauf achtest, nach alledem zu handeln, was darin geschrieben ist, denn dann wirst du auf deinen Wegen zum Ziel gelangen, und dann wirst du Erfolg haben. Habe ich dir nicht geboten: Sei stark und mutig? Erschrick nicht und fürchte dich nicht. Denn mit dir ist der HERR, dein Gott, wo immer du gehst.**

**Da befahl Josua den Aufsehern des Volkes: Geht mitten durch das Lager und befehlt dem Volk und sprecht: Versorgt euch mit Wegzehrung, denn in noch drei Tagen werdet ihr über diesen Jordan ziehen, um hineinzugehen, das Land einzunehmen, das der HERR, euer Gott, euch gibt, es zu besitzen!**

Wir glauben, dass die Generation angefangen von der Wiedervereinigung Jerusalems als jüdische Hauptstadt Israels im Jahr 1967 die Josua-Generation ist, die das Land besitzen wird und den König Jerusalems, Israels und aller Nationen auf Grundlage von Lukas 21 wiederbringen wird:

**Und Jerusalem wird zertreten werden von den Nationen, bis die Zeiten der Nationen erfüllt sein werden.**

> **... Seht den Feigenbaum und alle Bäume! Wenn sie schon ausschlagen, so erkennt ihr von selbst, da ihr es seht, dass der Sommer schon nahe ist. So erkennt auch ihr, wenn ihr dies geschehen seht, dass das Reich Gottes nahe ist. Wahrlich, ich sage euch, dass dieses Geschlecht *nicht* vergehen wird, bis alles geschehen ist. Der Himmel und die Erde werden vergehen, meine Worte aber werden *nicht* vergehen (Lukas 21,24, 29-33).**

Ob diese Josua-Generation nun vierzig oder siebzig Jahre dauert, so ist es jedenfalls eine Freude für mich, mit diesen jüdischen und arabischen Leitern der Josua-Generation, von denen viele zu meinen besten Freunden gehören, gemeinsam Gott zu dienen und zusammen zu arbeiten (vgl. Einleitung zu Teil III). Am Ende des Buches befinden sich Berichte von dem, was Gott in Nordafrika, Israel und dem Nahen und Mittleren Osten / Assyrien tut, die wie Apostelgeschichte 29 ein wunderbarer Höhepunkt dieses Buches sind, nur 2000 Jahre später. Wir ermutigen die Kinder Abrahams aus allen Nationen, die es dem Glauben nach sind, den arabischen Nahen Osten und Israel mit einer Mauer des Gebets, des Feuers und der Anbetung zu umgeben (Sacharja 2,5), und so den Weg zu bereiten von den Erstlingsfrüchten bis zur vollen Freisetzung von Feuer, Anbetung und Errettung der Juden und Araber in Ägypten, Israel und Assyrien. Dies wird die Fülle des Segens inmitten der Erde freisetzen! Wächter, erhebt euch auf den Mauern Jerusalems und tretet in den Riss für die Kinder Abrahams – Juden, Araber und alle Nationen – und bereitet den Weg für den König der Herrlichkeit, dass er seinen Thron im tausendjährigen Reich und im Neuen Jerusalem für alle Zeiten einnehme.

Ich will besonders Neichü Angami aus Nagaland, Indien und Matthew Pine aus den USA danken, dass sie für den Herrn verfügbar waren, und für ihre aufopferungsvolle Hilfe bei den Interviews und der Überarbeitung dieses Buches.

Es hat durch die gesamte Menschheitsgeschichte hindurch eine große Spaltung zwischen Juden und Arabern gegeben, zwischen den Söhnen Isaaks und Ismaels und den restlichen Nichtjuden. Heute stellt Gott Israel und die Gemeinde wieder her, zu Jeschua hin – Juden, Araber, und Gläubige aus allen Nationen. Sein Plan für uns ist, dass wir Gott gemeinsam inmitten der Erde dienen, sowohl in den kommenden Jahren in Jerusalem und allen Nationen, als auch in Ewigkeit im Neuen Jerusalem. Mögen wir treu dienen, wachen, und die Mauern Jerusalems und aller Nationen besetzen und überwinden, bis Er wiederkommt und unser aller Bestimmung im Neuen Jerusalem gemeinsam zu ihrem Höhepunkt führt!

Tom Hess
Jerusalem, Israel
September 2003

# Teil I

# 1799-1967
# 24 messianisch-jüdische und arabische Väter der Mose-Generation

## Apostolische Väter der Juden als Wegbereiter für das Ausschlagen des Feigenbaums in Israel im Jahr 1967

### *1. Michael Solomon Alexander (1799-1845)*

In der Zeit, als Napoleon in den dynamischen Nahen Osten vorstieß, wurde Michael Solomon Alexander geboren. Alexander war ein im rabbinischen und orthodoxen Judaismus ausgebildeter Rabbi, der Jeschua als seinen Erlöser annahm. Als seine jüdische Gemeinde in Frankreich erfuhr, dass er „gläubig" geworden war, wurde er schnell seines Dienstes als Rabbi enthoben. Er wurde später in Jerusalem zum Bischof ernannt und am 18. November 1841 empfing er in der Christ Church in Jerusalem seine Weihe. Er wurde der erste jüdische Bischof in Jerusalem nach 1700 Jahren, der in hebräischer Sprache predigte und betete. Kurz nach seiner Ernennung folgten die katholische und orthodoxe Kirche dem Beispiel Alexanders und ernannten ebenfalls Bischöfe zu Jerusalem.

Sein Einzug in Jerusalem war etwas ganz Besonderes, da er ein Hebräer für Hebräer war, eigentlich aber ein Rabbi nach jüdischer Wiederherstellung. Er war die Erstlingsfrucht der messianisch-jüdischen Wiederherstellung.

Alexander verbrachte vier fruchtbare Jahre des Dienstes in Jerusalem. Sein Wunsch war, die jüdische Gemeinde in Jerusalem vollständig wiederhergestellt zu sehen. Mit Zustimmung der anglikanischen Kirche hielt er Gottesdienste in hebräischer Sprache, darunter tägliche Gottesdienste auf dem Zionsberg und Sabbatgottesdienste am Samstagmorgen. In seiner Amtszeit gab es zahlreiche Aktivitäten, zu denen Hochzeiten und die Einsetzung eines jüdischen Bischofs, Priesters und Diakons gehörten. Völlig unerwartet wurde Alexander krank und verstarb auf einer Reise nach Ägypten im Alter von 47 Jahren. Bei seinem Tod erhielt seine Familie Kondolenzbriefe von 31 jüdischen Gläubigen in Jerusalem, die seiner Leitung anbefohlen gewesen waren.

Die Vision der messianischen Wiederherstellung lebte in der *Christ Church* erst in den 80er Jahren wieder auf, als die Berger-Brüder und Neil Cohen die Gemeindeleitung übernahmen.

## 2. *Joseph Rabinowitz (1837-1899)*

In den letzten beiden Jahrtausenden hat es wohl immer wieder messianische Juden gegeben, aber vom zweiten Jahrhundert an bis Ende des 19. Jahrhunderts war es nur eine kleine Zahl. Joseph Rabinowitz, der als Vater der messianisch-jüdischen Bewegung und als der Theodor Herzl der Judenchristen bekannt ist, wurde 1837 geboren. Wie Herzl, der es schaffte, den Zionismus auf die internationale Tagesordnung zu setzen, erreichte auch Rabinowitz, dass die Frage der jüdischen Identität hebräischer Christen auf die Tagesordnung kam. Beide fanden Unterstützung, aber auch Ablehnung.

Rabinowitz besuchte 1882 Palästina, um nach einer Möglichkeit Ausschau zu halten, hier eine jüdische Siedlung zu gründen. Als er in Jerusalem auf dem Ölberg stand, offenbarte Jeschua sich ihm und gab ihm die Schriftstelle: **„Wenn nun der Sohn euch frei machen wird, so werdet ihr wirklich frei sein" (Johannes 8,36).** Von jenem Moment an ergriff die Wahrheit, dass Jeschua der König und Messias ist, der allein

Israel erlösen kann, seine Seele auf mächtige Weise. Nach dieser Offenbarung beschaffte Rabinowitz sich ein Neues Testament und wurde von Jesu Evangelium getroffen: **„Getrennt von mir könnt ihr nichts tun" (Johannes 15,5).** Rabinowitz sagte wiederholt: „Auf dem Ölberg habe ich Jeschua gefunden". Für immer verändert wurde er zum Wächter Gottes auf der Zinne und kehrte nach Kischinew in Moldawien zurück, wo er eine messianisch-jüdische Gemeinde gründete und die Veröffentlichung des Neuen Testamentes auf Jiddisch unterstützte. Man sagt, dass seit Paulus niemand mehr so zu den Juden predigen konnte wie Joseph Rabinowitz.

Rabinowitz sprach sich gegen die Emigration von Juden nach Amerika aus, aber der Gedanke eines jüdischen Staates in Palästina gefiel ihm ausgesprochen gut. 1887 beklagte Rabinowitz, dass die Moslems tiefste Verachtung gegenüber den Juden zeigten und sie in jeder Hinsicht unterdrückten. Er sagte, dass Juden nicht an der Klagemauer des Tempelberges beten könnten, ohne von Moslems belästigt zu werden.

Ein Jahr danach äußerte Rabinowitz: „Es gibt zwei Themen, von denen ich völlig eingenommen bin: Eines ist der Herr Jesus, das andere ist Israel", und er bekannte: „Der Schlüssel zum Heiligen Land liegt in den Händen unseres Bruders Jesus von Nazareth". Er fügte hinzu: „Jeschua ist ein Jude, der Sein Volk erretten wird. Vor allem anderen ist Jeschua der Bruder Israels und der Juden". Rabinowitz sagte: „Erst ehrte ich Jesus als großen Menschen mit einem barmherzigen Herzen, später dann als einen, der sich um mein Volk sorgt, und schließlich als den, der meine Sünde wegnahm".[1]

Rabinowitz starb 1899, kurz nachdem Herzl den Ersten Zionistischen Kongress in Basel einberufen hatte, auf dem er erklärte, dass in fünf bis fünfzig Jahren ein jüdischer Staat geboren würde. Rabinowitz starb kurz bevor am Silvesterabend 1900 eine Erweckung und ein neues Pfingsten bei den Heiden in Topika, Kansas, anbrach. Sein Leben und Tod haben den Weg für das 20. Jahrhundert bereitet, das Jahrhundert der Wiedergeburt Israels 1948 und das Austreiben des Feigenbaums 1967.

Um 1900 gab es schätzungsweise weniger als 150 in Palästina lebende Juden, die an den Messias glaubten; 1967 gab es rund 400 messianische Gläubige in Israel und Tausende außerhalb. Aber im Jahr 2000 n. Chr. waren es bereits über 5000 messianische Juden in Israel und bis zu 500.000 weltweit.

## *3. Ben-Zion Friedman (1852-1916)*

Ben-Zion Friedman wurde in Russland geboren und in den strengsten Schulen des orthodoxen Judaismus ausgebildet. Er immigrierte um 1870 nach Palästina und studierte den Talmud unter den Jüngern von Hachaim in der Beitham Midrasch. Dort fand er Jeschua als seinen Erlöser. Als er seinen Freunden von Messias Jeschua erzählte, wurde er verfolgt und ging nach Kanada, kehrte aber 1882 wieder nach Palästina zurück, im selben Jahr, in dem Joseph Rabinowitz Jeschua auf dem Ölberg empfing. Ben-Zion kam, um Russen zu unterstützen, die nach Israel immigrierten. Er nahm an der Leitung täglicher hebräischer Gottesdienste in Jerusalems Christ Church teil, zu denen bis zu 70 russische Juden kamen. Er besuchte Hebron drei Mal im Monat, um dort zu dienen.

Seine Missionierung der Juden in Zefat (Safed) leistete einen großen Beitrag in dieser Stadt, von Mitte der 80er Jahre des 19. Jahrhunderts an bis ins 20. Jahrhundert hinein. 1887 ließ Friedman sich endgültig in seinem Haus in Zefat nieder. Dreißig Jahre lang leitete er die Missionierung der Juden in Zefat, wo er dem Missionshaus vorstand und wie in Jerusalem einen täglichen hebräischen Gottesdienst einrichtete. In seinem eigenen Volk gebrauchte Gott Friedman als herausragendes Zeugnis in einem schwierigen geistlichen Klima bis zum Ende seines Lebens im Jahr 1916. Dr. Anderson sagte über Ben-Zion Friedman:

> ***Die Ewigkeit allein wird das volle Ausmaß seines Glaubenswerkes und seiner Liebesmühen im Dienste des Evangeliums offenbaren. Ich betrachte Herrn Friedman als einen der größten hebräisch-christlichen Missiona-***

***re. Sein Werk war ausgesprochen still und unaufdringlich; und dennoch war es real und wirkungsvoll.*** [2]

## *4. Gustof Dalman, ein Mährischer Bruder (1855-1941)*

Gustof Dalman war ein messianischer Jude aus Leipzig, nahe Herrenhut, der ehemaligen Heimstatt von Graf Zinzendorf und den ostdeutschen mährischen Brüdern. Dalman besuchte im Jahr 1900 Palästina mit Unterstützung schottischer und englischer Missionare, die es gerne sahen, wenn Juden die Stationen und Einrichtungen der Mission besuchten. 1902 kehrte er nach Palästina zurück, um sich dort niederzulassen. Er war von 1902-1917 Direktor des Deutschen Evangelischen Instituts für Altertum in Jerusalem und war als Gelehrter bahnbrechend im Bereich Sprachen, Gebräuche und Kultur Israels zur Zeit Jesu.

Dalman begann die Herausgabe des ersten christlichen Magazins in hebräischer Sprache mit folgenden Worten: „Man darf nicht aufhören, ein Jude zu sein, wenn man Christ wird“. Jede Seite proklamierte, dass ein messianischer Jude sogar ein noch viel echterer Israelit sei.

Dalman schrieb auch ein Buch mit dem Titel *Work and Traditions in Palestine* (Werk und Traditionen in Palästina). Dalman räumte ein, dass die Juden ein besonderes Verhältnis zum Land ihrer Vorfahren hätten, aber er glaubte, dass erst, wenn sie Jesus annähmen, Palästina eine echte Heimat für sie werden könnte. Obwohl ein Stück Wahrheit in diesem Gedanken liegt, trug dieses Denken vieler gläubiger Christen und Juden und auch ungläubiger Juden dazu bei, dass Millionen von Juden im 20. Jahrhundert in Europa umkamen. Trotz dieser Schwäche trug er dazu bei, den Weg für messianische Juden in Israel zu Beginn des 20. Jahrhunderts zu ebnen.

## 5. *Rabbi Daniel Zion, Oberrabbiner der bulgarischen Juden (1883-1979)*

Daniel Zion wurde zum Oberrabbiner Bulgariens ernannt und später von einem bulgarischen Christen beeinflusst. Er war praktizierender Vegetarier und begann den Tag im Gebet, bei dem er den Sonnenaufgang betrachtete, und mit sportlicher Ertüchtigung. Als er eines Tages im Gebet den Sonnenaufgang betrachtete, erschien ihm Jeschua in einer Vision. Er fragte den orthodoxen Priester, was er tun solle. Dieser sagte ihm, er solle das Christentum nicht beachten, sondern sich auf Jeschua selbst konzentrieren, was er auch tat. Hier ist ein Lied, das er schrieb:

> ***Nicht ich, nein, nicht ich, nur du bist Jeschua in Mir!***
> ***Nur du bringst mich vor den Gott meiner Väter,***
> ***nur du kannst mich von jeder Krankheit heilen,***
> ***nicht ich, nein, nicht ich, nur du bist Jeschua in Mir!***
> ***Nur du lehrst mich, die ganze Schöpfung zu lieben,***
> ***nur du lehrst mich, sogar den Feind zu lieben,***
> ***nicht ich, nein, nicht ich, nur du bist Jeschua in Mir!***
> ***Darum werde ich in deiner Liebe bleiben,***
> ***allezeit werde ich in deinem Willen sein,***
> ***nicht ich, nein nicht ich, nur du bist Jeschua in Mir!***[3]

Die Nazis besetzten Deutschland, ohne dass ein einziger Schuss fiel. Weil Rabbi Zion eine Vision gehabt hatte, in der er nicht zulassen sollte, dass die Juden Bulgarien verlassen, schickte er einen Brief an den bulgarischen König mit folgendem Wortlaut: „Im Namen Jeschuas dürfen Sie nicht erlauben, dass die Juden Bulgarien verlassen". Der König erhielt den Brief einen Tag vor seinem Treffen mit Hitler. König Boris blieb Hitler gegenüber standhaft und beugte sich dem Druck der Nazis nicht, die Juden nach Polen oder Deutschland auszuweisen.

Rabbi Zion blieb Oberrabbiner von Bulgarien bis zu seiner Immigration 1949 nach Jaffa in Israel, wo er Oberrabbiner der bulgarischen Juden in Israel blieb. An jedem Sabbat nach der Lehre in der traditionellen Synagoge unterwies er alle Interessierten im Geheimen im Neuen Testament. Aufgrund seines Glaubens an Jeschua wurde Rabbi Zion in Sofia ausgepeitscht und seines Amtes im Rabbinischen Gerichtshof Israels enthoben, aber er blieb standhaft und war bis 1973 Oberrabbiner seines Volkes in Israel. Er schrieb Hunderte von Liedern und Büchern über Jeschua, den Sabbat, und führte ein gesundheitsbewusstes und naturverbundenes Leben mit vegetarischer Ernährung. Durch den Dienst von Rabbi Daniel Zion kamen Avi Mizrachi und seine Familie zum Glauben.

Er war nicht bereit, im Glauben Kompromisse zu schließen, weder um des Geldes christlicher Missionswerke willen noch unter dem Druck des Oberrabbinats. Jeschua war sein Freund und Erlöser bis zum Ende seines Lebens! Daniel Zion lebte dem Akrostichon gemäß, das er auf Hebräisch verfasst hatte:

***Das (Davar) Wort Gottes ist mein Weg,***
***die (Ner) Lampe Gottes ist meine Leitung,***
***die (Irat) Furcht Gottes ist der Anfang der Weisheit,***
***die (Ahavat) Liebe Gottes ist mein Leben,***
***den Willen Gottes (la'assot) tun, ist mein Bestreben,***
***(Zedek) Rechtschaffenheit und Gerechtigkeit sind mein Ziel,***
***Sein (Issurim) Leiden ist meine Erlösung,***
***Er wird dich auf all deinen Wegen (Yagen) beschützen,***
***der (Nezah) Ewige Israels ist mein Trost.***[4]

1979 starb Rabbi Daniel Zion mit 96 Jahren. Er wurde mit vollen militärischen und staatlichen Ehren als Oberrabbiner der bulgarischen Juden in Israel und als Bulgare, der viele Juden vor dem Holocaust bewahrt hat, zur letzten Ruhe geleitet!

## *6. Isaak Solomon Ostrovsky Ein Wächter in Israel (1902-1997)*

Solomon Ostrovsky wurde in der Ukraine geboren und verliebte sich als Teenager in Jeschua. 1922, kurz nachdem sein Vater in einem Pogrom getötet wurde, immigrierte Ostrovsky nach Israel. Auf seinem Weg nach Palästina übergab er sein Leben Jeschua und wurde von Leon Auurbeck in Kischinew getauft. In den nächsten 70 Jahren verbrachte Ostrovsky die meiste Zeit in Israel. Durch seinen Kontakt zu Pastor Rohold, dem Direktor der Bibelschule Mount Carmel, fand Ostrovsky Arbeit als Gärtner neben Mosche Ben-Meir.

Nachdem er sich in den frühen 30er Jahren in der Gegend von Jaffa-Tel Aviv niedergelassen hatte, begann er mit jüdischen und arabischen Gläubigen in der Deutschen Kolonie *Pniel Hall* Zusammenkünfte abzuhalten. Ihre Hauptversammlung war am Sabbat und schloss mit dem Abendmahl. Sie hatten Mittwochs ein Gebetstreffen. Während der 30er und 40er Jahre identifizierte er sich besonders mit der Stellung und dem Auftrag des Wächters wie er in Hesekiel beschrieben wird, ein Wächter, der von Gott eingesetzt war, dem Haus Israel die göttliche Botschaft zu bringen.

> **Und das Wort des HERRN geschah zu mir so: Menschensohn, rede zu den Söhnen deines Volkes, und sage zu ihnen: Wenn ich das Schwert über ein Land bringe, und das Volk des Landes nimmt einen Mann aus seiner Gesamtheit und setzt ihn sich als Wächter ein, und er sieht das Schwert über das Land kommen und stößt ins Horn und warnt das Volk, wenn dann einer den Schall des Horns hört, sich aber nicht warnen lässt, und das Schwert kommt und rafft ihn weg: so wird sein Blut auf seinem Kopf bleiben. Er hat den Schall des Horns gehört, hat sich aber nicht warnen lassen; sein Blut wird auf ihm bleiben. Doch hat er sich warnen lassen, so hat er seine Seele gerettet. Wenn aber der Wächter das Schwert kommen sieht, und er**

**stößt nicht ins Horn, und das Volk wird nicht gewarnt, und das Schwert kommt und rafft von ihnen eine Seele weg: so wird dieser um seiner Schuld willen weggerafft; aber sein Blut werde ich von der Hand des Wächters fordern. Dich nun, Menschensohn, habe ich als Wächter für das Haus Israel eingesetzt. Du sollst das Wort aus meinem Mund hören und sie vor mir warnen. Wenn ich zu dem Gottlosen sage: „Du Gottloser, du musst sterben!", du aber redest nicht, um den Gottlosen vor seinem Weg zu warnen, so wird er, der Gottlose, um seiner Schuld willen sterben; aber sein Blut werde ich von deiner Hand fordern. Wenn du jedoch den Gottlosen vor seinem Weg warnst, damit er von ihm umkehrt, er aber von seinem Weg nicht umkehrt, so wird *er* um seiner Schuld willen sterben; *du* aber hast deine Seele gerettet (Hesekiel 33,1-9).**

1935 gründete Ostrovsky eine messianisch-jüdische Zeitschrift mit dem Titel *Der Wächter* und war bis 1947 ihr Herausgeber. Er, Mosche Ben-Meir und andere veröffentlichten Zeugnisse, schrieben Artikel in hebräischer Sprache im Bereich Apologetik, über die Erfüllung von Prophetien über Israel sowie Artikel über die Identität lokaler Gläubiger im Land der Väter. Die Zeitschrift wurde bis 1948, dem Geburtsjahr Israels, veröffentlicht, dann verkaufte er den Verlag.

In den frühen 60er Jahren kaufte die Gemeinde in Jaffa vor Ort ein Gebäude, in dem die Gottesdienste fortgesetzt wurden. Heute beherbergt das Haus eine messianische Gemeinde. Ostrovsky kaufte zwölf Dunam Land in der Nähe von Herzliya, um eine Gemeinschaftsfarm als Arbeitsplatz für Juden und zur Lebensmittelproduktion zu gründen. Sie pflanzten Obstbäume, züchteten Geflügel und Gemüse. Nach zehn Jahren Bewirtschaftung, bei der er völlig auf sich gestellt war, gab er auf, weil niemand ihn unterstützen wollte.

Ostrovsky erwartete eine große Bewegung jüdischer Jünger Jeschuas vergleichbar mit der Zeit der ersten Apostel, die genauso enthusiastisch und bedeutsam sein würde wie Jeschuas Jünger im ersten Jahrhundert. Er glaubte, dass es ein bußfertiges Israel und eine neue messianische Herrschaft auf der Welt geben würde, mit Jerusalem als Zentrum:

> **Und es wird geschehen am Ende der Tage, da wird der Berg des Hauses des HERRN feststehen als Haupt der Berge und erhaben sein über die Hügel; und alle Nationen werden zu ihm strömen. Und viele Völker werden hingehen und sagen: Kommt, lasst uns hinaufziehen zum Berg des HERRN, zum Haus des Gottes Jakobs, dass er uns aufgrund seiner Wege belehre und wir auf seinen Pfaden gehen! Denn von Zion wird Weisung ausgehen und das Wort des HERRN von Jerusalem (Jesaja 2,2-3).**

Er sagte: „Die Juden werden Jeschua in Seiner wahren Gestalt erkennen und zu Gott umkehren und Israel wird geistlich wiedergeboren werden".

## *7. Harcourt Samuel (1903-1993)*

Harcourt Samuel wurde um die Jahrhundertwende in England geboren. Jahrzehntelang leitete er auf Basis seiner Erfahrung in der Geschäftswelt weitgehend die Angelegenheiten der Hebrew Christian Alliance. Er war nicht nur eine Persönlichkeit des öffentlichen Lebens und diente dem Herrn drei Amtsperioden lang als Bürgermeister von Ramsgate in Südostengland, sondern er diente auch 46 Jahre lang als Pastor christlicher Gemeinden und seinem Volk in Israel auf vielerlei Weise.

1925 veranstaltete die British Hebrew Alliance und die Partnerorganisation in den USA eine internationale Konferenz hebräischer Christen in England. In jenem Jahr wurde die International Hebrew Christian Alliance (I.H.C.A.) geboren.

> ***Wir hebräische Christen aus verschiedenen Teilen der Welt und evangelikalen Glaubens, haben uns versam-***

> *melt und bekräftigen unseren lebendigen Glauben an den Herrn Jesus Christus als unseren Messias sowie unsere Einheit in Ihm. Wir erklären hiermit, dass wir uns zur Internationl Hebrew Christian Alliance zusammenschließen.*[5]

Harcourt Samuel wurde zum Generalsekretär ernannt und widmete seine Zeit ganz dem Werk der Allianz. Innerhalb von zwei Jahren nach Gründung der Allianz hatten sich zwölf nationale Alliances ihr angeschlossen. Er wurde dann Pastor der Ramsgate Baptist Church und Herausgeber einer monatlichen Zeitschrift mit dem Titel *The Hebrew Christian*. Er wurde außerdem drei Mal zum Bürgermeister von Ramsgate gewählt. Er war leitender Direktor des Westminster Hospital Corridor und Vorstand der Hospital and Educational Organization.

Als Generalsekretär des I.H.C.A. kam er häufig nach Israel und besuchte viele europäische Staaten, die USA, Kanada, Südamerika und Südafrika. Er diente ebenfalls im Vorstand des sogenannten Abraham' s Vineyard in Jerusalem, der Land besaß, durch das armen Juden Arbeit verschafft werden konnte. Harcourt sagt über sein Lebenswerk:

> *Es war ein großes Privileg, während solch historischer Ereignisse wie dem Holocaust und der Gründung des Staates Israel ganz zentral am Werk der Alliance beteiligt zu sein. In beiden Situationen konnte die Alliance hebräischen Christen und ihrem Zeugnis helfen. Ein weiteres Privileg war es, andere hebräische Christen in verschiedenen Teilen der Welt kennen zu lernen, von denen einige wahre Kapazitäten als Gelehrte und Prediger waren; andere haben demütigere Plätze ausgefüllt, aber sie zur Ehre Gottes gelebt.*[6]

Frederick Levison sagt über Samuel:

> *Als hebräischer Christ der zweiten Generation hielt er sich nur locker an die Feste, Fastenzeiten und Traditio-*

*nen Israels. Gleichzeitig verband er sich mit jenen Gruppen hebräischer Christen, die Inspiration in ihnen fanden. Sein sanftes Auftreten und seine offenherzige Freundlichkeit verbargen sowohl die geistliche Tiefe als auch seine Geschäftstüchtigkeit, die ihn zusammen mit seiner Bereitschaft, ein hohes Arbeitspensum zu bewältigen, zu einem unschätzbaren Wert für die Alliance machten.*[7]

## *8. Zvi (Schlomo) Kofsman (1910-1976)*

Zvi Kofsman wurde in Algerien geboren, wo ihn ein muslimischer Konvertit zum Herrn führte. Er immigrierte 1948 aus Frankreich nach Israel. Kofsman hatte die Vision, einheimische messianische Gemeinden aufzubauen wie zu Zeiten der Apostel, und so die 2000jährige geschichtliche Lücke zu überbrücken. Aus Frankreich brachte er seinen Hintergrund der Assemblies of God mit und hatte enge Kontakte zu den Assemblies of God in Frankreich und den USA.

Die in den 50er Jahren gegründete messianische Assembly war nicht nur die erste Hebräisch sprechende messianische Gemeinde seit dem ersten Jahrhundert, sondern auch die erste, die 1958 in Israel eine offizielle *amuta* erhielt, d.h. den gesetzlichen Status einer gemeinnützigen messianischen Gemeinde. Diese Erstlingsfrucht bereitete den Weg für viele andere messianisch-jüdische und christliche Gemeinden in Israel.

Kofsman leitete im Zwei-Wochen-Rhythmus Gebetsversammlungen mit anderen Gemeinden. 1967 beteten und fasteten drei Gemeinden gemeinsam unter Zvi Kofsmans Leitung an *Jom Kippur*. Laya Golan fragte: „Wenn wir an *Jom Kippur* schon zusammen beten und fasten, warum können wir dann nicht jede Woche zusammen anbeten." Kurz danach begannen sie, sich als eine einzige Gemeinde zu versammeln. Als Pfingstler und Evangelikale in vielen Nationen noch miteinander rangen, verschmolzen sie in Jerusalem zu einer einzigen Gemeinde.

Was Gott 1967 in Jerusalem an Einheit schuf, ist eine Erstlingsfrucht dessen, was Gott zu Beginn des 21. Jahrhunderts in Jerusalem und allen anderen Nationen tun will.

> **Und es wird geschehen am Ende der Tage, da wird der Berg des Hauses des HERRN feststehen als Haupt der Berge und erhaben sein über die Hügel; und alle Nationen werden zu ihm strömen. Und viele Völker werden hingehen und sagen: Kommt, lasst uns hinaufziehen zum Berg des HERRN, zum Haus des Gottes Jakobs, dass er uns aufgrund seiner Wege belehre und wir auf seinen Pfaden gehen! Denn von Zion wird Weisung ausgehen und das Wort des HERRN von Jerusalem (Jesaja 2,2-3).**

## *9. Mosche Immanuel Ben-Meir (1904-1978)*

Mosche Ben-Meir wurde im Jerusalemer Stadtteil Mea Schearim geboren, wuchs dort auf und lebte die meiste Zeit seines Lebens dort als orthodoxer Jude. Einige Zeit arbeitete er auch im Hauptpostamt von Haifa und hatte einen Dienst in jener Stadt.

1925 ging er fort, um am Moody Bible Institute in Chicago zu studieren und kehrte 1930 nach Israel zurück. Zwischen 1930 und 1950 arbeitete er für verschiedene Missionswerke in Israel. 1950 versuchte er, eine Vereinigung messianischer Juden in Israel zu gründen, was aber nicht gelang.

Er überarbeitete die meisten Lieder in *Schir Chadasch*, dem Hauptliederbuch, das in Israel bis 1976 von den Gemeinden benutzt wurde. Mosche Ben-Meir schrieb Artikel für *Der Wächter*, der von Solomon Ostrovsky herausgegeben wurde, und gab selbst die Zeitschrift *Lehre aus Zion* heraus, das später von Joseph Schulam weiter publiziert wurde. Gemeinsam mit Schulam unterstützte Ben-Meir die Gründung von *Nativja*, einem internationalen Bibellehrdienst.

## *10. Chaim Chaimoff-Bar-David (1905-1991)*

1928, dreizehn Jahre nach seiner Geburt in Sofia, Bulgarien, immigrierte Chaimoff nach Israel. Als Gläubiger in Zion versuchte er später seine Familie zu überzeugen, auch nach Israel zu immigrieren.

1942 ging er zurück nach Bulgarien, um Rachel Schelly zu heiraten, und wurde fast von den Nazis umgebracht, konnte aber zurück nach Israel fliehen. In Jerusalem predigte er bei wöchentlichen Sabbatversammlungen, arbeitete für die Alliance und als Evangelist im Libanon.

1947 wurde er beinahe von einem Araber ermordet, der ihn zweimal schlug und viermal auf ihn schoss, aber Gott schützte ihn auf übernatürliche Weise. Ein Jahr später, 1948, als der anglikanische Erzbischof und die Hebrew Christian Alliance versuchten, alle christlichen und jüdischen Gläubigen außer Landes zu schaffen, von denen auch die meisten gingen, blieb Chaim mit etwa einem Dutzend weiterer Gläubiger in Jerusalem, zu denen auch Ostrovsky in Jaffa und Ben-Meir in Haifa gehörten. Rund um die Leiterschaft der wenigen, die blieben, und der neuen Wellen derer, die zur *Alijah* kamen, entwickelte sich eine neue Generation einheimischer Gläubiger. Da sie den Zionismus verkörperten, begannen auch die meisten israelischen Gläubigen, Wehrdienst zu leisten, eine Praxis, die sich bis heute fortsetzt.

Chaimoff diente als Direktor der Hebrew Christian Alliance of Israel (H.C.A.I.) und war Mitglied des United Christian Council in Israel (U.C.C.I.) bis 1966, als er wegen nationalistischer palästinensischer Forderungen austrat.

1973, während des *Jom-Kippur*-Krieges, legte seine gesamte Familie den Namen Chaimoff ab und nahm den Namen Bar-David an. Chaimoff-Bar-David sah die lokale Gemeinde als Ort gelebter Jüngerschaft und des Trainings, wie die frühen Apostel in Jerusalem es vorgelebt hatten. Er glaubte, dass Gott hinter Israels Erwählung und der physischen Wiederherstellung des Landes stand und dass die volle Autorität dafür da war, die jüdische Minderheit, die an Jeschua glaubte, zu führen. Er glaubte, dass die apostolische Autorität unter den messianisch-jüdischen Gläubigen ihren Ursprung in der Kraft des Heiligen Geistes und im biblischen Kanon hat. Diese Einstellung entwickelte sich zur gleichen Zeit, als auch andere wichtiger Leitfiguren jener Zeit, wie Mosche Ben-Meir in Haifa und Zvi Kofsman in Jerusalem, diese Erkenntnis bekamen.

Er starb in Yad Haschmona während des Golfkrieges 1991, als Bomben die Stadt Ramat Gan unweit seines Hauses erschütterten. Auf seinem Grabstein steht 2. Timotheus 4,7 geschrieben:

> **Ich habe den guten Kampf gekämpft, ich habe den Lauf vollendet, ich habe den Glauben bewahrt.**

Es gelang ihm konzeptuell wie praktisch, die gegenwärtigen messianisch-jüdischen Gläubigen in eine direkte Linie mit der ersten *Kehila* (Gemeinde/Kirche) der Apostel in Jerusalem zu stellen. Nach 1950 verließ er Israel nicht mehr. Heute folgen seine Kinder und viele andere der Vision eines wiederhergestellten Israel, der Zentralität Jeschuas, und seinem Motto: Satan ist mächtig, aber der Gott Israels ist allmächtig.

## *11. Dr. Robert L. Lindsey (1917-1995)*

Obwohl Bob Lindsey selbst weder Jude noch Araber war, liebte keiner das Land der Bibel und das Volk des Landes, sowohl Juden als auch Araber, mehr als Bob Lindsey es tat. Er kam erstmals 1939 nach Palästina und lebte anderthalb Jahre lang bei einer jüdischen Familie in Jerusalem, während er Hebräisch lernte. Nach Beendigung des Seminars kehrte er 1945 mit seiner Frau und zwei kleinen Kindern nach Palästina zurück, um Pastor der Baptistengemeinde in der Narkis Street in Jerusalem zu werden. Obgleich er viele verschiedene Aufgaben erfüllte, als er Gott bis zu seiner Pensionierung 1987 in Israel diente, erinnern sich die Menschen vielleicht am besten an ihn in seiner Rolle als Seniorpastor in Jerusalem, wo er 42 Jahre lang der Gemeinde vorstand.

Dr. Bob Lindsey war ein Gelehrter von Weltklasse – aber über allem hatte er das Herz eines Pastoren. Bis auf wenige kurze Phasen in all den Jahren, nahm er die Zeit für seine wissenschaftlichen Studien nur stundenweise hier und dort, oder als kurzer „Urlaub" in einer kleinen Hütte in Galiläa, ohne Telefon und pastorale Pflichten. Lindseys primäres wissenschaftliches Interesse galt den synoptischen Evangelien Matthäus, Markus und Lukas. Sein Anliegen, das Leben und die Worte Jesu in modernem Hebräisch zu veröffentlichen, brachte ihn dazu, das Markusevangelium aus dem Griechischen in modernes Hebräisch zu übersetzen.

Dr. Lindseys wissenschaftliche Studien sind eng verknüpft mit seiner partnerschaftlichen Zusammenarbeit mit seinem langjährigen Kollegen und guten Freund Professor David Flusser, Professor Emeritus der vergleichenden Religionswissenschaft an der Hebräischen Universität in Jerusalem. Über die Jahre führte die Partnerschaft „Lindsey" und „Flusser" (wie sie sich gegenseitig nannten) in einer Reihe von Seminaren über die synoptischen Evangelien zu der Gründung eines Konsortiums christlicher und jüdischer Gelehrter, die als Jerusalemer Schule der synoptischen Forschung bekannt wurde.

Zu Dr. Robert Lindseys beeindruckender Liste von Publikationen gehören neben vielen Monographien und Artikeln für Fachzeitschriften auch eine dreibändige synoptische Konkordanz in Griechisch und seine Bücher *A Hebrew Translation of the Gospel of Mark, Jesus Rabbi and Lord,* und *The Jesus Sources.* Dr. Lindsey beteiligte sich in seiner Verbindung mit der Jerusalemer Schule auch an einer Vielzahl von bedeutenden Projekten, von denen viele noch heute am Laufen sind.

Über vierzig Jahre lang war er ein geistlicher Vater für viele in Jerusalem und Israel, wo er als Mentor für Juden, Araber und internationale Persönlichkeiten die Theologie für die Ernte in Israel mit prägte.

## *12. Roy Kreider (geb. 1924)*

Als Roy Kreider 1953 in Israel ankam, lebte er zunächst in Jerusalem, bis er 1956 nach Ramat Gan zog. In Jerusalem schloss Kreider sich anderen an, die eine Versammlung besuchten, die von Zeev (Zvi) Kofsman im CVJM-Gebäude abgehalten wurde. Eines Sommers, als Familie Kofsman nach Frankreich reiste, bat Kofsman Kreider, in seiner Abwesenheit für die Versammlung die Pastorenrolle zu übernehmen.

Es gab damals nur wenig Kontakt und kaum gemeinsame Aktivitäten zwischen messianischen Pastoren und Leitern und arabisch-christlichen Pastoren. Jüdische Gläubige hatten allgemein große Schwierigkeiten, einen Bezug zu arabischen Christen zu bekommen und zeigten keine große Bereitschaft miteinander zu beten. Arabische Christen waren nicht offen dafür, Gemeinschaft mit jüdischen Gläubigen zu haben. Eine Mauer aus Misstrauen stand zwischen ihnen. Kreider und andere Mitarbeiter im Land beteten gemeinsam, um herauszufinden, wie sie diesen beiden Teilen des einen Leibes Christi helfen konnten, miteinander versöhnt zu werden.

1956 wurde der United Christian Council (U.C.C.I.) gegründet, der die Konfessionskirchen und lokalen Versammlungen zu Gemeinschaft und Arbeitsbeziehungen zusammenbrachte. Eine Reihe von messianischen Leitern wurden Mitglieder dieser Organisation, die aus mehreren arabischsprachigen Kirchen bestand. Wenigstens auf Ebene der Leiterschaft war ein Anfang gemacht, um sich zu begegnen, einander zuzuhören und gemeinsame Anliegen zu diskutieren. Obwohl es eine Reihe von Unterkomitees gab, konzentrierte sich jedes Komitee in den Anfangsjahren auf die Bedürfnisse einzelner Gemeinschaften.

1968, kurz nach dem Sechs-Tage-Krieg, war Jerusalem zum ersten Mal in Tausenden von Jahren wiedervereinigt, der Feigenbaum / Israel begann auszuschlagen und Juden wurden gemäß Lukas 21 errettet. In jenem Jahr entstand eine neue Initiative, die einen Wandel einläutete. Das Anliegen, die Mauern zwischen Juden und Arabern aufzuheben und in eine engere Zusammenarbeit zu treten, vertiefte sich. Kreider schlug im Exekutivkomitee die Vorbereitung einer umfassenden Umfrage vor, die dazu gedacht war, herauszufinden, wo der Council als Ganzes innerlich stand. Man hoffte, dass man auf diese Weise eine größere Vision entdecken könnte, sowie eine klarere Sicht und Wegweisung für die Zusammenarbeit bekäme. Kreider wurde damit beauftragt, den Fragebogen vorzubereiten, der dann auch bewilligt und in Umlauf gebracht wurde. Als die ersten Bögen zurückkamen, wurde Kreider gebeten, diese auszuwerten und eine Zusammenfassung zu schreiben, die er zur Jahreshauptversammlung mitbringen sollte.

Die Ergebnisse der Umfrage bestätigten den tiefen Wunsch nach engeren Beziehungen und gemeinsamen Tätigkeiten in Bereichen, die das Leben sowohl hebräisch- als auch arabischsprachiger Gemeinden im Land betraf. Eine Reihe praktischer Vorschläge zur konkreten Umsetzung waren ebenfalls darunter. Da Kreider die ganze Auswertungsarbeit geleistet hatte, schloss der Council, dass er am besten vertraut damit war, ihre Umsetzung einzuleiten, und so wurde er zum Exekutivvorsitzenden des Councils ernannt, dessen Verantwortung es war, Arbeitsgruppen einzurichten, die sich mit diesen Themen befassen und neue Initiativen einleiten sollten. In diese speziellen Komitees wurden sowohl arabische als auch jüdische Mitglieder berufen und es kamen weitere Arbeitsteams hinzu.

All das war eine Vorbereitung für die nächste Phase der Freisetzung fruchtbarer Beziehungen, die in den frühen 70er Jahren entstanden. Dies war das Jahrzehnt geistlicher Erneuerung, in der sich erste Erweckungen in den arabischen Gemeinden in Galiläa abzeichneten. Vertreter von Logos International kamen auf Mitglieder des UCCI Executive Councils zu und reichten einen Vorschlag ein, eine Weltkonferenz des Heiligen Geistes in Jerusalem durchzuführen. Diese Leiter wollten den Segen des Executive Council und dessen Bereitschaft, als Gastgeber der Veranstaltung aufzutreten. Die erste Konferenz fand 1972 statt und danach wieder 1974. Sie zog mehrere Tausend Besucher an, unter denen auch einheimische Gläubige und Mitarbeiter waren, die einen geistlichen

Durchbruch mit einem vertiefenden Werk des Heiligen Geistes erlebten. Jeder Konferenz folgte ein Seminar von Diensten, die dazu beitrugen, dass die Erweckung wuchs und sich ausbreitete. Die Ergebnisse dieser vertiefenden Erweckung halfen vielen örtlichen Leitern, die trennenden Mauern zu überwinden, und weckten ein tieferes Verlangen nach engeren Beziehungen.

1972 wurde Kreider eingeladen, in Beit Immanuel mitzuarbeiten, das sich zu einer Ortsgemeinde in der Region von Jaffa / Tel Aviv zu wandeln begann. Die Einladung bezog sich auf die Entwicklung einer Vision und Richtung für den dortigen Dienst. Zu jener Zeit war die Gemeinde noch ziemlich klein, ihr Pastor war Henry Knight. Innerhalb des Teams bestand der Wunsch nach kreativen Formen, die Menschen mit dem Evangelium zu erreichen. Bald schon wuchs die Vision für das Haus und es wurden Renovierungen am Gebäude vorgenommen. Die Renovierungsarbeiten zogen eine wachsende Zahl von Volontären an und die Entwicklung der Vision brachte Henry dazu, Paul Swarr 1976 ins Pastorenamt der Gemeinde einzuladen.

Eine unerwartete Entwicklung brachte Kreider und Knight 1978 in einem gemeinsamen Auftrag zusammen, wodurch einige Initiativen in Beit Immanuel zeitweilig auf Eis gelegt werden mussten. Kreider wurde von einem gut informierten Kenner der politischen Szene kontaktiert, der über ernste Entwicklungen innerhalb der Knesset zu berichten wusste, wo eine Eingabe die Freiheiten der Ortsgemeinden im Land zunichte zu machen drohte. Ein Mitglied einer jüdisch-orthodoxen Partei hatte einen Gesetzentwurf eingebracht, den er „Anti-Bestechungsgesetz" nannte, und der bereits die erste und zweite Lesung passiert hatte. Diese Bezeichnung war nicht fundiert, da niemand Bestechung einsetzte, um irgendjemanden zum Wechsel seiner Religionszugehörigkeit zu bewegen, wie vorgeworfen wurde. Wenn der Entwurf Gesetz würde, wären viele der Freiheiten, die die christliche Gemeinschaft im Land genoss, bedroht. Es gab außerdem noch weitere genauso bedrohliche Gesetzentwürfe, die gerade formuliert wurden. Mitglieder der Knesset, die sehr besorgt über diese orthodoxe Eingabe waren, drängten die Leiterschaft der christlichen Gemeinschaft, den Ernst der Lage zu erkennen.

Kreider nahm Kontakt mit Naim Atiek auf, dem Vorsitzenden des Executive Council, und eine Sondersitzung wurde einberufen. Als sie die genaueren Details hörten, erklärte der Executive Council sich einverstanden, ein Verbindungskomitee zu bilden, das mit Regierungsbüros Kontakt aufnehmen sollte, um Klärung zu bewirken und eine angemessene Reaktion zu empfehlen. Damals empfing der Generalstaatsanwalt Mitglieder des UCCI in seinem Büro, um ihre Anliegen anzuhören. Der Generalstaatsanwalt schlug dem UCCI vor, ein Memorandum vorzubereiten. Die Verbindungsgruppe entwarf das Memorandum und unterbreitete dem Generalstaatsanwalt das Original, schickte Kopien an den Premierminister, Kabinettsmitglieder und die Knesset. Es wurde brennend gebetet für eine Abweisung dieser Eingabe. Der Premierminister wies daraufhin den Justizminister an, dem Knessetprotokoll eine offizielle Anmerkung beizufügen, die bestätigen würde, dass diese Gesetze nicht gegen die legitimen Rechte der Gemeinden im Land benutzt würde. Für die nächsten 18 Jahre war diese Gesetzeslage wirksam.

Als der Entwurf nach der letzten Lesung als Gesetz verabschiedet wurde, meinten die Orthodoxen, jetzt eine Handhabe für Aktivitäten zu haben. Die Angriffe galten nicht den christlichen Kirchen, sondern richteten sich einzig gegen messianische Zentren und Einzelpersonen. Der erste Angriff geschah an einem Sabbatmorgen in Rischon Le'Zion, als Hunderte Synagogenangehörige gegen ein Haus heraufzogen, in dem sich Gläubige versammelt hatten. Sie standen zunächst auf der Straße und stießen Drohrufe aus, liefen dann aber auf das Haus zu, warfen die Fensterscheiben ein und stürmten das Gebäude, zerstörten ihre Bücher und schlugen die Leiter. Als die Polizei herbeigerufen wurde, fuhr ein Kleinbus vor und sie verschwanden. Der Pastor rief Kreider an, weil der Generalstaatsanwalt ihn gebeten hatte, ihn zu informieren, sollten irgendwelche Angriffe auftreten. Am nächsten Sabbat gab es einen Angriff im Norden, wöchentlich gefolgt von anderen Angriffen, die sich gegen messianische Zentren richteten.

Dann schlugen sie in Tiberias zu und setzten das Hotel in Brand, in dem eine messianische Versammlung zusammenkam. Als er hörte, dass ihr Gemeindesaal beschädigt worden war, meldete sich der Pastor der arabischen Baptistengemeinde in Turan, Suhail Ramadan, bei den Leitern in Tiberias und lud sie ein, seine Räumlichkeiten zu benutzen, solange sie wollten. Dieses Ereignis bewirkte einen Durchbruch, einen wahren Wendepunkt für die arabischen Christen, sich in herzlichem Erbarmen und geschwisterlicher Liebe den jüdischen Gläubigen in Not zuzuwenden.

Zwischenzeitlich wuchs die Gemeinde in Beit Immanuel. 1980 wurde Kreider gebeten, eine Vision für ein Studienzentrum zu entwickeln, in dem einheimische Gläubige biblische Lehre und Grundlagen des Glaubens und des Wachstums als Jünger Jeschuas erhalten sollten. Die meisten Studenten waren jüdische Gläubige, aber unter ihnen gab es auch ein paar arabische Christen. Es entwickelten sich schon früh Verbindungen zum Bethlehem Bible College für arabischsprachige Studenten unter der Leitung von Bischara Awad. Beim ersten Besuch von Studenten des Studienzentrums in Bethlehem schlug Bischara vor, zunächst die Gelegenheit zu nutzen, dass jüdische Gläubige Zeugnisse gaben, und dann eine Frage- und Antwortrunde anzuschließen. Dies war ein Durchbruch auf einer anderen Ebene, und die Geburt eines tiefen Verlangens nach echter Versöhnung und mehr Gelegenheiten, Gemeinschaft als Brüder und Schwestern der einen Familie Gottes zu haben. Zu den Leitern, die damals Beziehungen zu Beit Immanuel pflegten und seither zur Versöhnung zwischen Juden und Arabern beträchtlich beigetragen haben, gehören David Lazarus, heutiger Pastor von Beit Immanuel, Reuven Doron, Ilan Samir und Salim Munier.

1980 wurde Kreider eingeladen, gemeinsam mit Paul Swarr in der pastoralen Leitung der Gemeinde zu dienen, und eine Vision für die Pflege von Jüngerschaft zu entwickeln. Er war bis 1985 in diesem Dienst tätig, als er aus gesundheitlichen Gründen gezwungen wurde, Israel zu verlassen.

Kreider sagte:

> *Obwohl wir aus einer herausfordernden und oft entmutigenden Vergangenheit kommen, ist es besonders befriedigend, die wachsende Zahl jüdischer Gläubiger und arabischer Christen zu sehen, die in Versöhnung miteinander leben. Dies sind Wunder der Gnade Gottes, ein mächtiges und bestätigendes Zeugnis dafür, dass „Er, Jeschua der Messias, unser Friede ist, der einzige, der fähig ist, wahre Versöhnung zu stiften". Darin hat der Herr sich mächtig erwiesen als Antwort auf die vielen, vielen Gebete, indem er die trennenden Mauern wegnahm und aus den beiden den einen neuen Menschen machte und dadurch Frieden stiftete. Die Liebe Gottes fließt und verbindet jeden mit dem anderen. Ich bin so dankbar, denn es ist Sein Werk, und wunderbar in unseren Augen.*[8]

**Fußnoten:**

1 Kjaar-Hansen, Kai, „Josef Rabinowitz: The Hertzl of Jewish Christianity", *Mishkan*, 14 (1/1991): 5.

2 Crombie, Kelvin, "A Real Son of Zion: Ben Zion Friedman and the Jewish Mission at Safed", *Mishkan* 15 (2/1991): 35.

3 Shulam, Joseph, "Rabbi Daniel Zion: Chief Rabbi of Bulgarian Jews During World War II", *Mishkan* 15 (2/1991): 55.

4 Shulam, 57.

5 Bender-Samuel, T. H., „Harcourt Samuel: Hebrew Christian Leader", *Mishkan*, 15 (2/1991): 38.

6 Bender-Samuel, 41.

7 Bender-Samuel, 41.

8 Roy Kreider, Interview am 9. Mai 2003.

# Apostolische christliche Väter und Mütter unter den Arabern im Nahen Osten und in Nordafrika seit Mitte des 19. Jahrhunderts bis heute

## *1. Charles Eugene de Foucauld (1858-1916)*

Charles de Foucauld, geboren in Straßburg, Frankreich, entdeckte seine missionarische Berufung, nachdem er als französischer Adeliger und Soldat ein ausschweifendes Leben geführt hatte. Seine geistliche Suche begann bei einem wissenschaftlichen Besuch in Marokko, wo ihn die Schlichtheit der ernsten muslimischen Frömmigkeit beeindruckt hatte. Der Franzose Abbe Huvelin, geistlicher Führer einiger französischer Intellektueller, brachte ihn zum christlichen Glauben.

Als de Foucauld 1889 von einer Pilgerreise nach Jerusalem zurückkehrte, unterstütze Huvelin seine Entscheidung für einen asketischen Lebenswandel. Sieben Jahre lang lebte de Foucauld als Trappistenmönch in einem entlegenen syrischen Dorf und verließ dann den Orden, um nach Israel überzusiedeln, wo er ein anstrengenderes Leben als unbezahlter Knecht im Konvent der Klarissen in Nazareth und Jerusalem führte.

1901 wurde Charles de Foucauld zum Priester geweiht und widmete sich daraufhin der, wie er es nannte, „Nazarener Spiritualität", die ihren stärksten Ausdruck in Französisch-Algerien fand. Dort fühlte er sich unwiderstehlich hingezogen, zuerst in die Oase von Beni Abbes und schließlich nach Tamanrasset im Hoggar-Gebirge, das ihm in den letzten elf Jahren seines Lebens zur geistlichen Heimat wurde.

Charles de Foucauld lebte das kompromisslose Leben eines Asketen unter den muslimischen Tuaregstämmen Nordafrikas, die ihn als heiligen Mann ehrten. Sie waren weniger von seinem christlichen Bekenntnis und seiner täglichen Eucharistiefeier angezogen als von seiner wortlosen Nachahmung Christi, in der sie den im Koran portraitierten Jesus wiedererkannten. In der Zeit der französischen Kolonialisierung bescheinigte ein Tuareg-Häuptling de Foucauld eine geistliche Haltung entgegen dem Geist des Kolonialismus, den der Stammesfürst hasste. Ein muslimischer Biograph anerkannte sogar die Gegenwart des Himmlischen Vaters in ihm und nannte ihn „den großen Eremiten der Sahara".

Er starb 1916 als Märtyerer durch die Hand eines Tuareg, weil sein Einfluss so groß wurde. Mitte der 30er Jahre wurde die Regel, die de Foucauld entdeckte, von den Kleinen Brüdern und Schwestern Jesu aufgegriffen, die heute unter ärmsten Bedingungen in afrikanischen und asiatischen Städten wirken. De Foucauld hatte ebenso einen tiefen geistlichen Einfluss auf den französischen katholischen Islamgelehrten Louis Massignon, der wiederum die Lehre des Zweiten Vatikanischen Konzils über christlich-arabische Versöhnung beeinflusste.

## 2. *Samuel Marinus Zwemer (1867-1952)*

Man erinnert sich an Zwemer als Apostel des Islam. Er wählte Arabisch-Somalia und Ägypten als langjährige Heimat. Anfänglich war er Evangelist, später wurde er Schriftsteller, Herausgeber und Referent. Geboren in Michigan als Sohn eines reformierten Pastors, machte Zwemer 1887 seinen Abschluss bei der Hope Academy and College im Alter von 20 Jahren und beendete drei Jahre später das Brunswick Seminary.

1889, als Zwemer und sein Schulkamerad James Cantine keine Missionsgesellschaft finden konnten, die sie zu Moslems senden würde, gründeten sie die American Arabian Mission und die reformierte Kirche erklärte sich bereit, sie fünf Jahre lang finanziell zu tragen. Er arbeitete hauptsächlich daran, seine Mission bekannt zu machen, Menschen in den Dienst zu rekrutieren und für die Gesellschaft als Publizist aufzutreten, war Sekretär des Vorstandes der Reformierten Kirche und Reisesekretäre für den SVM.

Samuel Zwemer schrieb nicht nur 29 Bücher und war Co-Autor von neun weiteren, sondern gründete auch das Blatt *The Moslem World*, das er 37 Jahre lang herausbrachte. Er richtete Druckereien ein, die Bücher druckten zur Weiterbildung der westlichen Welt, was die Bedürfnisse von Moslems anging, und Bücher auf Arabisch, um Moslems über den Messias zu lehren. Er organisierte zwei große Missionskonferenzen 1905 und 1911 über den Islam. Als Zwemer 1909 in Yale referierte, beeinflusste er stark William Borden, Erben der Borden Milchdynastie, der sein Erbe in die Außenmission gab und nach Ägypten reiste, um dort Arabisch zu lernen und Muslime zu erreichen.

Von 1929 bis 1937 war Zwemer Professor für Religionsgeschichte und christliche Mission beim Princeton Theological Seminary. Nach seiner offiziellen Pensionierung zog er nach New York City und lehrte am Biblical Seminary of New York und am Nyack Missionary Training Institute.

Obgleich er ein lebenslanger Student des Islam und unermüdlicher Evangelist war, hörte Zwemer nie auf, für die Endgültigkeit des Messias zu kämpfen. Obwohl er ungewöhnlich fruchtbar als Autor, effektiv bei der Rekrutierung von Missionaren und inspirierend für das Interesse an Mission war, erlebte er nur wenige Moslems, die öffentlich ihren Glauben an Jeschua bekannten.

## *3. Rev. Dr. Ghobrail Riskallah (1883-1982)*

Rev. Ghobrail Riskallah erhielt seine Bildung in Assuit, Ägypten, und machte 1904 seinen Abschluss am Assuit College. Er besuchte das Assuit Theological Seminary, wo er 1910 sein Examen ablegte. Er wurde als Pastor der Abu Qurkass Evangelical Church ordiniert, wo er von 1908-1913 diente. Er diente dann von 1913-1917 als Pastor in Beni Masar, Oberägypten. Schließlich diente er von 1913-1982, 69 Jahre lang!, als Pastor der Esbekieh Evangelical Church in Kairo.

Zu derselben Zeit, als er Pastor der Esbekieh Church in Kairo war, wurde Rev. Ghobrail Riskallah gebeten, Direktor des Kairo Evangelical Seminary zu werden; er war der zweite Einheimische, der dieses Amt innehatte.

Die Menschen bezeichneten Rev. Ghobrail wegen seines großen Bibelwissens bis hin zu Kapitel und Vers als „wandelnde Enzyklopädie". Er schrieb viele Bücher, darunter einige Kommentare auf Arabisch, so zum Beispiel zum Hebräerbrief und zum Galaterbrief. Er schrieb außerdem *The Day of the Lord, The Kingdom of God* und *Who is Israel?*.

Dr. Ghobrail war sehr beflissen in Hebräisch, das er auch am Seminar unterrichtete. Als exzellenter Theologe basierten seine Lehren auf einer biblischen Theologie. In seinem Buch *Who is Israel?* drückte Rev. Ghobrail seinen Glauben aus, dass das jüdische Volk in den Ölbaum wieder eingepfropft und Jeschua annehmen würde.

Als Musiklehrer war Dr. Ghobrail Autor des ersten Gesangbuchs, das bis heute als Grundlage der meisten protestantischen Gemeinden in Ägypten dient.

Dr. Ghobrail Riskallah war immer beliebt bei Klerus und Studenten. Er war ein gefragter Redner bei Konferenzen, Seminaren und Versammlungen und wurde als Autorität und letztes Wort in Sachen Bibelkenntnis betrachtet. Als er im Alter von 99 Jahren starb, war er erblindet, aber immer noch sehr rege, aktiv und bis zum Schluss eine Autorität.

## *4. Rev. Isteero Farag (1887-1969)*

Rev. Isteero Farag wurde in einem Vorort von Malawi, Oberägypten, geboren. Er studierte an der Missionsschule von Assuit und machte einen Abschluss am Assuit College, bevor er 1915 seine theologischen Studien am Assuit Seminary beendete.

Nach seinem Abschluss am Seminar erhielt Rev. Farag einen Dienst in Port Said, Unterägypten. Er begann dort in einem kleinen bescheidenen Raum mit einer Versammlung, aus der später die evangelische Gemeinde wurde. Nachdem er einige Jahre lang ganz Ägypten als Gastprediger und zum Spendensammeln bereist hatte, konnte er die evangelische Kirche in Port Said bauen. Durch seine stetigen Bemühungen baute er auch eine Mädchen- und eine Jungenschule auf dem Kirchengelände auf.

Rev. Isteero Farag war unermüdlich wenn es darum ging, Menschen in der Umgebung anzusprechen und ihnen die Wichtigkeit der Schulbildung vor Augen zu halten. Die Schulen auf dem Kirchengelände wuchsen stetig und genossen hohe Anerkennung wegen ihrer guten Unterrichtsqualität, ihrem hohen Maß an Disziplin und ihren engagierten Lehrern. Die evangelische Schule in Port Said war schnell als die beste in Port Said anerkannt, und die wachsende Zahl an Eltern und Kindern aus der Schule bildeten den Kern der Gemeinde. Die Sonntagsschule fand nachmittags statt und die Klassen waren brechend voll.

In seinem Eifer für das Wort Gottes liebte und betete Rev. Farag für das jüdische Volk. Die Ägypter glaubten, dass sich die Rückkehr des jüdischen Volkes aus der *Diaspora* und ihre Errettung vor der Wiederkunft des Messias, Jeschua, erfüllen würde.

Rev. Farags Kontakte zu den Menschen, seine kontinuierlichen Besuche in den Häusern seiner Wohngegend, und sein Eifer für die Evangelisation brachte viele in der Gegend von Port Said zum Herrn. Wegen seiner aktiven Evangelisationsarbeit und den Taufen von Nichtchristen war sein Leben oft in Gefahr und 1932 wurde ein Attentatsversuch auf ihn verübt. Durch Gottes Vorsehung wurde Isteero Farag vor dem Tod bewahrt und konnte seinen aktiven Dienst mit demselben Eifer fortführen. Er baute eine neue Gemeinde und Schule in Port Faud auf, einer Stadt am Ostufer des Suezkanals, und diente beiden Gemeinden bis zu seinem Tod 1969. Rev. Isteero Farag ist der Vater von Dr. Albert Isteero und ein geistlicher Vater für Dr. Emil Boutros, Leiter mit Schlüsselfunktion im heutigen Ägypten.

## 5. *Hanneh Elias Aghaby (1892-1957)*

Am 3. Januar 1933 erlebte eine in Amman, der Hauptstadt Trans-Jordaniens, lebende Christin mit Namen Hanneh Elias Aghaby, Ehefrau von Baschara Mutanis Kawar, eine übernatürliche Visitation, die denselben Rang hat wie jene, die bei den Heiligen des Mittelalters wie Franz von Assisi und anderen bestätigt sind. Einige der Phasen der Visitation erinnern an jene göttlichen Phänomene, die das Ausgießen des Geistes in den Tagen der Apostel begleiteten. Es war der Anfang einer Reihe göttlicher Erscheinungen und übernatürlicher Manifestationen, die beinahe ein Jahr lang in unterschiedlichen Zeitabständen auftraten.

Viele Male während der Erscheinungen zeichnete sich Blut in der erkennbaren Form einer Taube auf ihrer Stirn ab. Jeschua legte drei Finger in einen Abendmahlsbecher, zeichnete ihre Stirn mit einem Zeichen und sagte: „Stehe fest und gib dem Herrn die Ehre". Er sagte: „Es wird eine große Trübsal geben, aber sei ohne Furcht, denn der Herr ist mit dir". Das Blut auf ihrer Stirn erinnert an das Blut des Passahlammes auf den Türpfosten in Ägypten, an Jeschuas Blut, das in Jerusalem vergossen wurde, und das Blut, das die Heiligen versiegelt und sie in der Trübsal beschützt.

Als das Zeichen auftrat, war Furcht in den Gesichtern der meisten Menschen dort zu lesen und sie priesen Gott für sein Werk. Viele berührten das Blut mit ihren Händen und versicherten sich, dass das Blut von außen auf die Haut gekommen war und nicht von innen. Große Menschenmengen kamen und bezeugten das Blut, das absolut klar blieb, aber austrocknete, als die Tage vergingen. Sogar als ein Vertreter des Krankenhauses das Blut untersuchte, blieb das Auftreten des Blutes unerklärbar durch irgendeine natürliche Ursache.

Drei Tage später strich eine Hand über ihre Stirn, beseitigte das Blut, und eine Stimme rief: „Fürchte dich nicht".

Es war großes Interesse erwacht vor Ort und in den arabischsprachigen Ländern von der Türkei bis nach Ägypten, vor allem als Berichte in verschiedenen Zeitungen abgedruckt wurden, die großen Einfluss in Palästina-Israel hatten. Als

Folge ihres Zeugnisses und der Erweckung, die jenen Erscheinungen folgte, wurden viele Gemeinden in Jordanien, Palästina, Syrien, Libanon und im Irak gegründet. Viele Christen erfuhren geistliche Erneuerung und Erweckung ihres Glaubens an Gott.

Zu den Dingen, die der Herr Hanneh 1933 während ihren Visitationen zeigte, gehören:

> Jesus ist wie ein Gast – Er kommt nur, wenn er eingeladen wird.
> Bete inspirierte Gebete, die wie Feuer brennen.
> Gebete bewegen die Hand Gottes – Das ist die Bestimmung der Gemeinde.
> Gebet offenbart die wahre Liebe zu Jesus und deckt das Herz auf.
> Wir müssen mit Gott in Übereinstimmung kommen.
> Gott wird immer antworten, wenn wir Seinen Namen anrufen.
> Sage: „O Gott, sprich nur ein Wort, so werde ich heil".
> Eine große Trübsal kommt, aber Gott ist mit dir.
> Alles, was den Gläubigen geschieht, muss Gott verherrlichen und unseren Glauben stärken.
> Halte fest an Gott. Er wird die Hindernisse ohne Mühe aus dem Weg räumen.
> Die Trübsal wird aus dem Westen kommen, lagere Nahrungsmittel.
> Sei standhaft in der Endzeit. Wir werden den Kopf nicht sinken lassen noch verzagen.
> Glückselig sind jene, die von Versuchungen nicht zu Fall gebracht werden.
> Reichtum und Armut dauern nur eine gewisse Zeit – das Leben nach dem Tod dauert ewig.
> Um während der endzeitlichen Trübsal auszuharren, strebe nach den Gaben des Heiligen Geistes.

Zusätzlich zu dem, was Hanneh vom Geist empfing, hatte sie sogar eine Vision, dass Israel in Kürze als eine Nation wiedergeboren würde, was fünfzehn Jahre später geschah. Nachdem sich die Erweckung in Jordanien ausgebreitet hatte, bewegte sie sich nach Israel. Um 1940 herum begann die Erweckung in Israel und hielt über die nächsten ein bis zwei Jahre an. Nachdem er Aghabys älteste Tochter verheiratet hatte, begann Majeed Kawar einzelnen Menschen in Israel das Evangelium zu predigen. In Kafar Yassif predigte er das Wort Gottes in einer anglikanischen Kirche. Auf wundersame Weise, ohne große Anstrengung, kamen rund dreißig Personen sofort zum Herrn. Dort wurde eine Gemeinde gegründet, die es noch heute gibt.

Sein Dienst führte Majeed durch ganz Israel. In Akko verkündete er wieder das Evangelium und spürte, wie eine Last von ihm fiel, als Menschen ihr Leben Christus übergaben. Der Erweckungsgeist breitete sich aus. Als Folge von Gottes Salbung auf ihm, gute Botschaften zu halten, bewegte Gott die Menschen zum Glauben und schenkte Akko mit überraschender Leichtigkeit eine Gemeinde. Nachdem er Einzelne in Nazareth und Tiberias beeinflusst hatte, wurden in jenen Gegenden ebenfalls Gemeinden gegründet. Die größte Gemeindegründung entstand durch Monir Habibis Hilfe in Haifa.

1948 verließen viele Araber Israel. Die arabischen Gläubigen, die Israel verließen, gründeten Gemeinden in den umliegenden Ländern wie dem Libanon und in Jordanien. Heute existieren noch immer viele dieser Gemeinden und beeinflussen ihre Umgebung für das Reich Gottes.

## *6. Leroy „Roy" F. Whitman (1904-1992)*

Roy Whitman kam 1926 aus Amerika nach Palästina, nachdem er vom Herrn eine Berufung für die arabischen Nationen im Immanuel Bible College erhalten hatte. Er lebte an der libanesischen Grenze, bis er nach Jerusalem zog, um Arabisch zu studieren, während er in Ramallah arbeitete. Nach einer kurzen Phase außerhalb des Landes zog Whitman 1928 in die Stadt des Salzes in Trans-Jordanien, wo er einen kleinen Dienst begann. Ein Jahr später schloss er sich einem ägyptischen Pastor an und betreute eine Gemeinde, während er Gott suchte, um Antworten über den Heiligen Geist zu erhalten. Während einer Gebetsversammlung begann der Heilige Geist eine Erweckung in Jordanien. Über die Jahre wurde diese Gemeinde, die er gründete, zur Mutterkirche der meisten Gemeinden in Jordanien und Israel. Zu jenen Gemeinden, die gegründet wurden, gehörten evangelikale, unabhängige, Allianz- und Baptistengemeinden.

Als er 1933 von Familie Kawar nach Amman gerufen wurde, bezeugte Whitman die Visitationen des Herrn bei Hanneh Elias Aghbey (Kawar) und schrieb sie nieder. Als in Zusammenhang mit den Erscheinungen und Zeichen Erweckung ausbrach, schrieb Whitman verschiedene Artikel und ein Buch, das es möglich machte, ihr Zeugnis mit vielen Menschen nah und fern zu teilen. Er half später beim Aufbau der Gemeinde in Amman, indem er pastorale Aufgaben dort und in anderen Landesteilen übernahm. In den 30er Jahren bereiste er mit Hanneh Aghbey und George Brayder den Nahen Osten, darunter auch Syrien und Libanon, wo viele errettet wurden. Als nach 1940 die durch diese Visitationen ausgelöste Erweckung durch Majeed Kawar, ihren Schwiegersohn, nach Israel kam, reiste Whitman nach Haifa, Akko, Nazareth und Kafar Yassif, um in diesen arabischen Ortschaften zu predigen.

Roy Whitman heiratete 1935 und hatte später einen Sohn. Nach dem Verlust ihres ersten Sohnes meinten sie, sich mehr auf den Dienst als auf Kinder konzentrieren zu sollen. Als Whitman in Palästina lebte, gaben er und Sami Abu Hamad gemeinsam *Der Wächter*, eine arabischsprachige christliche Zeitschrift, heraus. Außerdem leitete Whitman viele Missionare an, die später in Palästina, Irak, Syrien, Ägypten und anderen nahöstlichen Regionen tätig waren.

Für viele in der arabischen Welt ist Whitman ein heiliger Patriarch und apostolischer Leiter für Gemeindegründung, Erweckung und Heilung.

## *7. Sami Abu Hamad (20. Jahrhundert)*

Als eine Folge der Erweckung 1940 in Palästina, veröffentlichte Sami Abu Hamad von 1946 –1948 ein Magazin auf Arabisch mit dem Titel *Der Wächter*. Dieses Journal war seinerzeit wie ein Posaunenschall. Der Titel des Magazins bezog sich auf Jesaja 21,6: **Geh hin, stell einen Späher (Luther: Wächter) auf! Was er sieht, soll er berichten.**

Die Geburt dieser Magazine war wie eine Freisetzung des Wortes, bevor sich einige strategische Dinge ereigneten, wie die Wiedergeburt Israels 1948, und der Beginn der weltweiten Ausgießung des Heiligen Geistes im gleichen Jahr. Ein Jude, Solomon Ostrovsky, veröffentlichte ein anderes Magazin, das ebenfalls *Der Wächter* hieß und auf Hebräisch verfasst von 1935-1947 in Tel Aviv erschien. Sowohl Abu Hamads als auch Ostrovskys *Wächter* bereiteten für 1988 den Weg, als Tom Hess mit der Veröffentlichung der Zeitschrift *Die Wächter* in Jerusalem begann, die bis dato aufgelegt wird. Bis 2003 hatte Tom Hess keine Ahnung, dass andere ihm mit der Publikation des *Wächters* vorangegangen waren.

## *8. Bruder Matta El Miskeen (geb. 1919)*

Bruder Matta El Miskeen ist der geachtetste lebende Heilige Ägyptens. Er hatte mehrere direkte VISITATIONEN VOM HERRN. Er ist der Gründer des Klosters Saint Macarius in der ägyptischen Wüste zwischen Kairo und Alexandria, das er vollständig wiederhergestellt hat. Er begann dort 1981 eine 24-Stunden-Gebetswache, die bis zum heutigen Tag besteht. 1979 löste er Papst Schenuda als geistlichen Leiter der koptisch-orthodoxen Kirche in Ägypten ab.

Vater Miskeen steht fest zu Gottes Absichten mit Israel und glaubt in keiner Weise an eine Enterbungstheologie. Als Benjamin Berger mit ihm über Israel sprach, begann er zu weinen. Er sagte, Israel sei der Juwel in Gottes Krone. Er sagte, die harten Zeiten für Israel seien nichts verglichen mit den

Segnungen, die kommen werden. Viele der Mönche im Saint Macarius -Kloster studieren sogar Hebräisch.

Als Saddat starb, entließen Präsident Mubarak und Papst Schenuda Bruder Miskeen aus der Leitung des Klosters und schickten ihn ins Exil wegen Miskeens radikaler Hingabe an den Herrn und an Seine Absichten. Miskeen hat ein wachsendes Herz für Ägypten und kennt und versteht die hohe prophetische Bestimmung des Landes.

Er war ein geistlicher Vater der koptisch-orthodoxen Kirche in Ägypten von der Erweckungsbewegung in den 70er Jahren an. Er ist der Autor vieler Bücher auf Arabisch, durch die er immer noch großen Einfluss hat. Seine Bücher und Lehrkassetten werden als die tiefsten in der arabisch-christlichen Literatur betrachtet. Wir beten, dass Millionen Koptisch-Orthodoxe sein werden wie er und die Straße von Ägypten nach Israel und Assur als Segen inmitten der Erde bereiten!

> **An jenem Tag wird es eine Straße von Ägypten nach Assur geben. Assur wird nach Ägypten und die Ägypter nach Assur kommen, und die Ägypter werden mit Assur dem HERRN dienen. An jenem Tag wird Israel der Dritte sein mit Ägypten und mit Assur, ein Segen inmitten der Erde. Denn der HERR der Heerscharen segnet es und spricht: Gesegnet sei Ägypten, mein Volk, und Assur, meiner Hände Werk, und Israel, mein Erbteil! (Jesaja 19,23-25)**

## *9. Dr. Costa Salim Deir (1921-1998)*

Dr. Costa Deirs lebenslanger Dienst war reich und fruchtbar. Die Menschen bewunderten, wie er von seinem Heim in Ramle aus viele Kilometer in ganz Israel zu Fuß zurücklegte. Gott hatte sich nach dem Boxer und obersten aller Sünder, wie er zu sagen pflegte, ausgestreckt und sein Leben vollkommen verändert. Er berührte das Leben vieler Menschen, unter ihnen auch Ray Register, ein langjähriger Missionar in Israel, und führte ihn zur Taufe im Heiligen Geist. Seine Verkündigung war immer offen und mutig, ohne Menschenfurcht. Er demonstrierte diese Eigenschaften viele Male in seinem Leben, wie zum Beispiel als er einen muslimischen Bekehrten in Kefar Diek in der Nähe der jüdischen Siedlung Ariel taufte. Im Sechs-Tage-Krieg meldete er sich freiwillig als Barbier, um den Soldaten die Haare zu schneiden, nur damit er das Evangelium predigen und selbst an der Front dabei sein konnte. Er war jahrelang Pastor der Baptistengemeinde in Ostjerusalem zusammen mit Fahid Karmut, bevor er in die Vereinigten Staaten ging.

Costa Deir verband sich mit den Geschwistern des Elim Bible Institute und diente dort als Missionsleiter, Pastor und Lehrer. Er führte durch sein Vorbild Tausende in die Geistestaufe und eine tiefere Beziehung zum Herrn. Er kannte seine Berufung, in jedes Land auf jedem Kontinent zu gehen und das Evangelium durch Leiterschaftsseminare etc. zu verkündigen. Er lebte seine Berufung und hielt nie zurück.

Heute gibt es im wahrsten Sinne Tausende von Leitern, die er persönlich angerührt hat, die sogar Staatsoberhäupter sind. Wenn man all jene Einzelpersonen zählen könnte, die wiederum von diesen Leitern berührt wurden, dann hätte Costa Deir Millionen von Menschen beeinflusst! Das war seine Vision und er erreichte sein Ziel.

Der Herr salbte Dr. Deir mächtig und gab ihm Edelsteine der Weisheit, um Leitern zu helfen. Er mahnte die Menschen, „Vollender" der Berufung Gottes auf ihrem Leben zu sein, sowie „gehorsam" gegenüber dem schmalen Pfad Gottes. Er ermutigte Menschen, körperlich „fit" zu sein, damit sie Gott besser dienen können. Costa Deir war ein Vorbild, was es heißt, fit zu bleiben, indem er sechs bis acht Kilometer am Tag lief oder ging und sich gesund ernährte. Er forderte seinen Verstand heraus, indem er einen Doktortitel erwarb, um seinen Verstand wach und aktiv zu halten.

Sein größtes Geheimnis waren jedoch die Stunden, die er im Gespräch und Gebet mit Gott verbrachte. Er las und meditierte beständig Gottes Wort. Er reagierte und tat Buße, sobald der Heilige Geist ihm eine Angelegenheit zeigte und machte es zur Priorität, sein Herz vor dem Herrn weich zu halten, damit er immer bereit sein konnte, dem Herrn zu dienen. Nur selten hinterlässt das Leben eines Menschen solch tiefe Eindrücke wie das Leben dieses Mannes.

Dr. Costa Salim Deir starb am 30. Dezember 1998 in Lima, New York. Dr. Deir bleibt in unserer Erinnerung als ein Mann Gottes, dessen Lebenstraum es war, das Volk Gottes auszurüsten, die reife, vorbereitete Braut des Messias zu werden.

## *10. Dr. Faud Melki (1927-1997)*

Rev. Dr. Faud Melki war ein Pionier der Evangelisation unter Moslems im Libanon, wo es heute vier selbständige einheimische Gemeinden gibt, die er gegründet hat. Melki wurde im Lebanon Bible Institute ausgebildet, das von der Lebanon Evangelical Mission geleitet wird. Das Institut hinterließ solch einen bleibenden Eindruck bei Melki, dass er zwölf Jahre nach dessen Schließung 1972 gemeinsam mit anderen ein College gründete, das die Tradition des Instituts fortsetzte. Dr. Melki gründete das Mediterranean Bible College und wurde sein erster Direktor. Es liegt etwa 12 Kilometer nördlich von Beirut und sieht seine Aufgabe in der Ausbildung nahöstlicher Christen für ihren künftigen Dienst als Pastoren und Bibellehrer.

Faud Melki war ein Vater für viele Leiter, die er ausrüstete und aussandte in den Libanon, nach Syrien, Jordanien, Ägypten, Äthiopien, Europa und die amerikanischen Kontinente. Er öffnete sein Herz, sein Zuhause und seine Geldbörse, um junge Menschen auszubilden, in denen niemand anders Potential sah. Viele dieser jungen Menschen wuchsen jedoch zu Gemeindegründern und Leitern heran.

## *11. Dr. Anis A. Schorrosch (geboren 1934)*

Anis Schorrosch wurde 1934 in Nazareth geboren und wuchs in einer muslimischen Umgebung auf. 1948, Anis war Teenager, belagerte die israelische Armee Nazareth. Schorrosch, der als Flüchtling in Jordanien lebte, erfuhr, dass sein Vater in den Kriegswirren auf tragische Weise ums Leben gekommen war, als er versuchte, die jordanische Grenze zu überqueren, um zu seiner Familie zurückzukehren. Sein Leichnam wurde nie gefunden.

Zornerfüllt floh er in die Wildnis, bis großer Durst ihn überkam. Als er unter der Glut der Sonne litt, dachte Schorrosch: „Genauso musste es sich für den reichen Mann anfühlen, als er in der Hölle Lazarus anflehte, ihm einen Tropfen Wasser zu bringen". Er erinnerte sich an den Einen, der ihm seine Sünden vergeben konnte, beugte sich unter Jesus und fand Frieden.

Später wurde er christlicher Pastor und stand in dieser Funktion drei Jahre lang der Baptistengemeinde in Ostjerusalem vor. Er verließ das Heilige Land und ging nach Amerika, wo er einen College- und Seminarabschluss sowie einen Doktortitel erwarb. Dr. Schorrosch führte seinen Dienst weltweit fort als einer der herausstechenden arabischen Christen, die zu Moslems sprechen, das Wort Gottes predigen und mit führenden Sprechern des Islams debattieren. Er schrieb mehrere Bücher, zu denen *The Liberated Palestinian, Islam Revealed* und andere gehören.

1971 kehrte Anis Schorrosch mit einer Gruppe Touristen wieder in seine Heimatstadt Nazareth zurück. Von der Zeit seiner Kindheit an, als Schorrosch sein Zuhause verließ bis vor einigen Jahren, lebten israelische Beamte in seinem Elternhaus. Auf dieser Reise nach Nazareth ließ der Reiseleiter die Bemerkung fallen, dass er Hauptmann der Panzerbrigade gewesen war, die 1948 die Stadt einnahm. Schockiert antwortete Schorrosch: „Mein Vater wurde in der Schlacht um Nazareth getötet. Nach den Traditionen und Gesetzen meines Volkes ist es meine Pflicht, seinen Tod zu rächen".

Dann schien eine überwältigende Welle der Liebe Schorrosch zu überfluten und er erklärte feierlich: „Aber weil Jesus Christus von Nazareth mir meine Sünden vergeben hat, vergebe ich dir".

Dr. Anis Schorrosch bezeugte die Kraft der Versöhnung in Jesus als er sagte: „Ich liebe Juden um Jesu willen".[1]

## *12. Dr. Muchles Amareen (1945-2000)*

Dr. Amareen war einer der ersten jungen Gläubigen im muslimischen Moab und wuchs zum Vater der Jugendbewegung in Jordanien heran. Etwa 60 % der Gläubigen in Jordanien sind junge Menschen, die ihren Glauben Amareens ausgedehnter Jugendarbeit verdanken. Hunderte wurden bei der Vielzahl der von ihm gestalteten Jugendcamps errettet. Die meisten leitenden christlichen Pastoren, die es heute in Jordanien gibt, sind ein Ergebnis von Amareens Dienst und Jüngerschaft. Er war außerdem Veterinärwissenschaftler und hielt eine Schlüsselposition in der Regierung, wo er im Landwirtschaftsministerium diente. Amareen war stark involviert bei den Friedensverhandlungen zwischen Jordanien und dem jüdischen Volk in Israel und beeinflusste den Friedensvertrag, der 1994 zwischen Jordanien und Israel unterzeichnet wurde. Nach seinem Tod zollte sogar der jordanische Kronprinz diesem Mann Gottes Anerkennung.

**Fußnoten:**

[1] Nacherzählt aus Anis Schorrosch, *The Liberated Palestinian*. Wheaton, Il.: Victor Books, 1976

# Teil II

# 1984-2004
# Zeugnisse von einigen „Jericho-Märschen“ und Konferenzen unter der Koordination des *Jerusalem House of Prayer for All Nations*

## 1 Ein „Jericho-Marsch“ sieben Mal rund um die Altstadt Jerusalems, Sommer 1984

1974 brachte Gott mich zum ersten Mal nach Jerusalem. Als der Herr mich 1982 wieder nach Jerusalem brachte, nahm Er die Enterbungstheologie von meinen Augen und berief mich dazu, um Seiner Pläne willen nach Jerusalem zu ziehen. Als ich 1984 in Jerusalem war, gab mir der Herr eine Vision vom *Jerusalem House of Prayer for All Nations* und berief mich dazu, es zu gründen. Im Sommer 1984 führte ich einen Jericho-Marsch sieben Mal rund um die Altstadt Jerusalems durch. Während ich marschierte, proklamierte ich Philipper 2,10-11, „damit im Namen Jesu jedes Knie sich beuge, der Himmlischen und Irdischen und Unterirdischen und jede Zunge bekenne, dass Jesus Christus Herr ist, zur Ehre Gottes, des Vaters“, und Offenbarung 21,5-6: „Siehe ich mache alles neu... Es ist geschehen“. Dies war die geistliche Konzeption des *Jerusalem House of Prayer for All Nations (JHOPFAN)*, das am 1. Oktober 1987 seine Aktivitäten aufnahm. Im *Jerusalem House of Prayer for All Nations* begannen wir einen 24-Stunden Anbetungs- und Fürbittedienst gemäß Jesaja 62,6-7. Über unsere Schwerpunkte *Alijah* und die Errettung Israels hinaus legte Gott uns die Versöhnung von Juden und Arabern als weiteren Schwerpunkt aufs Herz.

## *2a Ein „Jericho-Marsch" rund um Kairo: Ein Ort des prophetischen Gebärens, September 1985*

Im September 1985 kamen vierzig Personen zu einer Gebetsmission in Kairo zusammen. Als wir uns auf der Straße befanden, die in Jesaja beschrieben wird, sagte Gott uns, dass wir unsere Füße mit Öl salben sollten, weil wir das Land, auf das wir treten würden, für das Reich Gottes einnehmen sollten, wie Josua und Kaleb. Wir glaubten, dass Gott uns zeigte, dass wir den Berg Sinai besteigen sollten und auf seinem Gipfel die Schofar, das Horn eines Widders, in die vier Himmelsrichtungen blasen sollten, um die Juden aus dem Norden, Süden, Osten und Westen nach Hause zu rufen. Als wir die Schofar geblasen hatten, stiegen wir vom Berg herab und kehrten nach Israel zurück, um dort das Laubhüttenfest zu feiern. Als wir dies taten, sagte der Herr uns, dass wir gerade den Exodus noch einmal durchlebt hatten, aber jetzt rief Er uns nach Moskau (siehe Nr. 3).

## *2b Wegbereitung der Wiederherstellung der Straße von Ägypten: Ein Ort des prophetischen Gebärens, Januar-Februar 1990*

Der Herr hatte mir gezeigt, dass Er eine 24-Stunden Gebetswache in Ägypten errichten wollte. Jahre später fand ich heraus, dass Vater Miskeen aus der koptisch-orthodoxen Kirche diese Gebetswache im St. Macarius-Kloster in der ägyptischen Wüste zwischen Kairo und Alexandria begonnen hatte.

Kairo ist die größte Stadt Afrikas und die größte muslimische Stadt der Welt. Der Islam ist in den letzten 50 Jahren um 500 Prozent gewachsen, während das Christentum nur um etwa 50 Prozent gewachsen ist. Der Grund dafür liegt vor allem darin, dass eine durchschnittliche arabische Familie zwölf Kinder hat, während nominell christliche und jüdische Familien sich entscheiden, kleinere Familien zu haben, oder ihre Babys abzutreiben. Der Islam multipliziert sich, weil er eine aggressive Bewegung ist, weil Moslems sich entschieden haben, dem biblischen Prinzip zu folgen, das uns heißt fruchtbar zu sein und uns zu mehren, und weil religiöse Moslems fünf Mal täglich zu dämonischen Mächten beten. Heute gibt es fast eine Milliarde Moslems auf der Welt.

Ich glaube, dass bevor die in Hesekiel 37 beschriebenen jüdische Erweckung vollständig freigesetzt wird, eine messianische Erweckung zu Jesus hin die muslimische Welt durchdringen muss. In Römer 11,25 steht: **„Verhärtung ist Israel zum Teil widerfahren, bis die Vollzahl der Nationen hineingekommen sein wird“**. Die Festungen des Islam müssen gebrochen werden, damit die Vollzahl der Nationen hineinkommen kann.

In Kairo wurde unser Gebetsdienst der Gebetsmissionen geboren. 1985 sagte Gott, dass wir nicht mehr länger Reisen unternehmen sollten, sondern Gebetsmissionen, und er sagte, wohin auch immer wir unseren Fuß setzten, würden wir wie Josua und Kaleb sein und das Land für das Reich Gottes einnehmen. Wir sahen im Geist auch eine Straße und eine starke Verbindung zwischen Israel und Ägypten. Jesaja 19 sagt, dass eine Straße von Ägypten nach Israel und Assur führen wird.

Ich glaube, dass eine Zeit des Friedens für den Nahen Osten kommen wird, der aufgrund von Erweckung und der Erfüllung von Jesaja 19 kommt, eine Stelle die besagt, dass fünf Städte Ägyptens die Sprache Kanaans sprechen werden, nämlich Hebräisch. Halleluja!

## *2c Gebetsmission von Syrien / Libanon nach Kairo, 26.-31. Dezember 1992*

**An jenem Tag wird mitten im Land Ägypten dem HERRN ein Altar geweiht sein und ein Gedenkstein für den HERRN nahe an seiner Grenze. Und er wird zu**

**einem Zeichen und zu einem Zeugnis für den HERRN der Heerscharen im Land Ägypten werden: Wenn sie zum HERRN schreien werden wegen der Unterdrücker, dann wird er ihnen einen Retter senden: der wird den Streit führen und sie erretten. Und der HERR wird sich den Ägyptern zu erkennen geben, und die Ägypter werden an jenem Tag den HERRN erkennen. Dann werden sie dienen mit Schlachtopfern und Speisopfern und werden dem HERRN Gelübde tun und sie erfüllen. Und der HERR wird die Ägypter schlagen, schlagen und heilen. Und sie werden sich zum HERRN wenden, und er wird sich von ihnen erbitten lassen und sie heilen.**

**An jenem Tag wird es eine Straße von Ägypten nach Assur geben. Assur wird nach Ägypten und die Ägypter nach Assur kommen, und die Ägypter werden mit Assur dem HERRN dienen. An jenem Tag wird Israel der Dritte sein mit Ägypten und mit Assur, ein Segen inmitten der Erde. Denn der HERR der Heerscharen segnet es und spricht: Gesegnet sei Ägypten, mein Volk, und Assur, meiner Hände Werk, und Israel, mein Erbteil! (Jesaja 19,19-25)**

Am 26. Dezember 1992 leitete ich eine spezielle Gebetsmission. Sieben von uns, sechs schwedische Fürbitter und ich, fuhren nach Nordisrael, um eine Gebetsreise entlang der Grenzlinie zu beginnen. Wir verbrachten unseren ersten Abend in Tiberias im Ceasar Hotel. Als wir unsere Gedanken austauschten, begann Gott uns viel Offenbarung zu geben. Er zeigte uns, dass wir in den Fußtapfen Abrahams gingen, als Wegbereiter des Wiederaufbaus der Straße, von der Jesaja 19 spricht. Er zeigte uns, dass Abraham, als Vater Isaaks *und* Ismaels, als erster diese Straße von Ur in Chaldäa durch Babylon über den Euphrat und zurück nach Aleppo und Damaskus in Syrien errichtet hatte, mitten durch das Zentralgebiet Israels – Sichem, Bethel, Jerusalem, Hebron, Beerscheba – und weiter bis dorthin, wo heute Kairo in Ägypten liegt.

Eine interessante Randbemerkung hier ist, dass am Ende des 12. Kapitels in 1. Mose Abraham die Straße gegründet und vollendet hatte. Danach kam er zurück und gründete gemäß 1. Mose 15 Jerusalem. Dies geschah, als er Brot und Wein mit Melchisedek einnahm und durch ihn gesegnet wurde. Ich glaube, dass dies die Vollendung der Gründung dieser Straße war, die vom Herrn mit Brot und Wein besiegelt wurde. In der Bibel sehen wir, dass Abraham, Isaak, Jakob, Josef, David und Jesus fast ihr ganzes Leben lang an dieser Straße lebten. Hungersnot brachte manche von ihnen auf dieser Straße nach Ägypten; andere reisten auf dieser Straße nach Norden, um eine Ehefrau zu finden. Alle starben an dieser Straße und wurden dort begraben.

An diesem Abend des Austauschs zeigte uns der Herr weiter, dass diese Straße WIEDER AUFGEBAUT werden musste. Es war Zeit zu vollenden, was Abraham begonnen hatte. Er zeigte uns, dass als Kjell Sjoberg und andere vor ein paar Jahren nach Babylon gegangen waren, sie BEGONNEN hatten, den Weg für den Wiederaufbau dieser Straße von Ur bis an die syrische Grenze vorzubereiten. Er erinnerte uns daran, dass zur gleichen Zeit, als sie den Irak bereisten, Johannes Facius, Eliahu Ben Chaim, ich und andere aus Jerusalem hier im *Jerusalem House of Prayer for All Nations* mit ihnen und für sie beteten.

Er erinnerte mich auch daran, dass ich mit einem Freund 1991 nach Syrien gereist war und die Grenze des Königreiches Davids und Salomos entlang gewandert war und wir bis in die Nähe der irakischen Grenze gelangten, und somit den zweiten Teil der Straße abgedeckt hatten (siehe Nr. 4). Dieser Teil verläuft entlang des Euphrat. Jesaja 11 bezieht sich auf diese Straße mit ihrem einen Ende, wo der erste Exodus aus Ägypten stattfand, bis zum anderen Ende, wo der letzte Exodus am Euphrat in Syrien stattfand. Gott wird den Euphrat, einen der größten Flüsse der Erde, öffnen, und Menschen werden ihn in Sandalen überqueren (V. 15). Dies wird eine Straße für Sein Volk sein, um aus dem Land des Nordens nach Israel zurück zu kommen. Um die Gebetsmission zu vollenden reisten wir hinüber nach Aleppo, hinunter nach Damaskus und zurück zur Grenze Israels.

Gott bringt Gericht auf dieser Straße: Erdbeben in Kairo, Bomben in Bagdad, Präsident Assads Herzleiden, und auch Damaskus muss wie in Jesaja 17 vorhergesagt gerichtet werden. König Hussein hat Krebs, der Libanon kämpft mit dem Terrorismus und Israel wird erschüttert.

Als wir sieben dort im Caesar Hotel saßen, sprach der Herr weiter zu uns, dass wir in Vorbereitung des Wiederaufbaus dieser Straße bis zum Ende in den Fußtapfen Abrahams bleiben sollten. Er legte uns Psalm 23, Psalm 133 und Jesaja 19 aufs Herz und teilte uns mit, dass es sich um eine bedeutende Reise handelte, zu der wir aufbrachen!

Als wir den Abend in Tiberias ausklingen ließen und uns darauf vorbereiteten, die Fußreise auf der bereits gebauten Straße zu VOLLENDEN, stellte ich fest, dass der 31. Dezember 1992, der Tag, an dem unsere Reise zu Ende gehen sollte, genau der letzte Tag des siebten Jahres seit jenem Tag 1985 in Kairo war, an dem wir unsere Gebetsmission begonnen hatten.

Am nächsten Morgen, dem 27. Dezember 1992 verließen wir das Caesar Hotel und gingen an die libanesische Grenze, wo Israel gerade über vierhundert *Hamas*-Aktivisten deportiert hatte, und wo die Jünger von Rabbi Schneerson gerade eine Reise durch Israel antraten, um ihn als den Messias zu verkünden. Wir beteten, dass Gott die *Hamas*-Situation auflösen würde, dass Gott die Leiter Israels dazu bringen würde, sich auf Ihn allein zu verlassen, und dass Seine Pläne für das Reich Gottes durch diese Situation erfüllt würden. Wir gingen an dieser Grenze entlang hinauf zum Hermon, wo wir Psalm 133 lasen und für die Einheit der Gläubigen in allen Ländern entlang dieser Straße – Israel, Libanon, Syrien, Jordanien, Irak und Ägypten – beteten. Wir beteten, dass das Öl des Heiligen Geistes ausgegossen werde und „hinunterlaufen" möge vom Haupt Jeschuas über alle Menschen, über das Land, das Gott Abraham verheißen hatte, und auf die Straße und umliegenden Gegenden hinunter.

Wir folgten dieser Straße, die Abraham errichtet hatte, längs durch ganz Israel, während wir die Proklamationen der Jünger Rabbi Schneersons mit unseren Proklamationen Jeschuas als König und Messias Israels für nichtig erklärten! Wir gingen hinab nach Nazareth, wo Gabriel die kommende Geburt Jesu angekündigt hatte und wo Jesus aufgewachsen war. Dann gingen wir nach Pniel, wo Jakob mit Gott gerungen und ihn von Angesicht zu Angesicht gesehen hatte (wahrscheinlich den Herrn Jesus, den Gott-Menschen). Genau dort wurde der Bus, in dem wir reisten, mit Steinen beworfen. Die Steine sprangen vom Bus weg und hinterließen keine Schäden. Gott hatte uns aufgetragen, die Steine auf dieser Straße beiseite zu räumen, wie es in Jesaja 62,10 heißt. Als Nächstes fuhren wir weiter nach Nablus, das biblische Sichem und ein Zentrum der *Intifada,* wo Gott zum ersten Mal Abrahams Nachkommen das Land verheißen hatte, wo Abraham den ersten Altar baute und heute noch Jakobs Brunnen steht. Von Sichem zogen wir weiter nach Bethel, wo Abraham den zweiten Altar baute, wo Jakob seinen Traum von der Himmelsleiter hatte und Gott den Namen Jakobs in Israel umwandelte. Von Bethel fuhren wir hinauf nach Jerusalem, wo Abraham Isaak zum Opfer hinführte. Danach fuhren wir auf Gottes Straße weiter durch Bethlehem, wo Jesus geboren wurde und Rahels Grab steht, und dann nach Hebron, wo die Patriarchen lebten, starben und begraben wurden. Hebron ist ebenfalls der Ort, an dem David sieben Jahre lang als König regierte, bevor er nach Jerusalem kam. Wir beteten ebenfalls, dass die Steine in dieser Stadt beseitigt würden, weil dies der Ort war, von dem aus eine der schlimmsten *Hamas*-Zellen operierte und gerade erst einen israelischen Soldaten getötet hatte. Gleich nach unserer Gebetsmission hörten wir, dass die Mitglieder dieser Zelle festgenommen worden waren. Steine beseitigen! Wir fuhren weiter nach Beerscheba, wo die Patriarchen ebenfalls gelebt hatten.

Von Beerscheba reisten wir nach Ägypten und beendeten unsere Zeit in Ramses, wohin Abraham geflohen war, als in Kanaan Hungersnot herrschte, und wohin Josef verschleppt wurde, nachdem er als Sklave verkauft worden war, um von dort aus eine weitere Hungersnot zu verhindern. Nach Gottes Plan half Josef der Welt während der Hungersnot, indem er den Exodus des jüdischen Volkes vorbereitete, und so den Weg bereitete für die Geburt Israels. Wir fuhren nach Kairo hinein, wo alle sieben von uns einen Jericho-Gebetsmarsch rund um die größte muslimische Universität der Welt durchführten. Diese Universität bildet rund 60 Prozent aller muslimischen Leiter aus. Wir taten dies in dem Glauben und Vertrauen auf Gott, dass Er durch Jesus den Sieg am Kreuz errungen hatte. Dann gingen wir zum Hotel in Heliopolis, wo die *Kairo Gebetskonferenz für jüdische und arabische Pastoren* im Januar durchgeführt werden sollte. Wir beteten voller Glauben, dass Er dort Seine in Jesaja 19 beschriebenen Pläne für diese Konferenz zum Ziel bringen würde.

Wir kehrten nach Jerusalem zurück, wo Abraham zum ersten Mal in 1. Mose 15 Brot und Wein mit Melchisedek teilte und auf dem Tempelberg das Abendmahl hielt, an den Ort, an dem Abraham Isaak opfern sollte. Es war derselbe Ort, an dem der Tempelvorhang zerriss, als Jesus gekreuzigt wurde. Es ist zudem der Ort, an dem laut dem Buch der Offenbarung Jeschua, das Lamm, das der Tempel IST, herrschen wird. Wir brachen das Brot und tranken von der Frucht des Weines aus Gehorsam gegen Seinen Auftrag, Seines Todes zu gedenken bis Er kommt, um von Seinem Thron auf dem Tempelberg aus über die Welt zu herrschen. In Jesaja 35,8 heißt es, dass Seine Straße eine Straße der Heiligkeit sein wird. Nichts Unreines und kein wildes Tier, das Schaden anrichten könnte, darf auf ihm gehen.

Möge der Herr Araber und Juden mit Ihm und miteinander versöhnen, indem wir um die Ausgießung des Heiligen Geistes auf diese Straße und auf alle Länder um diese Straße herum beten, die Er Vater Abraham verheißen hat. Möge der Herr die Straße vollständig aufbauen und den Tag Seiner Wiederkunft beschleunigen, an dem Jesus Seinen Fuß auf die Straße in Ägypten setzen wird, wenn Ägypten, Israel und Assur ein Lobpreis inmitten der Erde werden und wenn Jerusalem zum Lobpreis der ganzen Erde werden wird.

## 2d Erste Nahostkonferenz jüdischer und arabischer Leiter: Kairo, Ägypten, Januar 1993

Es ist eine große Freude mitzuerleben, wie Gott durch seinen Heiligen Geist handelt, um die Straße von Ägypten nach Israel und Assur zu bauen, wie in Jesaja 19,19-25 gesagt wird.

Ende Januar kamen drei ägyptische Pastoren nach Jerusalem und gaben bei der speziellen Gebetskonferenz, die wir dort hatten, einen Bericht weiter. Auf den Dingen, die sie uns mitteilten, lag eine besondere Salbung. Nach der Konferenz in Jerusalem koordinierte unser Dienst zusammen mit Intercessors International eine Gebetskonferenz für Pastoren in Kairo, wo Gott auf besondere Weise wirkte. Dreißig Pastoren aus Israel kamen mit fünfzig ägyptischen und ein paar internationalen Pastoren für ein paar Tage Gebet und Austausch zusammen. Gott handelte auf eine ganz besondere Weise. Drei messianische Pastoren aus Israel (Barry Segal, David Loden und Joe Schulam) taten sich mit zwei ägyptischen Anbetungsleitern (Nathan und Dalia) zusammen und bildeten ein messianisch-jüdisch-ägyptisches Anbetungsteam. Es lag eine ganz besondere Salbung auf ihnen, wenn sie sangen und Anbetung leiteten. Wir konnten die ersten Früchte des Segens sehen, die es geben wird, wenn jüdische und arabische Gläubige in diesen letzten Tagen zur Anbetung, zum Gebet und zur Verkündigung des Evangeliums im Nahen Osten und in den Nationen zusammen kommen.

Dr. Albert Isteero, ehemaliger Direktor des größten theologischen Seminars des Nahen Ostens (in Kairo) hieß uns willkommen und erläuterte, wie wir durch Gott in der Vergangenheit miteinander verbunden wurden und wie Gott, der das jüdische Volk aus Ägypten geführt hatte, nun in dieser Konferenz einen neuen EXODUS aus Israel nach Kairo brachte! (Nur für eine bestimmte Zeit.)

Johannes Facius hielt eine Eröffnungsrede zum Thema Zeuge sein. Viele ägyptische und israelische Leiter teilten ihre Gedanken mit und wir hatten besondere Gebetszeiten. Einige der Teilnehmer aus Israel waren: Benjamin und Reuven Berger, Ilan Samir, Barry Segal, Joe Schulam, Keith Intrater, Wayne Hilsden, Ray Lockhart und David Davis. Die ägyptischen Pastoren teilten ihre Bedürfnisse mit, sowohl geistlicher als auch materieller Natur, und alle israelischen Pastoren beteten für ihre ägyptischen Brüder. Danach teilten die israelischen Pastoren ihre Bedürfnisse mit und die ägyptischen Pastoren beteten für sie!

Die israelischen Pastoren erzählten mir darauf hin, dass es nicht nur eine souverän gewirkte Verbindung von ägyptischen und israelischen Pastoren gegeben hatte, sondern dass Gott auch die israelischen Pastoren in diesen drei Tagen des Austauschs näher zueinander gebracht hatte. Sie lernten etwas über das Wirken des Heiligen Geistes in Israel, das ihnen zuvor nicht bewusst gewesen war.

Am Freitagmorgen berichteten Benjamin Berger, Dr. Miniar und Nathan über Erweckungen in beiden Ländern. Nathan sprach über ein besonderes Wort aus Jesaja 19 und über die Staatsgründung Israels im Jahr 1948 als eine Erfüllung biblischer Prophetie. Es war wirklich gesalbt.

Ich sprach über Jesaja 19, die Straße von Ägypten nach Assur, als Abschlussrede der Konferenz. Dann hatten wir einen sehr gesalbten Abendmahlsgottesdienst unter der Leitung von Barry Segal, der über das Passahmahl sprach. Bevor er das Brot brach, erklärte er, wie Jesus durch das Mittelstück der *Matza* repräsentiert wird. Dann segnete Pastor Yosef Botros, der zuvor schon im *House of Prayer* in Jerusalem gewesen war, den Wein, und sagte, dass wir durch Salz und Brot an den Bund erinnert würden. Er sagte ebenfalls, dass die Juden jetzt zurück nach Ägypten gekommen waren und dass wir die Erfüllung des Passahmahls in Ägypten als jüdische und ägyptische Pastoren feierten. Er schloss, indem er sagte, dass wir in den Schwierigkeiten und Herausforderungen, die wir in Zukunft erfahren würden, einander nie verraten sollten.

## *3 Ein „Jericho-Marsch“ rund um Moskau und den Kreml, September 1986*

Im September 1986 reisten vierzig von uns nach Russland und führten einen „Jericho-Marsch“ rund um den Kreml in Moskau durch! In jenem Jahr waren weniger als 1000 Juden aus Russland ausgewandert – BIS zum „Jericho-Marsch“! Ein paar Tage nach dem „Jericho-Marsch“ erklärte das kommunistische Regime sich einverstanden, 12.000 Juden gehen zu lassen, was später auch geschah.

Wir führten weitere Jericho-Märsche rund um den Kreml durch. Im April 1992, sieben Jahre später, beendeten wir den siebten „Jericho-Marsch“ um den Kreml. Seit dieser siebenjährigen Periode sind über eine Million russische Juden nach Israel gekommen und die dritte russische Auflage von *Let My People Go* wurde verteilt, um sie zur Rückkehr zu ermutigen. In dieser siebenjährigen Periode des Aufbaus der Straße berief mich der Herr ebenfalls, in den Süden zu gehen – nach Südafrika und Äthiopien – in den Osten – nach China und Indien – und in den Westen – in die USA und nach Argentinien – um für die Heimkehr der Juden aus diesen Ländern zu beten! Ich hoffe, dass durch die Auflage von *Let My People Go* in 25 Sprachen viele von Gott berührt werden und auf das Gelesene reagieren, und dass alle Juden weltweit zunehmend ermutigt werden, nach Hause zurückzukehren!

## *4 Ein „Jericho-Marsch“ rund um das Verheißene Land vom Nil in Kairo bis zum Euphrat, 9.-19. Mai 1991*

### Gottes Verheißenes Land: Glauben, dass Gottes Stadt, Sein Land und Sein Volk mit Ihm verheiratet wird

Von Himmelfahrt bis Pfingsten, vom 9.-19. Mai; koordinierte das *Jerusalem House of Prayer for All Nations* zehn Tage des Gebets für ein progressiv fortschreitendes neues Pfingsten. Wir begannen mit einem Gottesdienst an Himmelfahrt in unserem Haus auf dem Ölberg nahe Betanien. Der Pastor der Church of God auf dem Ölberg, der zu uns sprach, sagte, dass er dies für genau den Ort hielt, an dem die Himmelfahrt stattgefunden habe. Wir beten alle und warten auf eine frische und größere Ausgießung des Heiligen Geistes, damit die Gemeinde aufgeweckt und neu belebt wird, damit die Festungen des antichristlichen Islam und des antichristlichen Judaismus zerbrochen werden, die versuchen, Gott zu hindern an der vollständigen Landnahme Seines Landes und Seines Volkes für Sich und Seine Absichten und für die Wiederkunft des Messias, damit Sein Volk endgültig mit Ihm verheiratet werden kann.

In diesen Tagen vor Pfingsten kamen jüdische, arabische und internationale Pastoren und Fürbitter aus Gemeinden in Jerusalem zusammen, um im *House of Prayer* zu beten.

Die evangelikale Gemeinde in Groß-Jerusalem besteht zu ungefähr einem Drittel aus jüdischen Gläubigen, zu einem Drittel aus arabischen Gläubigen und einem weiteren Drittel aus internationalen Gläubigen. Wenn wir an die Gemeinde in Jerusalem denken, können wir nicht sagen, sie sei jüdisch oder arabisch oder international, sondern wie Jesaja 56,7 sagt: **„Denn mein Haus wird ein Bethaus genannt werden für alle Völker“**. In Jesaja 2,2 heißt es: **„Und es wird geschehen am Ende der Tage, da wird der Berg des Hauses des HERRN feststehen als Haupt der Berge und erhaben sein über die Hügel, und alle Nationen werden zu ihm strömen“**. All dies ist so, weil Jerusalem die Stadt des großen Königs ist (Matthäus 5,35).

In diesen Tagen in Jerusalem verbrachten wir Zeit im Gebet um Umkehr, Versöhnung, Erneuerung und um die Ausgießung des Heiligen Geistes und das Einbringen von Seelen. In dieser Woche besuchten wir viele Gemeinden in Jerusalem und kamen zum Gebet zusammen – in jüdischen, arabischen und anderen Gemeinden. Am 17. Mai hatten wir einen besonderen Weihgottesdienst für das *Jerusalem House of Prayer for All Nations*. Die Segnung galt sowohl dem Haus auf dem Ölberg als auch dem neuen Haus in West-Jerusalem. Es kamen

Leiter aus vielen Gemeinden. Johannes Facius war der Hauptredner.

Jüdische und arabische Pastoren sprachen Segnungsgebete und teilten das Abendmahl an alle Versammelten aus. Jonathan Settel sang das Lied **Siehe wie fein und wie lieblich ist es, wenn Brüder in Einheit zusammen sind**. Eine arabische Schwester sang das Lied der Naomi: **„Dein Volk ist mein Volk. Und dein Gott ist mein Gott und wo du hingehst, will ich auch hingehen, und wo du bleibst, da bleibe auch ich“.** Die restliche Zeit vor dem Pfingstfest war mit einer 36-stündigen Gebetswache gefüllt, bei der verschiedene Gemeinden eine Wache von drei Stunden übernahmen.

Am Pfingstsonntag verließen mein Freund Jay Rawlings und ich Jerusalem zu einer besonderen zehntägigen Gebetsmission. Als wir abreisten, glaubten wir daran, dass Gott Seinen Geist ausgießen würde, damit sein Volk und das ganze Land, das Gott Abraham verheißen hatte, mit Ihm vermählt würde.

Die folgenden Worte des Titelliedes unseres Dienstes aus Jesaja 62 waren in all diesen Jahren unser Herzensschrei und unser Gebet:

## BIS ER JERUSALEM ZUM LOBPREIS MACHT
**Autor unbekannt**

*Ich habe Wächter auf deine Mauern bestellt, Jerusalem,*
*die weder Tag noch Nacht schweigen werden.*
*Ihr, die ihr den Herrn erinnert, haltet Wache bei Nacht,*
*und lasst Ihm keine Ruhe, bis Er Jerusalem wieder aufrichtet.*

*Refrain:*
*Bis Er Jerusalem zum Lobpreis macht auf Erden*
*Bis Er Jerusalem zum Lobpreis macht auf Erden*
*Bis Er Jerusalem zum Lobpreis macht auf Erden*
*Lasst Ihm keine Ruhe und schweigt nicht.*

***Du sollst nicht mehr länger Verlassene heißen,***
***noch soll dein Land je wieder öde sein.***
***Sondern du sollst heißen „Gefallen habe ich an dir“***
***Und dein Land soll mit dem Herrn vermählt sein.***

***Wie ein junger Mann eine Jungfrau heiratet,***
***so werden deine Söhne dich heiraten.***
***Und wie ein Bräutigam sich freut über seine Braut,***
***so wird dein Gott sich an dir freuen.***

Genau wie die Gemeinde geistlich gesehen Gottes Ehefrau ist, so wird auch das Land, das Gott Abraham vom Fluss Ägypten bis zum Euphrat und vom Mittelmeer bis Ostjordanien verheißen hat, mit Ihm verheiratet werden. Gott zeigte mir vor fünf Jahren, dass ich diese Reise machen sollte. Und jetzt war die Zeit gekommen und Jay war mein mir zugedachter Reisegefährte. Wir begannen, indem wir einige Tage im Gebet und in der Vorbereitung in Kairo, Ägypten verbrachten. Gott zeigte uns nach und nach, wie er alle Kinder Abrahams zu sich zu ziehen begann. Er zeigte uns, dass nur Gläubige das Land geistlich für Sein Reich einnehmen konnten und dass Er Seinen Geist auf das ganze verheißene Land ausgießen wollte, sowohl auf Juden als auch auf Araber. Gott zeigte uns, dass Er wie zu unserem Pfingsttreffen in Jerusalem Juden und Araber im ganzen Land zusammen bringen wollte. Egal wie die politisch-nationalen Grenzen auch aussehen, Gott wollte das Volk in diesem Land mit Seiner Erlösung segnen.

Gott gab uns Josua 1, wo es heißt: „Jeder Ort, auf den unsere Fußsohle treten wird, gehört dem Reich Gottes“. Er veranlasste uns, die Originalgrenzen des Königreiches Davids und Salomos abzufahren und Altäre zu bauen. Wir riefen Seinen Namen an zwölf ausgesuchten Grenzstellen und anderen Orten an und bezeugten dadurch unseren Glauben, dass Gott eine geistliche Wiederherstellung Seines kommenden Reiches und Seines Willens im ganzen Land schenken würde! Wir hatten Kontakt mit Gläubigen und Pastoren in jedem Land, durch das wir reisten, in Jordanien, Syrien und

Ägypten. Unser Gebet war, dass Gottes Barmherzigkeit über Sein Gericht triumphieren würde, in welchem Maße auch immer das möglich sein würde, und dass eine große Erweckung im ganzen Land kommen würde. Wir spürten, dass Erschütterungen und Gerichte über diese Länder kommen würden und dass Gott sich nach einer großen Sammlung von Arabern und Juden in Sein Reich in diesen Ländern sehnt. Dies würde den Weg für *Schalom* bereiten und jene, die an den Friedefürst glaubten, könnten endlich in Ihm vereinigt werden! Wir spürten Gottes Sehnsucht, dass sogar die arabischen / heidnischen Gläubigen das jüdische Volk zur Eifersucht reizen würden.

Wir spürten Gottes Richtungsweisung, *Schalom* und souveräne Versorgung für die Reise, als wir vom Nil in Kairo nach Scharm El Scheich reisten, an die Südgrenze des Landes. Von dort fuhren wir mit dem Bus weiter nach Noeva und bestiegen ein Schiff mit 1000 ägyptischen Arbeitern, die nach Saudi Arabien unterwegs waren, und fuhren bis Akaba. Es war als wären wir vier Stunden lang in einer Moschee, weil sie die ganze Zeit mit einem Eifer in Richtung Mekka beteten, der viele Christen beschämen würde! Gott gab uns besondere Gunst, indem wir die meiste Zeit der Überfahrt mit dem Kapitän auf dem obersten Deck verbrachten und über Elat zu unserer Linken, Jordanien direkt vor uns und Saudi Arabien zu unserer Rechten beteten. Als wir in Akaba, Jordanien ankamen, schliefen wir in einem Hotel, das einen weiten Blick über Elat bot. Dann gingen wir an die jordanisch / saudi-arabische Grenze und bauten einen Altar dort mit dem Glauben, dass Gott eine geistliche Erweckung über das ganze Verheißene Land bringen würde und auch die Tore des Heils für Saudi-Arabien und Mekka öffnen würde. Von dort gingen wir zum Berg Nebo und bauten einen Altar an der Stelle, von wo man das Land in vier Richtungen einsehen kann, und zwar östlich des Jordans, wo Gott Mose das Verheißene Land zeigte und es ihm verhieß. Wir trafen dann einen christlichen Leiter in Amman und beteten zusammen gemäß Jesaja 15 im Land Moab, dass Gottes Barmherzigkeit so weit möglich über Seine Gerichte triumphieren würde. Wir bauten einen Altar dort und beteten, dass der Schleier des Islam und der PLO von Jordanien genommen und eine große Ausgießung des Heiligen Geistes kommen würde. Wir beteten für Arbeit und Unterkunft für 500.000 arbeitslose Palästinenser in Jordanien, von denen viele während des Golfkriegs aus Kuwait geflohen waren. Dies ist das Land, in dem Ruben, Gad und Manasse zur Zeit der zwölf Stämme lebten.

Von Amman fuhren wir nach Damaskus. Wir konnten auf die Golanhöhen und auf Tiberias sehen. Begleitet wurden wir von einem palästinensischen Araber, der genau an dem Tag geboren wurde, an dem auch Israel 1948 geboren wurde. Er hatte ein weiches Herz dem Herrn gegenüber und ich glaube, dass er in Kürze errettet werden wird. Nach Damaskus hineinzufahren war eine unglaubliche Erfahrung. Gott zeigte uns Sein Herz für das Volk in der ältesten ununterbrochen besiedelten Stadt der Welt und erlaubte uns, liebenswerten arabischen Gläubigen, die dort lebten, zu begegnen. In Damaskus bauten wir einen Altar und beteten gemäß Jesaja 17 für die Errettung der Moslems in Syrien und für die Freisetzung von Tausenden von Juden. Am Tag unserer Rückkehr berichteten sie auf der Titelseite der Jerusalem Post über die Moslems in Syrien. Die Gläubigen in Damaskus luden uns in ihre Häuser ein und nahmen uns mit in ihre Gemeinde in Palmarya, wo ein Baalstempel steht. Sie nahmen uns auch mit an die Ufer des Euphrat bei Deir Assu nahe der irakischen Grenze, wo wir einen Altar bauten. Von dort folgten wir dem Euphrat durch Syrien bis Aleppo nahe dem Mittelmeer. (Von Aleppo heißt es, dass Abraham hier Halt machte, um seine Kuh zu melken.) Es war eine unglaubliche Erfahrung am Euphrat zu stehen und die riesigen Wassermengen des Flusses zu sehen, die so viel zur Bewässerung Syriens beitragen. Welch ein Segen! Das Königreich unter David und Salomo muss herrlich gewesen sein, als der Euphrat die Nordgrenze Israels war. Aber ich bin sicher, dass die Herrlichkeit und Größe des messianischen Reiches, wenn Jesus der Messias wiederkommt, Davids Königreich unbedeutend aussehen lassen wird.

Auf dieser Reise hatten wir echte geistliche Kämpfe. Zuerst wollte der Anlasser unseres Autos nicht funktionieren, dann ging eine Zündkerze kaputt und schließlich wurden Jay und ich einen Tag lang krank; aber Gott brachte immer schnell eine übernatürliche Versorgung. Bei Aleppo bauten wir einen weiteren Altar und dann gingen wir zurück nach Damaskus.

Wir waren nahe bei Haran und Ur in Chaldäa, von wo aus Abraham ins Verheißene Land kam, und wir verfolgten bis zu einem gewissen Grad seine Fußspuren ins Land hinein. Das bewirtschaftete Land in Syrien blüht wirklich wie eine Rose, ist produktiv und schön. Vom Euphrat bis Damaskus kamen wir in das Gebiet von Antiochia, wo die erste heidnisch-christliche Gemeinde gegründet wurde. Hier führen Aquädukte über weite Distanzen Wasser vom Euphrat. Betet für die Gläubigen in Syrien, und besonders um Gottes Schutz und Freimut, und betet für eine mächtige Erweckung, dass viele Menschen zur Gemeinde hinzugefügt werden und dass sie Gottes Pläne für ihr Land in jenen letzten Tagen verstehen.

Von Damaskus flogen wir zurück nach Kairo und bauten gemäß Jesaja 19 einen Altar, wo es heißt: **An jenem Tag wird es eine Straße von Ägypten nach Assur geben und sie werden gemeinsam mit Israel als Dritter in ihrer Mitte Gott dienen. Ägypten wird Gottes Volk sein, Assur Seiner Hände Werk, und Israel Sein Erbteil.** Sowohl in Jesaja 19 als auch in Hesekiel 38 und 39 werden Libanon, Syrien und Jordanien nicht erwähnt. Könnte es sein, dass die in Jesaja 15-19 erwähnten Gerichte und die Errettung in Bezug auf diese Länder dem Gog-Magog-Krieg vorausgehen? Hesekiel 38 und 39 sagen, dass wenn der Gog-Magog-Krieg stattfindet, das jüdische Volk im Land zurück sein und Israel Frieden mit seinen Nachbarn haben wird. Zur Zeit des Gog-Magog-Krieges werden Irak, Syrien, Jordanien und Ägypten nicht als Nationen erwähnt, die sich gegen Israel stellen. Eine andere Schriftstelle, die sehr ungewiss in Bezug auf die Zukunft ist, ist Sacharja 13,8+9. Der Herr erklärt: **„Es wird im ganzen Land geschehen, spricht der HERR, zwei Teile davon werden ausgerottet, verscheiden, und nur der dritte Teil davon bleibt übrig. Und ich**

**bringe den dritten Teil ins Feuer"**. Wenn Gott sagt, Er würde sich mit dem ganzen Land verheiraten, das Er Abraham verheißen hatte, und das vom Euphrat bis zum Fluss Ägypten reicht, wie kann es dann sein, dass zwei Drittel des Volkes dieses ganzen Landes abgeschnitten werden und ein Drittel durchs Feuer geht?

Wir beteten für eine Feuermauer, dass sie das ganze Verheißene Land umgeben möge, um alle falschen Götter und alles Böse abzuschneiden, und dass Gott Gerichte zur Erlösung und Errettung für Sein ganzes Land und alles Volk inmitten Ägyptens und Assyriens bringen möge!

Wir fuhren von Kairo nach El-A Risch und bauten einen Altar auf der israelischen Grenzlinie am Mittelmeer. Dann fuhren wir weiter nach Aschkelon zwischen Gaza und Tel Aviv und ins Herzstück von Gottes Verheißenem Land. Wir bauten einen Altar dort mit dem Glauben, dass Gott sich den Moslems und Juden im Zentrum Seines Landes offenbaren würde.

Unsere nächste Station war Hebron, wo Abraham begraben ist und wohin viele arabische und jüdische Kinder pilgern, um Vater Abraham zu ehren, der unser aller Vater ist. In Galater 3,7 steht: **„Die aus Glauben sind, diese sind Abrahams Söhne!"** Hebron ist der Ort, an dem Abraham sich aufhielt, nachdem Gott ihm das ganze Land verheißen und ihm aufgetragen hatte, das Land der ganzen Länge und Breite nach zu durchwandern. Nachdem wir das verheißene Land umkreist hatten, bauten wir im Vertrauen auf Gott, dass er alle Kinder Abrahams zu sich ziehen würde, einen weiteren Altar.

> **Wenn ihr aber des Christus seid, so seid ihr damit Abrahams Nachkommenschaft und nach Verheißung Erben (Galater 3,29).**

Gott wünscht sich, dass das Land der Verheißung mit wahren Söhnen und Töchtern Abrahams im Glauben gefüllt wird, damit es wahrlich wiederhergestellt wird als das Heilige Land Israel.

Wir beendeten unsere Mission in Jerusalem, der Stadt des großen Königs, bauten einen Altar und krönten Jesus zum König des ganzen Landes und sangen ein kleines Lied:

*ER HAT UNS DIE STADT GEGEBEN*
*ER HAT UNS DAS LAND GEGEBEN*
*ER HAT UNS DIE STADT GEGEBEN*
*ER HAT UNS DAS GANZE LAND GEGEBEN*

Gott will uns wirklich das ganze Land geben. All jene, die glauben, werden es im Glauben für Sein Königreich einnehmen in diesen letzten Tagen, in denen wir mit Vorfreude auf die Wiederkunft des Königs warten, damit Er sich mit Seiner Stadt, Seinem Land und Seinem Volk vermählt.

## 5 Gebetsmission auf der Arabischen Halbinsel und in den Golfstaaten: Ein „Jericho-Marsch“ rund um Mekka, März-April 1993

Nach der Konferenz in Ägypten reiste ich mit einem Freund nach Bahrain im Persischen Golf, wo wir viele Pastoren trafen. In einer einzigen Kirche kommen 13 Gemeinden mit zehn verschiedenen Sprachen zusammen! Die Golfstaaten haben nur wenige einheimische Pastoren. Fast alle kommen aus Ägypten, Libanon und anderen Nationen. Wir beten, dass Finanzen aus diesen Golfstaaten freigesetzt werden, dass Gott Milliarden Dollars freisetzen wird, damit sich Sein Bund der Erlösung für Juden und Araber im Nahen Osten und den Nationen der Welt noch besser entfalten kann. Wir beten gemäß Jesaja 60,5-7, dass Gott den Wohlstand der Meere und der arabischen Nationen, die in diesen Versen erwähnt werden, herbei bringen wird, und Sein Reich sich auf Israel, den Nahen Osten und darüber hinaus ausbreiten wird.

> **Dann wirst du es sehen und vor Freude strahlen, und dein Herz wird beben und weit werden; denn die Fülle des Meeres wird sich zu dir wenden, der Reichtum der**

**Nationen zu dir kommen. Eine Menge Kamele wird dich bedecken, junge Kamele von Midian und Efa. Sie alle werden aus Saba kommen. Gold und Weihrauch tragen sie, und sie werden das Lob des HERRN fröhlich verkündigen. Alle Schafherden von Kedar werden sich zu dir versammeln, die Widder Nebajots werden dir zu Diensten stehen: mir zum Wohlgefallen werden sie auf meinen Altar kommen. Und das Haus meiner Herrlichkeit werde ich herrlich machen (Jesaja 60,5-7).**

**Aber auch für Ismael habe ich dich erhört: Siehe, ich werde ihn segnen und werde ihn fruchtbar machen und ihn sehr, sehr mehren. Zwölf Fürsten wird er zeugen, und ich werde ihn zu einer großen Nation machen (1. Mose 17,20).**

**An jenem Tag wird Israel der Dritte sein mit Ägypten und mit Assur, ein Segen inmitten der Erde. Denn der HERR der Heerscharen segnet es und spricht: Gesegnet sei Ägypten, mein Volk, und Assur, meiner Hände Werk, und Israel, mein Erbteil! (Jesaja 19,24-25)**

Möge der Herr sich den Moslems offenbaren, sodass sie erkennen, dass Er sie nicht mit Erdöl segnete, damit sie eine Lüge hochpumpen, sondern damit sie helfen, die Wahrheit des Reiches Gottes im Nahen Osten und den Nationen auszubreiten. Betet, dass der Herr den Arabern in den kommenden Jahren den geistlichen Segen der Errettung geben wird, der größer ist als der natürliche Segen des Erdöls.

Wir führten auch einen „Jericho-Marsch" rund um einen sehr bedeutsamen Ort der muslimischen Welt durch. Wir beteten dort für Manifestationen des Heiligen Geistes und Offenbarungen des Sieges und der Erlösung im Herrn Jesus, der die Werke der Finsternis zerstört hat durch Sein kostbares Blut. Gott wirkt in diesen letzten Tagen in der arabischen Welt auf besondere Art, die zur Vorbereitung der Erfüllung von Jesaja 19 dient.

## *6a Durchbruch bei der Nahost Pastorenkonferenz Juli-August 1993*

Dank euch allen, die ihr für die Nahost Pastorenkonferenz gebetet hattet, zu der 26 Pastoren aus zehn arabischen Staaten des Nahen Ostens inklusive Israel vier Tage lang zusammenkamen. Gott wirkte unter uns, als wir die Hälfte der Zeit im Austausch miteinander, und die andere Hälfte im Gebet verbrachten. Unsere Herzen wurden wirklich im Heiligen Geist miteinander verbunden. Die Pastoren repräsentierten jede Nation entlang der Straße Gottes. Gott versöhnt wirklich die Söhne Isaaks und die Söhne Ismaels. Wir feierten miteinander das Abendmahl unter der Leitung eines syrischen Pastors und eines Pastors aus Israel. Als wir zusammen waren, begannen wir die Dinge durch die Augen des Herrn zu sehen statt durch die Augen von Juden oder Arabern. Die arabischen Pastoren teilten uns ihre große Freude über die Tatsache mit, dass Juden Jesus als ihren Messias annahmen, und die jüdischen Pastoren freuten sich daran, wie Gott viele Araber zu sich zog.

Ich persönlich begann zu erkennen, dass wir dankbar sein sollten für viele arabische Führer des Nahen Ostens. Sie sind keine Zionisten, aber sie lassen bis zu einem gewissen Grad Religionsfreiheit zu und sind gegen den islamistischen Fundamentalismus. Wir müssen dafür beten, dass Gott, der diese Führer eingesetzt hat, ihnen die Gnade gibt, weiter gegen den islamistischen Fundamentalismus standhaft zu bleiben und Religionsfreiheit zu gewähren. Die Gemeinden in allen nahöstlichen arabischen Ländern wachsen. Ein Beispiel für das, was leicht passieren könnte, ist die schreckliche Situation, die wir im Sudan oder im Iran erleben, wo frühere Führer abgesetzt wurden, weil der Westen gegen sie war, und daraufhin viel schlimmere Führer an die Macht kamen, wie zum Beispiel Khomeini und seinesgleichen.

Zum zweiten überraschte uns die Religionsfreiheit in vielen dieser Nationen sehr, und sie übertrifft in mancherlei Hinsicht die Religionsfreiheit in Israel. Viele haben Gunst bei der Regierung, das Evangelium zu verkündigen, und manche können Land kaufen und Kirchengebäude errichten. Wir sollten die günstige Gelegenheit durch Gebet und praktische Hilfe ausnutzen, damit das Evangelium diese Länder durchdringen kann. Diese Nationen stehen auf der Kippe zwischen dem Evangelium und dem islamistischen Fundamentalismus. Betet für die geistlichen Leiter dieser Länder, die vorhaben, regelmäßig zu Gebet und Austausch zusammenzukommen.

## 6b Das Jahr der Ernte 1993

1993 koordinierten wir vier Gebetskonferenzen für jüdische und arabische Pastoren aus dem Nahen Osten – eine in Ägypten für Pastoren aus Israel und Ägypten, zwei Konferenzen auf Zypern für Pastoren aus dem ganzen arabisch-jüdischen Nahen Osten, und eine in Israel für jüdische und arabische Pastoren. Zudem beten viele Menschen auf der Welt besonders für die Ernte im Nahen Osten! Ich glaube, dass Gott die Gebete Seines Volkes hört und 1994 eine große Ernte bringen möchte!

Wir hatten eine sehr fruchtbare Gebetskonferenz auf Zypern im November 1993. Es kamen einige neue Leiter aus den Vereinigten Arabischen Emiraten; Afeef Halasah, ein besonderer moabitischer Pastor mit einer apostolischen Berufung aus Jordanien; und ein evangelikaler koptischer Priester der 12 Millionen Mitglieder zählenden Kirche in Ägypten. Gott schien auf dieser Konferenz etwas ganz Besonderes zwischen Jordanien und Israel und auch der koptischen Kirche in Ägypten zu tun. Bei den letzten zwei Konferenzen waren alle arabisch-asiatischen Ländern durch Pastoren vertreten, außer der Jemen und Katar!

Am 13./14. Dezember 1993, dem Datum, das für die Ausführung des Osloer Friedensvertrages festgelegt worden war, führten wir ein besonderes Gebetstreffen mit 40 teilnehmenden Pastoren aus dem ganzen Land durch. Die Botschaft, die Gott uns gab, war, dass wir die Schranken zwischen jüdisch und arabisch überschreiten und interkulturelle Evangelisation miteinander als Juden und Araber in ganz Israel durchführen sollten. Gott zeigte uns, dass die Ausführung des natürlichen Friedensvertrages verschoben würde, und das Er die Ausführung des WAHREN FRIEDENSVERTRAGES, DER DURCH DAS BLUT JESU VOR 2000 JAHREN UNTERZEICHNET WURDE, beschleunigen wollte.

## *7 Erste „All Nations"-Konferenz in Jerusalem, 5.-15. September 1994*

Vom 5.-15. September 1994 kamen Pastoren, Gebetsleiter und Fürbitter aus über 140 Nationen in Jerusalem zusammen, um für die Vollzahl der Heiden zu beten, dass sie in das Reich Gottes hineinkommen möge, und für die Errettung Israels. Gott tat ein gemeinschaftliches Werk der Einpfropfung der Gemeinde aus allen Nationen in den Ölbaum (Römer 11). Als wir aus allen Nationen um den Thron des Königs in Seiner Stadt Jerusalem versammelt waren und anbeteten und beteten, war es wie ein Vorgeschmack auf den Himmel.

Die Konferenz wurde mit dem Schall von sieben Trompeten zu Beginn des Neujahrsfestes – *Rosch Haschana* – eröffnet und auf folgende Schriftstellen gestellt: Jesaja 2,1-3; 19,23-25; 25,7; 40,1-3; 56,6-8; 62,6-7; Psalm 133; Römer 11,25-27 und Offenbarung 15,4; 22,1-3.

Regionale Koordinatoren halfen bei der Koordination der nationalen Delegierten, die 140 Nationen aus 20 Regionen der Erde repräsentierten. Das zentrale Koordinationskomitee bestand aus Reuven Berger, Johannes Facius, Tom Hess als Vorsitzendem, Dr. Albert Isteero, Marcel Rebiai, Barry Segal und Ayad Schenuda, die primär jüdische und arabische Pastoren aus dem Nahen Osten sind. Das Gesamtleitungsteam bestand aus 24 Ältesten, die in Einheit mit Jesus über die ganze Konferenz hinweg zusammenarbeiteten. Die sieben dringlichsten Gebetsanliegen jeder Nation wurden präsentiert und dann beteten wir über jeder einzelnen Nation, indem ein nationaler Repräsentant die Flagge seiner Nation hochhielt.

Es gab unglaubliche Durchbrüche in Buße und Versöhnung, als die nationalen Repräsentanten für ihre Nationen in den Riss traten und Jesus unter uns wirkte und Heilung für die Nationen brachte.

Wir hatten einen besonderen Gebetsmarsch, der in Betfage auf dem Ölberg begann, wo Jesus am Palmsonntag Seinen Esel bestieg. Wir gingen den Ölberg hinab, am Goldenen Tor vorbei zum Mt. Zion Hotel, wo die Konferenz tagte. Wir trugen Palmzweige zur Wegbereitung für den König als dem Löwen des Stammes Juda in Seine Stadt hinein. Es gab sogar einen weißen Esel in unserer Prozession – Jesus kommt auf einem weißen Pferd wieder! Wir hielten auf der Spitze des Ölbergs, von dem aus man das Tor des Messias (das Goldene Tor) gut sehen kann, an der Stelle, an der Jesus sagte, dass ein Schleier über die Augen des jüdischen Volkes gelegt wurde, weil sie die Stunde ihrer Heimsuchung verpassten. Dies geschah kurz nachdem Er sagte, dass Sein Haus ein Gebetshaus für alle Nationen ist.

An diesem Ort betete jeder der 140 nationalen Repräsentanten in seiner eigenen Sprache: „Vater, ich bete dafür, dass die Vollzahl der Heiden aus dieser Nation (Name der jeweiligen Nation) in das Reich Gottes hineinkommt". **„Verstockung ist Israel zum Teil widerfahren, bis die Vollzahl der Nationen hineingekommen sein wird; und so wird ganz Israel errettet werden"** (Römer 11,25-26). Dann betete ein jüdischer Pastor dafür, dass der Schleier der Blindheit weggenommen wird von den Augen des jüdischen Volkes und wir proklamierten Jesus als König über Jerusalem. Wir stiegen dann vom Ölberg hinunter mit Palmzweigen in den Händen. Viele wurden benutzt, um eine *Succa,* eine Laubhütte, zu bauen für das Laubhüttenfest, das einige Tage später gefeiert wurde. Dieses Fest deutet auf die Ankunft des Messias hin. In Johannes 1,14 steht: **„Und das Wort wurde Fleisch und zeltete (wie in einer Laubhütte) unter uns"**, zunächst als Lamm Gottes, aber bald als Löwe von Juda. Offenbarung 7,9 sagt, dass wir Palmzweige in den Händen halten werden, wenn alle Nationen vor dem Thron stehen werden, wenn alle Auserwählten versiegelt und die Vollzahl der Heiden hineingekommen ist. Dann wird ganz Israel gerettet werden.

Benjamin Berger gab eine prophetische Botschaft weiter, die davon handelte wie der Hohepriester an *Jom Kippur*, dem Versöhnungstag, für das ganze Volk vor den Herrn trat und dass aufgrund des Hohenpriesters Jeschua dies nicht nur dem jüdischen Volk gilt, sondern allen Nationen. Wir fasteten 24 Stunden lang an *Jom Kippur*, fasteten für die Errettung Israels, beteten sowohl für das jüdische als auch das arabische Volk in Israel. Reuven Berger gab eine prophetische Botschaft weiter, dass wahrer *Schalom* nur im Friedefürst zu finden sei und sagte, dass aller falscher Friede erschüttert würde, weil alles, das erschüttert werden kann, erschüttert werden würde. Danach, um 1 Uhr mittags an *Jom Kippur*, bekannten sich die vierzig oder mehr jüdischen und arabischen Pastoren aus Israel und zwanzig arabischen Nationen zu dem Bund, den sie alle im Herrn als der Neue Mensch haben. Dieses Bekenntnis wurde von einem jüdischen Pastor aus Jerusalem und einem arabischen Pastor aus Amman, Jordanien, geleitet. Wir sprachen dann Segensworte über alle Nationen aus als Erstlingsfrucht dessen, was in Jesaja 19,23-25 gesagt wird, wo es heißt, dass die Anbetung des Herrn in Ägypten, Israel und Assyrien ein Segen inmitten der Erde sein wird! Nach der Segnung aller Nationen teilten jüdische und arabische Pastoren das Abendmahl aus und wir bliesen die *Schofar*, das Horn eines Widders, zum feierlichen Abschluss von *Jom Kippur*.

Am folgenden Tag bei der Schlussveranstaltung der Konferenz hielten Repräsentanten Flaggen ihrer Nation hoch und hielten dem himmlischen Vater im Namen Jesu ihre Nation hin. Dies geschah auf dem Dach des Mt. Zion Hotel, von dem aus man den Zionsberg und Davids Zitadelle überblicken kann. Die Präsentation geschah in der Reihenfolge, in der wir über zehn Tage verteilt für die einzelnen Nationen gebetet hatten, und endeten mit Israel. Wir beendeten die zehntägige Konferenz, indem wir acht Trompeten bliesen, um in zunehmendem Maße nach Neuanfängen und Durchbrüchen des Königs und Seines Reiches Ausschau zu halten.

Elf Stunden nach Ende von *Jom Kippur* und zwölf Stunden, nachdem die nahöstlichen jüdischen und arabischen Pastoren ihren Bund im Herrn Jeschua unter der Leitung von Pastoren aus Jerusalem und Amman bestätigt hatten, erschütterte ein Erdbeben der Stärke 4,6 auf der Richterskala Israel und Jordanien. Das Epizentrum lag südlich von Jerusalem nahe dem Mt. Zion Hotel und in Amman, Jordanien. Am Tag des Erdbebens wachte ich früher als sonst um 4.30 Uhr morgens auf und verbrachte Zeit mit dem Herrn, als das Hotel zu wackeln begann! Ich wurde an Offenbarung 16,17-18 erinnert, wo es heißt, dass als die Schalen der Gebete in die Luft ausgegossen wurden, ein starkes Erdbeben entstand. Das Erdbeben zum Abschluss dieser Versammlung am Ende von *Jom Kippur* ist vielleicht ein Signal als Erstlingsfrucht zunehmender Erschütterungen in Israel, dem Nahen Osten und allen Nationen (Hebräer 12,25-29, Offenbarung 15,3-4).

Nach der zehntägigen Konferenz führten wir eine All Nations Gebetstour durch Israel durch. Einige prophetische Dinge geschahen auf dieser Tour. Wir beteten Psalm 133 auf dem Hermon:

> **Siehe, wie gut und wie lieblich ist es, wenn Brüder einträchtig beieinander wohnen. Wie das köstliche Öl auf dem Haupt, das herabfließt auf den Bart, auf den Bart Aarons, der herabfließt auf den Halssaum seiner Kleider. Wie der Tau des Hermon, der herabfließt auf die Berge Zions. Denn dorthin hat der HERR den Segen befohlen, Leben bis in Ewigkeit.**

Jüdische Pastoren aus dem Nordosten und Nordwesten Israels und arabische Pastoren beteten alle über den arabischen Nationen für die Ausgießung des Heiligen Geistes, weil das Hermongebirge einige Gipfel sowohl im Libanon als auch in Syrien und in Israel hat. Wir beteten, dass das Öl des Heiligen Geistes herabläuft über das Haupt Jesu als Hohepriester der Juden und Araber in Israel und im Nahen Osten und bis zum Saum des Gewandes des Leibes Jesu an den Enden der Erde.

Wir hatten eine besondere Gebetszeit mit der Tiberias-Gemeinschaft und der Mt. Carmel-Gemeinschaft.

In Jaffa, wo Petrus der Schleier der Blindheit hinsichtlich der Heiden von den Augen genommen wurde und wo er die Vision erhielt, dass Gott die Erlösung zu allen Nationen bringen wollte, zeigte Gott uns, dass wir als Repräsentanten von 140 Nationen, als Sein Haus des Gebets für alle Nationen, beten sollten, dass der blindmachende Schleier der Enterbungstheologie über der Gemeinde in den Nationen weggenommen wird, und dass Gott der Gemeinde in den Nationen Seine Vision für die Errettung Israels (das jüdische Volk) gibt. Als Repräsentanten aller Nationen spürten wir, dass sich hier ein Kreis in der Menschheitsgeschichte schließt, und so wandten wir uns von Jaffa aus in Richtung unserer Nationen in alle Himmelsrichtungen und beteten, dass der Schleier von der Gemeinde in allen Nationen weggenommen wird, damit sie Gottes Vision für die Errettung Israels empfangen können, genau an dem Ort, an dem Petrus vor 2000 Jahren zum ersten Mal die Vision hatte, dass das Evangelium über Israel hinaus zu den Nationen gehen wird.

Jene von uns, die an der *All Nations Konferenz in Jerusalem* teilgenommen hatten, wurden für immer verändert. Unsere Vision, dass Gottes Reich zu den Nationen und Israel kommen würde, wurde vertieft und erweitert. Bei dieser historischen Konferenz haben viele proklamiert, dass „Israel und die Nationen nie mehr dieselben sein“ würden. Wir preisen Gott, dass bei dieser Konferenz zusätzlich zu den 140 repräsentierten Nationen auch die 40 größten Denominationen der Welt vertreten waren, inklusive der orthodoxen und der katholischen Kirche.

Danke für eure Freundschaft und euer Gebet und eure Unterstützung über die letzten 7 Jahre. Wir schätzen eure Gebete und eure Unterstützung sehr, die uns half, die sieben Jahre in Jerusalem so abzuschließen, dass jeder Bedarf abgedeckt ist und wir unser achtes Jahr als Neuanfang unter Gottes Segen beginnen können.

Möge Gottes Reich der Gerechtigkeit, des Friedens und der Freude auf dir und deiner Nation liegen.

## *8 Zweite nationale Konferenz jüdischer und arabischer Pastoren, 9.-10. Mai 1994*

Am Jerusalemtag, dem 9./10. Mai, koordinierten wir eine Pastorenkonferenz für jüdische und arabische Pastoren aus Israel mit etwa 30 Teilnehmern. Es gab viele gute Zeichen einer wachsenden Einheit unter messianischen Juden und Arabern, vor allem in Jaffa, Haifa und Jerusalem. Im Gegensatz dazu erlebten wir auch einen größeren geistlichen Angriff gegen Gottes Versöhnungswirken. Betet besonders für die jüdischen und arabischen Pastoren und für mich, dass der Feind es nicht schafft, uns zu trennen! Betet, dass Gott aufsteht und Seine Feinde (die geistlichen Mächte, die Seiner Versöhnung widerstehen) vernichtet werden und dass Gottes Friedenswirken, das mit dem Blut Jeschuas unterzeichnet wurde, ganz zur Umsetzung kommt.

## *9 Passah, Karfreitag und Ostern Durchbruch-Fasten, 14.-21. April 1995*

Gott hat in den vergangenen Monaten zunehmend gewirkt. Vom 14.-21. April, über das Passahfest, Karfreitag und Ostern koordinierten wir ein Durchbruch-Fasten in Jerusalem für die *Alijah* und die jüdisch-arabische Errettung und Versöhnung. In über 120 Städten weltweit fasteten Gruppen mit uns. Wir haben ein Passah Durchbruch-Fasten jährlich seit 1992 bis heute durchgeführt.

Das Durchbruch-Fasten basiert auf den folgenden Schriftstellen:

> **Sammeln, ja sammeln will ich dich, ganz Jakob; versammeln, ja, versammeln werde ich den Überrest Israels. Ich werde ihn zusammenbringen wie Schafe im Pferch, wie eine Herde mitten auf der Trift, so dass es von Menschen tosen wird. Herauf zieht der Durchbrecher vor ihnen her; sie brechen durch und durchschreiten das Tor und gehen durch es hinaus; und ihr König**

> **schreitet vor ihnen her, und der HERR an ihrer Spitze. (Micha 2,12-13)**
>
> **An jenem Tag wird es eine Straße von Ägypten nach Assur geben. Assur wird nach Ägypten und die Ägypter nach Assur kommen, und die Ägypter werden mit Assur dem HERRN dienen. An jenem Tag wird Israel der Dritte sein mit Ägypten und mit Assur, ein Segen inmitten der Erde. Denn der HERR der Heerscharen segnet es und spricht: Gesegnet sei Ägypten, mein Volk, und Assur, meiner Hände Werk, und Israel, mein Erbteil! (Jesaja 19,23-25)**

Wir begannen mit einer Passah-Seder. Wir bauten Altäre an den vier Orten, an denen Abraham Altäre gebaut hatte - in Sichem, Bethel, Hebron und Jerusalem – und vertrauten auf Gott, dass der Schleier von den Augen der Juden und Moslems in jenen Gegenden genommen würde. Wir vertrauten auf Gott, dass sie im Messias im Zentralland Israels versöhnt würden, von dem Gott sagte, dass das jüdische Volk es verwalten würde.

In Sichem beteten wir auf der Höhe, wo Gott Abraham zum ersten Mal das Land verhieß und wo heute das Grab eines muslimischen Scheichs steht. Ich wurde in die Himmel entrückt und erkannte, dass der Geist des Islam unter unsere Füße getan war. Wir beteten für die geistliche Auslöschung der islamischen Mächte an diesem Ort und beanspruchten ihn als Höhe für Gott, den Höchsten, und dass die Juden und Moslems in Sichem sich danach sehnen würden, Jeschua kennen zu lernen.

Bethel war der Ort, an dem Abraham einen Altar baute und Jakob einen Traum hatte und eine Leiter sah, die auf der Erde stand, deren oberes Ende aber in den Himmel reichte. Hier ist der Ort, an dem Gott dieses Land Jakob und seinen Nachkommen gab und Gott sagte, dass alle Nationen durch Jakob gesegnet würden. Es war in Bethel, wo Jakob in Israel umbenannt wurde. Hier sagte Jakob: **„Wie furchtbar ist diese**

**Stätte! Dies ist nichts anderes als das Haus Gottes, und dies ist die Pforte des Himmels" (1. Mose 28,17).**

Wir bauten auch in Bethel einen Altar und vertrauten auf Gott, dass die Errettung zu Juden und Arabern kommen würde, dass der Messias sie mit sich versöhnen und der Islam fallen würde, und dass das verheißene Land und sogar der Ort, an dem die Verheißung gegeben wurde, unter jüdischer Verwaltung bleiben würde. Ascher Intrater und Issa, jüdische und arabischer Leiter, stießen in Sichem und Bethel zu uns.

Hebron ist der Ort, an dem Isaak und Ismael geboren und aufgezogen wurden, es ist die Begräbnisstätte der Patriarchen, das Erbteil Kalebs und der Ort, an dem David sieben Jahre als König regierte. Hier hielten Barry Segal, jüdischer Pastor, und Issa, ein arabischer Pastor, sich an den Händen und beteten für die Errettung von Juden und Arabern. Noch an demselben Tag, an dem wir alle für Hebron beteten, wurden dort zwei der meistgesuchten Terroristen in Israel gefangen genommen.

Es standen acht muslimische Kinder bei uns, ein arabischer Christ übersetzte für uns, als Ascher Intrater das Evangelium verkündigte, und Deutschschweizer, die mit Marcel zusammenarbeiteten, sangen Lieder mit ihnen auf Arabisch. Gott bestätigte wirklich Sein Wort!

In Jerusalem, wo Jesus auf dem Zionsberg regieren wird, bauten wir auf dem Mt. Zion Hotel, wo die *All Nations Konferenz in Jerusalem* im September 1994 stattgefunden hatte, einen Altar.

Der Berg Morija ist der Ort, an dem Abraham einen Altar baute, um Isaak zu opfern, wohl wissend, dass Gott Vorsorge treffen würde, selbst wenn dies bedeuten würde, dass Er Isaak von den Toten auferwecken müsste. Der Herr hat uns in Jeschua wirklich mit allen Dingen versorgt, der als letztgültiges Opfer und Vorsehung für uns geopfert wurde.

Ein jüdischer und ein arabischer Gläubiger hielten sich an den Händen und beteten für Juden und Araber, dass sie sich in der Stadt des Königs mit dem Messias versöhnen lassen. Wir dankten Gott, dass er 1994 jüdische und arabische Pastoren aus Israel und arabische Pastoren aus fast jeder arabischen Nation nach Jerusalem gebracht hatte, und darüber hinaus Vertreter aus 140 Nationen. Wir baten den Herrn, den Weg für eine zweite *All Nations Konferenz* zu bereiten, die vom 14.-26. September 1996 hier stattfinden sollte, damit der Weg für die Wiederkunft des Königs zu Seiner Stadt Jerusalem bereitet würde.

## *10a Nahostkonferenz jüdischer und arabischer Pastoren, 7.-11. Mai 1995*

Vom 7.-11. Mai 1995 koordinierten wir die vierte Nahost Gebetskonferenz auf Zypern. Pastoren und Gebetsleiter aus 17 arabischen Nationen und aus Israel kamen dort zusammen.

Verglichen mit den anderen vier Konferenzen, bei denen Leiter aus 20 arabischen Nationen zusammengekommen waren, hatten wir diesmal die größte Freiheit, die wir je miteinander erlebt hatten. Als wir uns das erste Mal trafen, war die Atmosphäre eiskalt, aber jetzt war alles Eis geschmolzen. Diesmal beteten wir für den Nahen Osten und widmeten einen ganzen Tag jeder der drei Regionen, die in Jesaja 19,23-25 genannt ist. Wir hatten arabische Leiter aus den meisten arabisch protestantischen Denominationen, sowie zwei koptisch-orthodoxe Leiter und einen katholischen Leiter.

Gott wirkt in vielen Ländern. Im Irak drucken sie Bibeln und es herrscht große Offenheit. Im Sudan und in Albanien ereignet sich eine große Erweckung inmitten von islamistisch-fundamentalistischen Regimen. Im Libanon bekehren sich Mitglieder der Hisbollah zum Glauben an Jesus. Inmitten der vielen Erschütterungen und durch viele zukünftige Erschütterungen hindurch baut Gott, bzw. wird Gott die Straße des Heils von Ägypten durch Israel bis Assur bauen.

40 von uns kamen zusammen, 15 Pastoren aus der Region Ägypten und Nordafrika, 12 Pastoren aus Israel und 13 aus der Region Assur. Es gab eine echte Freiheit beim Austausch von Träumen, Visionen und den Gaben des Geistes. Gott hatte wirklich die Kontrolle!

Marcel referierte über den Fall des Islam, gefolgt von einer sehr guten Gebetszeit hinsichtlich dieser Thematik. Ein marokkanischer Leiter berichtete über die Evangelisation unter Moslems, was hervorragend war, da er ein ehemaliger Moslemführer ist. Benjamin Berger berichtete von seiner Fastenzeit in Auschwitz mit 70 Deutschen im Hinblick auf den Holocaust. Zwei arabische Pastoren sprachen über die Wiederherstellung Israels. Ich hielt eine Eröffnungsansprache darüber, dass wir unseren Blick weit erheben und nicht nachlässig bezüglich der Verheißungen werden, sondern die Verheißungen von Jesaja 19,23-25 und Psalm 87 usw. festhalten sollten.

Wir trafen uns in der Zeit des muslimischen Opferfestes, dem wichtigsten muslimischen Fest, es war also eine konzentrierte Gebetszeit. Nachdem jede der drei Regionen sich mitgeteilt hatte, proklamierten die anderen auf Arabisch oder Hebräisch über der jeweiligen Region: **„Gesegnet sei Ägypten, mein Volk"**, oder **„Gesegnet sei Assur, meiner Hände Werk"** oder **„Gesegnet sei Israel, mein Erbteil!"**

Einer der Leiter sagte, dass dies nun unsere „Heimat" sei, da wir gemeinsam an himmlischen Örtern sitzen. Er fügte hinzu, dass wenn wir zurückgehen in unsere jeweilige Nation, wir es als Botschafter der Versöhnung tun. Wir sollten auf unsere nächste geplante Zusammenkunft schauen als eine „Heimkehr" nach Hause.

Während dieser Konferenz wurden wir die ganze Woche lang durch das Gebet einer Gruppe im *Jerusalem House of Prayer for All Nations* begleitet. Wir ermutigen euch alle, weiter für die Fertigstellung der Straße des Heils im ganzen Nahen Osten zu beten. Wie ihr seht, hat Gott auf vielerlei Weise in diesem Frühjahr und Sommer in Israel gewirkt.

## *10b Gebetsmission in Ägypten, Israel, Assur und Irak, 30. Juni-8. Juli 1995*

Ich kam gerade erst von einer prophetischen Gebetsmission auf der Straße, die Gott gerade von Ägypten durch Israel bis nach Assur baut, zurück. Am 30. Juni begannen Dr. Henok (aus Gonda, Äthiopien, wo der Nil entspringt) und ich eine Gebetsmission vom Nil in Kairo bis zu Euphrat und Tigris in Irak und Syrien.

Am Tag vor unserem Reisebeginn von Kairo aus gab es einen Attentatsversuch gegen den ägyptischen Präsidenten Mubarak in Äthiopien. Die Gebetsleiter in Kairo, die aus dem Sudan, Ägypten und Äthiopien zusammen gekommen waren, hatten gerade erst in der Woche zuvor begonnen zu beten. Wir fanden uns alle spontan wieder im gemeinsamen Gebet am Tag, nachdem die Sudanesen versucht hatten, den ägyptischen Präsidenten in Äthiopien zu ermorden. Es scheint, als hätte es einen dämonischen Angriff gegen den Aufbau der Straße gegeben, kurz bevor wir unsere Reise antraten. Dr. Henok, der mit einer jüdischen Gläubigen verheiratet ist und jetzt in Jerusalem lebt, erhielt durch ein Wunder ein Visum für Ägypten direkt am Tag nach dem Angriff auf Präsident Mubarak in Äthiopien.

Wir bauten in Kairo einen Gebetsaltar am Nil, der von Äthiopien über den Sudan nach Ägypten fließt, und hatten eine besondere Gebetszeit mit ägyptischen Geschwistern. Wir hatten eine besondere Zeit, als wir von Kairo nach Jerusalem reisten und beteten, dass Gottes Absichten in der Schrift sich erfüllen, wo es heißt: **„Gesegnet sei Ägypten, mein Volk!“** Wir hielten am Wadi El Risch an der Grenze zwischen Ägypten und Israel und bauten dort einen Altar, weil Gott sagte: „Es wurde an der Grenze ein Altar gebaut“.

Es war eine Freude, mit dem Bus aus Kairo in Jerusalem, der Stadt des großen Königs, anzukommen und den Sabbat in der Königsstadt zu feiern. Am ersten Tag nach dem Sabbat fuhren Henok und ich weiter zur jordanischen Grenze. Von dort reiste ich weiter und traf mich in der irakischen Botschaft mit einer Gruppe, die zu einer Konferenz nach Bagdad reisen wollte. Es gab eine Reihe von Pastoren und Leitern aus evangelikalen und traditionellen Kirchengemeinden, die zu dieser Konferenz eingeladen waren. Es war ein Wunder, dass ich als Amerikaner, der seit 1987 in Israel lebt, und zwar auch in der Zeit des Golfkrieges, überhaupt in den Irak hineingelassen wurde. An der irakischen Grenze in der Wüste, weit im Westen von Jordanien, sagte man mir, dass ich nicht einreisen könnte, weil sich mein Ausreisevisum aus Jordanien in meinem zweiten Pass befand, den ich in Amman zurückgelassen hatte. Sie sagten mir dann, dass sie mich durchlassen würden, wenn ich eine Kopie des Visums faxen könnte. Der Pastor in Amman war zufällig zu Hause und hatte ein Faxgerät und konnte mir das Visum sofort zufaxen. Ich war auf dem Weg nach Bagdad! Die Engel öffneten den Weg. Die Reise von Amman nach Bagdad dauerte auf dem Landweg über 18 Stunden, da der Flughafen seit dem Golfkrieg geschlossen war!

Als ich in Bagdad ankam, übernachtete ich mit anderen Delegierten im Babylon Hotel. Die katholische Kirche und die irakische Regierung koordinierten die Konferenz. Sie war dem Wesen nach definitiv babylonisch. Es war eine echte Offenbarung für mich, das Wesen Babylons am Werk zu sehen, das in Daniel und Offenbarung 18 und 19 erwähnt wird. Der Vizepräsident der irakischen Regierung ist Katholik und pflegt enge Kontakte zu den katholischen Kardinälen und der katholischen Kirche, die diese Konferenz anberaumt hatte.

In vielerlei Hinsicht war ich auf dieser Reise berufen, die meiste Zeit über allein mit Jesus zu sein, wie Daniel und Abraham. Das bedauernswerte menschliche Leiden des irakischen Volkes hält seit dem Golfkrieg wegen seiner egozentrischen Leiter und den anhaltenden Sanktionen auf Nahrungsmitteln und Medikamenten immer noch an. Es war schrecklich zu sehen, dass 1200 Kinder in den Bunkern und Häusern getötet wurden. Kinder leiden aufgrund von Nahrungs- und Medikamentenmangel. Menschen, die einst 1200 US Dollar verdienten, bekommen jetzt nur noch 54 US Dollar im Monat. Betet, dass Gott eingreift! Wir müssen dafür beten, dass Gott in die Regierung eingreift, auf welche Art auch immer Er dies tun will, und Gerechtigkeit und Barmherzigkeit zu den irakischen Christen und anderen bringt, indem er Nahrungsmittel und Medizin und große Errettung schenkt. Betet für eine möglichst stabile Regierung im Irak, so dass die iranischen islamistischen Fundamentalisten den Irak nicht unterwerfen, wo sie doch ihre heiligsten Orte im Irak haben und sich nichts mehr wünschen als das.

Es ist jedoch sehr ermutigend zu sehen, wie der Herr geistlich im Irak wirkt. Gott reißt nieder, um aufzubauen, so wie er in Jeremia 1,12 sagt: **„Du hast recht gesehen; denn ich werde über meinem Wort wachen, es auszuführen.“** Ich bin sicher, dass davon in der Zukunft noch mehr geschehen muss. Die Leitung von *Evangelism Explosion* berichtet, dass im Irak ein höherer Prozentsatz an Moslems, denen das Evangelium verkündigt wird, den Herrn annimmt als in jedem anderen muslimischen Land der Welt.

Während ich dort war, wurde ein irakischer Pastor ordiniert, zusammen mit sechs Diakonen. Drei weitere Pastoren sollen innerhalb des nächsten Jahres ordiniert werden, um Gemeinden in anderen Städten zu betreuen. 22 Personen machten ihren Abschluss des *Evangelism Explosion* –Kurses. Über 900 Menschen besuchen die einzige evangelikale Gemeinde in Bagdad. Der Pastor vertraut Gott, dass er ihm bald Land für eine zweite Kirche in Bagdad auf der anderen Seite des Tigris geben wird. Mit der Zeit will er zehn evangelikale Gemeinden in Bagdad sehen. Wir hatten eine ganz besondere Gebets- und Austauschzeit mit den Leitern der Gemeinde.

Am zweiten Tag reisten wir nach Ur in Chaldäa im Süden, von wo Gott Abraham herausgerufen hatte. Gott erinnerte mich neu an Seine Verpflichtung mir gegenüber, das gute Werk, das er in mir begonnen hatte, auch zu vollenden, was die Straße von Jesaja 19 anging. Es ist aufregend zu sehen, wie im ganzen Irak die Nation sogar in dieser Krisenzeit ihr unentwickeltes landwirtschaftliches Potential kultiviert.

Am nächsten Tag gingen wir nach Ninive im Nordirak, wo der Prophet Jona den Einwohnern eine Bußpredigt hielt, die dazu führte, dass alle, von den Tieren bis zum König, fasteten. In dieser Region gibt es fast 400.000 nominelle Christen! Ich betete vom Hotelzimmer aus, von wo aus ich einen guten Blick über Ninive hinweg hatte, und vertraute Gott dafür, dass er wieder Erbarmen haben würde mit dieser Stadt von über 1 Million Einwohnern, und dass Er ihrer Buße in der Vergangenheit gedenken und sie wieder zur Umkehr bewegen würde, damit sich eine Quelle des Heils für sie öffnen kann. Ich traf auch einen Kurden, der sehr offen war und eine arabische Bibel wollte (die gerade erst im Irak gedruckt worden war). Betet, dass er bald den Herrn empfängt. Wir beteten auch mit einigen Moslems und sie wurden von Gott berührt und begannen zu weinen, als sie Gottes Gegenwart unter uns spürten.

Ninive war einst fast 400 Jahre lang die Hauptstadt des assyrischen Reiches, ungefähr ab 1000 v. Chr. bis 600 v. Chr. In Jesaja 19,25 sagt Gott: **„Gesegnet ist Assur, meiner Hände Werk!"** Mit den ständigen Erschütterungen und Gerichten auf Assyrien sagt Gott, dass Er das Volk von Assur mit Seiner großen Erlösung segnen wird. Wir beten, dass dies nicht nur in Ninive und Bagdad geschehen wird, sondern auch in der ganzen Region Assyriens, und dass alle arabischen Nationen mit hinein genommen und sogar die muslimischen Nationen Asiens erreicht werden.

Wir besuchten das Tor von Ninive und Nimrods Festung. Auf dem Weg nach Hause hatte unser Bus einen Platten, und als wir den Euphrat überquerten, betete ich Jesaja 11,16 und Offenbarung 11,13-16 und 16,12, indem ich Gott an Sein Wort erinnerte und betete, dass es auf Erden geschehe, wie im Himmel, zu dem von Gott gedachten Zeitpunkt.

Nachdem wir im Babylon Hotel in Bagdad gewohnt hatten und Psalm 137,1-6 am Tigris gelesen hatten, war es eine große Freude, nach Jerusalem, der Stadt des großen Königs zurückzukehren. Es war eine große Freude, das Lied Zions wieder zu singen, nicht im fremden Land Babylon, sondern in der Heimat, in der Stadt des großen Königs!

Halleluja! Heute müssen sich der Nahe Osten und die Welt entscheiden, ob ihr Erbe in Babylon oder Jerusalem ist. Wenn wir Vater Abraham folgen, wird er uns aus Babylon in Mesopotamien herausführen nach Jerusalem, aber nicht nur ins irdische Jerusalem, sondern ins himmlische Jerusalem, das er suchte, dessen Gründer und Erbauer und Schöpfer Gott ist, und das wir als Kinder Abrahams durch Glauben letztlich als Erbe im großen König von Jerusalem haben. Das neue Jerusalem, das vom Himmel kommt, wird schließlich die ganze geographische Region Ägypten-Israel-Assyrien abdecken und Gott wird alle Dinge neu machen für all jene, die ihr Erbe im Messias haben, ob sie nun Juden, Araber oder Menschen aus anderen Nationen sind!

Zum Zeitpunkt des Abdrucks dieses Artikels (1995) flohen Saddams Hauptassistenten und die beiden Töchter Saddams nach Jordanien. Wir glauben, dass Gott bereits dabei ist, viele der Gebete auf dieser Reise zu erhören. Betet weiter für die Erfüllung des hervorragenden Heilsplans Gottes und für die Errettung der Seelen im Irak und im Nahen Osten.

## *11 Gute Nachrichten aus dem Nahen Osten: Gottes Straße des Heils wird gebaut – Jesaja 19,19-25 Juni-Juli 1996*

Wir haben gerade erst die Koordination des fünften Nahost Gebetsgipfels in Zypern beendet. Wir hatten diesmal arabische Pastoren aus allen 21 arabischen Nationen und Pastoren aus Israel, die gemeinsam teilnahmen. In dieser Versammlung begrüßten wir auch den ersten Repräsentanten aus Katar. Es gibt jetzt in jeder arabischen Nation einheimische Gläubige, außer in Katar, und wir glauben, dass im nächsten Jahr wieder ein Repräsentant von dort kommen wird. Beim Gebetsgipfel gab es einen besonderen Durchbruch zwischen den Leitern aus Israel und Libanon. Wir hatten dieses besondere Treffen zwischen Israelis und Libanesen schon ein Jahr zuvor geplant, als während unserer letzten Konferenz die Gewalt zwischen Israel und Libanon eskalierte. Gott brach wirklich hindurch. Es gab mehr Buße und Versöhnung auf dieser Konferenz als jemals zuvor. Viele Menschen des Nahen Ostens empfangen Jesus. Gott wirkt. Betet weiter!

## *12 Israel und Nahost Gesamtkonferenzen 1997, März-April 1997*

Gott wirkt in Israel auf besondere Weise! Am 5. März 1997 hatten wir eine Konferenz mit 72 Pastoren in Israel und verbrachten 12 Stunden miteinander im Gebet und in Gemeinschaft. In Israel gibt es jetzt 80 jüdische Gemeinden und 50 arabische, und Dutzende internationaler Gemeinschaften. Die Zahl der Gemeinden in den 50 größten Städten nahm von 24 im Jahr 1996 auf 38 im Jahr 1997 zu. Wir hoffen, dass bis Mai 1998, am Ende des 50. Jubiläumsjahres Israels, Gemeinden in allen 50 größten israelischen Städten entstanden sein werden. Jeschua sagte: **„Ihr werdet mit den Städten Israels nicht zu Ende sein, bis der Sohn des Menschen gekommen sein wird“** (Matthäus 10,23). Wir sind darauf angewiesen, dass ihr mit uns betet für einen Durchbruch und für finanzielle Unterstützung des Fonds „Arbeiter für die Ernte“!

Während Gott die Vollzahl der Heiden hereinbringt, hebt Er auch zunehmend den Schleier von Israel weg. Weil Er bald wiederkommt, werden wir auch bald damit fertig werden, durch alle Städte Israels zu gehen! Lukas 21 sagt über die Generation, die erlebt wie der Feigenbaum und alle Bäume (unserer Generation) ausschlagen, dass Jesus wiederkommen wird.

Gott wirkt im Nahen Osten auf besondere Weise! Vom 14.-17. April 1997 versammelten sich Pastoren aus Ägypten, Nordafrika und den asiatischen arabischen Nationen gemeinsam mit israelischen jüdischen und arabischen Pastoren, um vier Tage in Anbetung, Austausch und Gebet miteinander zu verbringen. Die Betonung lag darauf, dass Gott die Straße aus Ägypten durch Israel nach Assur baut. Wir spürten besonders hinsichtlich Ägypten einen wirklichen Durchbruch, denn diese Nation hat einen prophetischen Mantel, der jetzt wieder freigesetzt wird.

Ich glaube, dass dies bedeutet, dass im Nahen Osten bald ein großer Durchbruch geschehen wird. Wir sahen dies kommen, sowohl die Väter als auch die jungen Propheten haben dies bestätigt. Ägypten hatte schon immer eine prophetische Salbung, da sie eine der ersten Zivilisationen überhaupt war.

Abraham, Jakob, Josef, Israel und Jesus wurden aus Ägypten herausgerufen. Unser Dienst der Gebetsteams wurde 1985 in Ägypten geboren, als der Herr uns prophetisch zeigte, dass wir Gebetsmissionen durchführen sollten und uns auch führte, die *Schofar* auf dem Gipfel des Sinai zu blasen und die Juden aus dem Norden, Süden, Osten und Westen nach Israel zurückzurufen. Dann führte Er uns so, dass wir nach Israel zurückkehrten, um das Laubhüttenfest zu feiern! Auf dem Weg dorthin sagte Er uns, wir sollten nach Russland gehen, um dort einen „Jericho-Marsch“ rund um den Kreml durchzuführen, was wir sieben Jahre lang von 1986 an taten!

1991, als wir den Nahen Osten von Ägypten (Nil) aus bis nach Syrien (Euphrat) umkreisten und auf Gottes Friedensprozess vertrauten, dass Juden und Araber zu Jeschua dem Messias hin und in ihm versöhnt würden, begannen wir unsere Reise in Ägypten.

1992, als wir ein Gebetsteam von Nordisrael nach Ägypten brachten, und als Gott mir offenbarte, dass Abraham die Straße des Heils von Assur nach Ägypten gebaut hatte, wanderten wir diese Straße entlang, indem wir ein Gebetsteam aus der nördlichen Region durch Sichem, Bethel, Jerusalem, Hebron und Kairo führten, wo Gott viele Dinge zur Geburt brachte.

Ich glaube, dass die geistliche Straße von Ägypten nach Assyrien gestärkt wird, während die physische Straße erschüttert wird. Gott wirkt auf besondere Weise im Irak, in Kuwait, Libanon, Sudan und Algerien, wo die meisten Erschütterungen geschehen! Gott muss niederreißen, bevor Er aufbauen kann, wie der Prophet Jeremia sagt. Er wird alles beseitigen, das beseitigt werden muss, damit diese Straße gebaut werden kann. Im kommenden Jahr werden wir uns auf eine vollere Entwicklung der assyrischen Seite der Straße vorbereiten (Jesaja 19,23-25).

1993 hatten wir unsere erste *Nahost Gebetskonferenz für Pastoren* in Ägypten. Im gleichen Jahr, als wir nach Saudi Arabien gingen, um für die Errettung der Moslems zu beten, begannen wir diese Reise in Ägypten. Ägypten ist wirklich ein Ort des prophetischen Gebärens. 1994, ebenfalls in Ägypten, hatten wir unser erstes Treffen des Vorbereitungskomitees für die *All Nations Konferenz in Jerusalem*, weil alle von uns, die zu diesem Komitee gehörten, zufällig dort waren.

Als ich 1995 in den Irak fuhr, sagte Gott, wir sollten in Ägypten beginnen, und so ging ich zunächst dorthin, und dann nach Israel und Assur (Irak). Ein Äthiopier reiste mit mir und an demselben Tag, als er ankam, wurde der Präsident Ägyptens beinahe Opfer eines Attentats in Äthiopien. Drei Monate später, als wir beide in Addis Abeba waren, brachte Gott die *All African Konferenz in Addis Abeba* in der OAU zur Geburt. Die Konferenzgäste waren im Gihon Hotel in Addis Abeba untergebracht.

Am 21. und 22. April beteten wir schließlich an den vier Orten, an denen Abraham Altäre gebaut hatte – in Sichem, Bethel, Hebron und Jerusalem. Wir beteten, dass Gott die alten Grundmauern dieser Orte wiederherstellen möge, weil es an diesen Orten sowohl jüdische als auch arabische Gemeinschaften gibt. Wir vertrauen darauf, dass es Gottes höchster Plan ist, dass sie beide wiedergeboren und miteinander im Messias versöhnt werden.

## *13 Gesamt-Jerusalem-Konferenz, 3. September 1997*

Die erste *Gesamt-Jerusalem-Konferenz* war die kleinste, aber vielleicht die wichtigste von allen, weil Jerusalem die speziellste Stadt der Welt ist, die Stadt des großen Königs. Um 1990 herum sprach der Herr zu mir und sagte: „Ich berufe dich dazu, in den letzten Tagen mit mir für Jerusalem einzustehen". 45 Pastoren und Leiter, die meisten von ihnen waren jüdische, arabische und internationale Pastoren aus Jerusalem, kamen mit uns am 3. September für 12 Stunden zur ersten *Gesamt-Jerusalem-Konferenz* in Jerusalem zusammen. Wir beteten für die 70 Bezirke Jerusalems. Nur 25 Bezirke haben Hauskreise oder Gemeinden, und wir beteten, dass Gott Gruppen in allen Bezirken entstehen lassen würde.

Es wurde besonders stark für die bekennenden orthodoxen Juden gebetet, die dabei sind, Jerusalem zu übernehmen, da 75 Prozent aller Schüler orthodoxe Juden sind. Die einzige Hoffnung auf eine volle Erweckung in Jerusalem ist, dass Gott eine Quelle unter ihnen und all den anderen Einwohnern Jerusalems öffnet, wie Er in Sacharja 13,1 verheißen hat. Gott bestätigte auch, dass wir mit der *Jerusalem-Wache des Königs*, einer 24-Stunden-Anbetung an den zwölf Toren der Altstadt und Neustadt Jerusalems beginnen sollten, was auch am 1. Oktober 1997 geschah. Zum Abschluss dieses besonderen Tages hielten wir miteinander das Abendmahl und krönten Jeschua zum „König“ Seiner Stadt.

## 14 Ein „Jericho-Marsch“ rund um die ganze Welt zu Israels 50jährigem Jubiläum 1998

Gott sprach zu uns über die WORLD WORSHIP TOUR von Jerusalem aus und gebar sie in unseren Herzen. Auf gewisse Weise könnte man sagen, dass die WORLD WORSHIP TOUR in Antiochia, Türkei, dem „Tor zu den Heiden“ und dem Ort, wo sie zuerst als Christen bezeichnet wurden, geboren wurde. Als wir dort am 1. April 1998 mit anderen Leitern des Nahen Ostens zusammen kamen – israelischen Juden und Arabern, Ägyptern und Assyrern – und über Antiochia hinwegschauten, beteten wir dafür, dass die Vollzahl der Heiden herein kommen würde und dass alle Straßen der Erlösung nach Jerusalem zurückführen würden, zur Stadt des Königs der Juden. In gewisser Weise begann sie in Zefat, der höchstgelegenen Stadt in Israel, ein paar Tage bevor wir Israel verließen, als wir den Herrn dort anbeteten und sangen: *„Jeschua regiert!“*

Die WORLD WORSHIP TOUR begann Ende März 1998 auf den Solomon Islands, wo Michael Maeliau an dem Ort, den das Evangelium zuletzt erreichte, eine Vision hatte. In seiner Vision sah er, dass das Evangelium zurück nach Jerusalem ging, und dass diese Flutwelle die Welt vom Südpazifik aus erfassen würde und über die höchsten Ort der Erde, inklusive den Mount Everest, schwappte, bis sie den Nahen Osten erreichte, wo sie Israel und das Tote Meer, den niedrigsten Ort der Erde, einkreiste und dann vom Ölberg her in den Himmel schoss und sich wie ein großer Pilz über der Erde öffnete. Dann kam die Schriftstelle, dass **„die Erkenntnis der Herrlichkeit des HERRN die Erde bedecken würde wie die Wasser das Meer"**.

## *AUSTRALIEN*

Etwa 3.000 Menschen versammelten sich für ein paar Tage auf den Solomon Islands und dann versammelten sich weitere 3.000 eine Woche lang in Papua Neuguinea unter viel Anbetung und Austausch über Gottes endzeitliche Absichten für Israel und die Sammlung der Heiden in das Reich Gottes. In Brisbane, Australien, trafen sie sich mit Leitern der Stadt und des ganzen Landes und beteten mit ihnen und empfanden, dass Gott mächtige Dinge in der Region Australien bewirken wollte.

Dort erzählten wir von der Zielsetzung der WORLD WORSHIP TOUR und sie salbten uns und beteten mit uns. Wir konnten die ganze Vision und unsere Gebetslast für Israel weitergeben und am Ende der Zeit wünschten einige, sie könnten Teil des Teams sein. Dann sandten sie uns aus.

## *NORD- UND SÜDAMERIKA*

In Pittsburgh erkannte ich, dass Gott vom Öffnen der Brunnen der Vorzeit und der alten Grundmauern dort sprach, weil dies der Ort war, an dem Gott 1967 den Heiligen Geist in der Duqeusne Universität über den Katholiken ausgegossen hatte und über 150 Millionen Menschen weltweit wiedergeboren wurden und den Heiligen Geist empfangen hatten. Seither wurden viele wiederhergestellt. Wir beteten, dass Gott diesen Brunnen wieder öffnen würde und eine noch viel größere

Ausgießung in diesem Jahr der doppelten Salbung, dem Jubeljahr Israels, geschehen würde.

Am 9. April traf unser fünfköpfiges Team, das um die ganze Welt gereist war, in Los Angeles wieder zusammen: Michael Maeliau von den Solomon Islands, Eric Efore aus Papua Neuguinea, Milo Siilata aus West Samoa, Rolando S. Blas von den Philippinen und ich. Für einen Teil der WORLD WORSHIP TOUR stieß David Demian, ein Ägypter aus Kanada, zu uns, Gideon Chiu, ein Chinese aus Kanada, und George Annadorai, ein Inder aus Singapur. In Israel kamen Avner Boskey und einige andere mit uns zum Toten Meer und zu den Toren Jerusalems.

Es war beeindruckend, dass an dem Tag, an dem wir in Los Angeles landeten, der Jahrestag der Ausgießung des Heiligen Geistes 1906 in Azusa Street war! Der Herr zeigte uns, dass wir dort hingehen und beten sollten, dass die Brunnen der Vorzeit geöffnet werden. Er hatte dasselbe einigen örtlichen Propheten aufs Herz gelegt und so gingen wir zusammen. Er zeigte uns, dass dies das Jahrhundert der Wiederherstellung Israels und der Ausgießung des Heiligen Geistes war. Wir beteten auch bei dem Brunnen der Hollywood Presbyterian Church, der sich 1948 aufgetan hatte. Die Dienste von Bill Bright, Billy Graham, C.F.I.N., Oral Roberts und David DuPlessis entstanden alle, nachdem dieser Brunnen sich kurz nach Israels Staatsgründung 1948 öffnete.

Wir beteten auch für den Fall von „Babylon in Hollywood“ an der Stelle, an der ein Film über die Tore Babylons gedreht worden war. Fürbitter meinten, dass dies der Ort war, an dem der babylonische Geist zu Anfang dieses Jahrhunderts nach Hollywood hineingekommen war. Ein Gebäude nebenan trug ein Bild der Tore Jerusalems. Wir beteten, dass Hollywood sich verwandeln würde in „Holywood“ und dass die Frohe Botschaft Jerusalems durch den Fall Babylons in zunehmendem Maße von diesem Ort aus über die Medien freigesetzt würde.

Danach reiste Michael nach Südafrika, Roly nach Mexico City und Zentralamerika, Eric und Milo nach Michigan und Ohio, Washington und Boston, und ich ging nach Norden.

Roly hatte eine besondere Zeit in Mexiko und der Dominikanischen Republik. Er predigte darüber, wie wertvoll Juden und die Segnungen des Jubeljahres sind. Roly erzählte: „Wir hatten herrliche Anbetungszeiten und erwarten, dass viele zur *All Nations Konferenz* nach Jerusalem kommen werden."

Ich traf mich in Los Angeles mit Dr. Michael Barenbaum, dem Geschäftsführer der Stephen Spielberg Foundation und der Holocaust-Überlebenden in Hollywood. Er bat um eine Ausgabe des Buches *Let My People Go* für Stephen Spielberg und sich selbst. Betet, dass Gottes Pläne verwirklicht werden. Stephen Spielberg drehte gerade einen Film über die zehn Plagen! Betet, dass Gott ihn gebrauchen wird, nicht nur aus den Lektionen der Geschichte zu lernen, sondern den amerikanischen Juden prophetisch zu helfen, sie nicht wiederholen zu müssen.

Ich fuhr dann nach Oakland/San Francisco nach Shiloh, von wo Dennis Balcombe nach Hong Kong ausgesandt wurde und wo ein Brunnen der Spätregen-Bewegung 1948 geöffnet wurde, kurz nachdem Israel eine Nation geworden war. Wir beteten, dass Gott diesen Brunnen der Anbetung in noch größerem Maße in diesem Jubeljahr öffnen würde, um viele Gefangene freizusetzen.

Brad Snow, ein Pastor in Alaska, bei dem ich zu Gast war, sah eine Vision von Bächen, die zu einem einzigen Fluss zusammenflossen, und der Herr zeigte mir von dort aus, dass Er Brunnen in den Nationen rund um die Welt erstmals oder wieder öffnet, dass Bäche nach Jerusalem fließen und sich zu einem Fluss vereinigen werden, der die Stadt Gottes erfreuen wird (Psalm 46). Dreimal wurde dies bestätigt. In Washington eröffnete D. C. Dick Simmonds die Zusammenkunft, indem er aus Psalm 46 die Stelle vorlas, wo Wasserströme die Stadt Gottes erfreuen, und Anita Eggum sah in Norwegen, wie Bachläufe sich zu einem Fluss vereinigten! Wir beten, dass aus jeder der 50 Städte, die wir auf der WORLD WORSHIP TOUR besuchten, eine Delegation zur *All Nations Konferenz Jerusalem* kommen wird.

In Ottawa traf ich einen französischen Leiter, den Gott mächtig zur Versöhnung gebraucht. Gott öffnet einen Brunnen der Versöhnung in Kanada zwischen französisch- und englischsprachigen Kanadiern. Dort sprach David Demian mit mir über den Aufruf der Nation Kanada zur Buße für die Abweisung eines Schiffes voller Juden, die vor dem Holocaust flohen, und die gezwungen waren, nach Europa zurückzukehren, wo sie ermordet wurden.

Wir beendeten den Reiseabschnitt durch Amerika in New York City bei Pastor David Knapp auf Long Island. Wir beteten für eine Freisetzung von Juden aus New York, der Stadt mit der höchsten jüdischen Einwohnerzahl der Welt außerhalb Israels. Wir beteten auch auf der Wall Street, dass Gott den Geist des Mammon von den amerikanischen Juden abschütteln würde, um sie heim nach Israel zu bringen. Wir beteten auch vor dem Gebäude der UNO aus Psalm 68 und Jesaja 2. Wir beteten für den Stamm Benjamin (und allen voran Jerusalem), dass das Gesetz von Zion ausgehen wird und das Wort des Herrn aus Jerusalem. Wir wiesen das Tier in seine Schranken, indem wir erklärten, dass Jerusalem und Israel im Messias wiederhergestellt werden zu ihrer rechtmäßigen Stellung als Haupt und nicht als Schwanz. Auf dem Times Square beteten wir um eine große Freisetzung des jüdischen Volkes nach Israel und für den Messias. Wir verließen dann die USA auf verschiedenen Reisewegen nach Asien.

## *ASIEN*

Wir kamen alle am MOUNT EVEREST zusammen. Als Michael, Roly, Milo, Solala, Eric, George und ich über den Mount Everest flogen, krönten wir Jeschua zum König des Mount Everest und zum König der ganzen Erde. Diese Region war ein Zentrum des babylonischen Baalsdienstes und des Geistes der Himmelskönigin. Auf diese Gegend wird Bezug genommen als Mutter des Universums. Vom Flugzeug gossen wir Salböl aus, indem wir Gott vertrauten, dass Babylon fallen und Jerusalem über Babylon erhöht würde. Psalm 68 sagt, der Herr fährt einher über die Himmel der Vorzeit. Wir proklamierten die Kraft Gottes, dessen Majestät sich über Israel und die Mächte des Himmels erhebt.

Als wir danach den Flughafen erreichten, sahen wir eine riesiges Wandgemälde, das einen Drachen über dem Himmel von Nepal abbildete. Ich glaube fest, dass Gott dabei ist, Jerusalem über die Höhen Nepals zu erheben, wie es in Jesaja 2,1+2 heißt. Ich glaube sogar, dass der dritte Ort, an dem Jesus von Satan versucht wurde, von dem es heißt, dass es ein sehr hoher Berg war, wo ihm alle Königreiche der Welt und ihre Herrlichkeit gezeigt wurden, der Mount Everest gewesen sein könnte. Der babylonische Geist dieser Welt beeinflusst nicht nur den Buddhismus und Hinduismus, der die ganze östliche Welt verblendet hat, sondern die Himmelskönigin beeinflusst zudem den Islam und den Katholizismus und sogar die babylonischen Teile der evangelischen Kirche. Preist den Herrn, dass Babylon fallen und der König Jerusalems und der Gott Israels aufstehen wird und dass Seine Feinde zerstreut werden.

## *EUROPA und AFRIKA*

Nach der Zeit am Mount Everest reisten George und Michael nach Odessa, Moskau und Oslo. Eric ging nach Senegal und Lagos, Nigeria. Milo reiste nach Johannesburg, Südafrika, und Kinshasa, Kongo, und Roly flog weiter nach Dubai in den Vereinigten Arabischen Emiraten. Ich ging nach Berlin und Budapest, um anzubeten und bei der Feier anlässlich Israels 50. Jubiläum zu sprechen und mitzufeiern. Der Herr zeigte mir, dass Budapest, die Stadt, in der Theodor Herzl geboren wurde, das „Bethlehem der zionistischen Bewegung“ war, in der dieses Jahrhundert der Wiederherstellung Israels und der Gemeinde geboren wurde. Es ist kein Zufall, dass die größte Gemeinde Europas dort geboren wurde, wo Herzl geboren ist. Gott hat einen Brunnen im Geist geöffnet, wo Er im Natürlichen durch Herzls Geburt einen Brunnen geöffnet hatte.

Danach flog ich weiter nach London/Brighton, dem letzten Halt vor Jerusalem. Gott zeigte mir, dass Er den Brunnen der christlichen zionistischen Bewegung wieder öffnen will, der hier vom 17. bis zum 20. Jahrhundert sein Zentrum hatte. Es ist kein Zufall, dass gerade England den höchsten Anteil an evangelikalen Christen in Europa hat, wo hier doch die christliche zionistische Bewegung geboren wurde. Gott öffnet einen geistlichen Brunnen, wo der christliche Zionismus zuerst entstand.

## *ISRAEL*

Als es an der Zeit war, nach Jerusalem zurückzukehren, hatte Gott uns allen unglaubliche Gnade gegeben, diese Reise zu vollenden. Die Leiter aus Asien, dem Südpazifik und von den amerikanischen Kontinenten, die Teil des Teams gewesen waren, waren sehr gesegnet worden, und wir schätzten alle sehr, die uns weltweit eingeladen und Veranstaltungen koordiniert hatten. Wir fühlten uns, als wären wir auf einer Erdumlaufbahn gewesen, nachdem wir in 21 Tagen über 100.000 Kilometer zurückgelegt hatten, zwischen Passah und Israels Jubiläum (9.-30. April), weil wir uns ständig auf der ganzen Welt bewegt hatten. Es war, als hätten wir den Jet Lag durchbrochen und wären jenseits seines Einflussbereichs!

In Jerusalem waren wir sehr gesegnet, dass ein Bruder aus Fairbanks, Alaska und einer aus Ottawa, Kanada zu uns stießen, die bei unserer WORLD WORSHIP TOUR in ihren Städten dabei gewesen waren und spontan nach Jerusalem flogen, um mit uns Israels 50. Jubiläum zu feiern! Wir hatten eine ganz besondere Zeit, als wir auf den Toren Jerusalems anbeteten, wo Gott den 24-stündigen Lobpreis wiederherstellt. Wir hatten ebenso eine herrliche Zeit am Toten Meer, dem niedrigsten Ort der Erde, wohin bald lebendige Wasser aus Jerusalem fließen werden, und das „lebendes Meer“ genannt werden wird, und wo wir einmal Fische fangen werden!

Am Ölberg im *Jerusalem House of Prayer for All Nations* zogen wir prophetisch Wasser herauf, das heißt, dass wir einen

Weg für lebendige Wasser bereiten, damit sie hervortreten und in das Tote Meer und den See Genezareth fließen können. Wir endeten auf dem Berg Zion, wo Avner und Rachel Boskey uns in der Anbetung leiteten, als wir Jeschua zum König in Israel und auf der ganzen Erde krönten. Das Lamm soll von Zion aus regieren.

Wir hoffen, zehn oder mehr Personen aus allen Städten, in denen die WORLD WORSHIP TOUR eingeladen war, und Menschen aus vielen anderen Städten und Nationen empfangen zu können. Wir hoffen, dass Ströme aus den Brunnen zu einem Fluss in Jerusalem zusammenfließen werden (Psalm 46) und dass der Feuerkreis, der die Erde einkreist, auf Jerusalem zu brennen und zum Feuerring um Jerusalem herum werden wird.

## *15 Neunte Nahost Gesamt-Leiterkonferenz, 22.-26. März 1999*

Wir beriefen die neunte Nahost Gesamt-Leiterkonferenz in Amman, Jordanien, ein. Messianisch-jüdische und arabische Leiter aus den meisten arabischen Nationen des Nahen Ostens und Israel inklusive eines Bischofs der koptisch-orthodoxen Kirche in Ägypten nahmen daran teil. Afeef Halasah, ein moabitisch-jordanischer Pastor und ich hielten die Konferenz ab kurz nachdem Kronprinz Abdullah, der ein Freund der Christen ist, zum neuen König über Jordanien gekrönt worden war.

Viele Durchbrüche geschehen, weil die Leiter die Gute Nachricht freimütiger weitergeben und jüdische und arabische Leiter sich gegenseitig besser akzeptieren. Wir beten, dass in der natürlichen Welt Frieden zwischen Israel und seinen Nachbarn erreicht werden kann, die höchste Priorität jedoch ist, dass Gottes geistlicher Friedensprozess des Heils und der Versöhnung zwischen Arabern und Juden im Messias durch viel Gebet und Freimut und viele Erschütterungen voranschreitet. Betet besonders, dass dieser Prozess weitergeht und das Ziel erreicht wird.

Wir spürten eine große Bestimmung auf der Beziehung zwischen Jordanien und Israel, da Jordanien ein Zufluchtsort für die Juden in Pella wurde, nachdem Jerusalem 70 n. Chr. zerstört worden war. Daniel 11 und 12 scheinen auszusagen, dass dasselbe auf die Zeit des Antichristen zutreffen wird. Jordanien hilft außerdem treu vielen Irakern und erfüllt so die Erlösungsabsicht Gottes, ein Zufluchtsort zu sein!

Die Nahost Gesamt-Leiterkonferenz begann 1993 in Ägypten. Nachdem wir einen Bogen im Nahen Osten von Ägypten nach Zypern, dann nach Antiochia und Amman geschlagen haben, planen wir, den Kreis zu vollenden und die zehnte Konferenz nächstes Jahr wieder in Ägypten abzuhalten. Betet, dass Gott weiter eine Straße der Anbetung und des Heils von Ägypten über Israel nach Assur baut, und dass diese Region bald zum Segen inmitten der Erde wird (Jesaja 19,23-25).

## 16 Leben in der Fülle der Prophetie bei der siebten Israel Gesamt-Leiterkonferenz 2000

„Es bildet sich eine reife, liebliche Traube in Israel, dadurch dass die Leiterschaft der Gemeinden eins wird. Bald wird die Traube reif zum Auspressen sein, so dass Gottes dringend benötigter neuer Wein entstehen kann“, so beschreibt es David Davis, ein Pastor aus Haifa. Tom Hess und einige andere Leiter kamen zur siebten *Israel Gesamt-Leiterkonferenz* auf dem Ölberg in Jerusalem im *Jerusalem House of Prayer for All Nations* zusammen. Etwa 70 Pastoren nahmen daran teil, darunter Pastoren aus der Westbank und aus Gaza. Sie versammelten sich, um füreinander zu beten und miteinander das Brot zu brechen.

„Es war das wichtigste Treffen, das je stattgefunden hat. Es gibt eine Bewegung unter allen Gemeinden – inklusive der nigerianischen, hispanischen, afrikanischen und philippinischen Gemeinden – zusammen zu kommen, um den einen neuen Menschen zu formen, von dem in Epheser 2 die Rede ist. Wir leben in einer sehr reichen Zeit. Es ist die Erfüllung von Prophetie“, erklärte Davis.

Es war jedoch nicht immer einfach. Die Pastoren haben vier Jahre lang gebetet, dass der Geist der Furcht über äthiopischen Gläubigen gebrochen würde. Messianische Juden aus Äthiopien fürchteten sich auch nach ihrer *Alijah* noch, ihren Glauben öffentlich zu leben. Es gibt immer noch Vorfälle, wo Pastoren oder ihre Ehefrauen ihren Arbeitsplatz verlieren, oder Studenten aus den Universitäten ausgeschlossen werden, wenn bekannt wird, dass sie an Jeschua als den jüdischen Messias glauben.

Kürzlich kamen Anti-Missionare in eine äthiopische Versammlung, um die Vorgänge dort zu filmen, damit sie in einer politischen Zusammenkunft fundamentalistischer Juden gezeigt würden. Das Video sollte Juden gegen Christen aufbringen. Aber anstatt sich zurückzuziehen und zuzulassen, dass Verfolgung eine Spaltung der Gemeinde bewirkt, berichteten Pastoren, dass das Gegenteil geschieht. Neue Hauskreise und Gemeinden werden im ganzen Land gegründet.

„Preist den Herrn, dass das Video den Juden gezeigt wurde, weil dadurch das Evangelium gepredigt wird. Herr, sende mehr Verfolgung", betete ein äthiopischer Pastor. Pastoren entscheiden sich auch, enger zusammen zu rücken, um die schwierigen Zeiten in Einheit zu bewältigen. In zahlreichen Städten wie Tel Aviv, Jerusalem und Haifa beten Pastoren zum ersten Mal in der Geschichte miteinander. Etwa ein Dutzend Pastoren kommen jetzt wöchentlich zusammen, um in Haifa miteinander zu beten.

„Es ist absolut aufregend! Für viele ist es das Highlight der Woche. Wir bringen unsere Beziehungen in Ordnung, bringen Juden, Araber und andere Nichtjuden zum ersten Mal zusammen. Und es ist echt!" rief ein Leiter aus.

Auf diese Weise gürtet sich die Gemeinde für den Druck, den Gott einsetzt, und sei es Verfolgung, damit Wein aus den Trauben gepresst wird. Der Druck schmerzt, weil man ihn bejahen muss. Aber dann werden der Heilige Geist und der Charakter und die Gegenwart Jesu herauskommen, damit alle Juden und Araber im Land erreicht werden.

Bei der Konferenz gab Gott der Leiterschaft durch Jesaja 62,8+9 eine Verheißung:

**„Wenn ich jemals deinen Feinden dein Korn zur Speise gebe und wenn Söhne der Fremde deinen Most trinken werden, für den du dich abgemüht hast! Sondern die es einsammeln, sollen es auch essen und den HERRN loben. Und die ihn einbringen, sollen ihn auch trinken in den Vorhöfen meines Heiligtums.“**

## *17 Durchbrüche für den Bau von Gottes Segensstraße, Zehnte Nahost-Leiterkonferenz 2000*

Die Zeit des Durchbruchs für die Versöhnung von jüdischen und arabischen Gläubigen in ihrem Messias und der Aufbau der Segensstraße von Ägypten durch Israel nach Assyrien ist endlich da, aber die Wunder, die unter den Gläubigen geschehen, scheinen immer noch die bestgehüteten Geheimnisse des Nahen Ostens zu sein.

Bei der zehnten Nahost-Leiterkonferenz, die kürzlich am Roten Meer in Ägypten stattfand, beteten arabische Gläubige für Israels Errettung, dass mehr Gemeinden in israelischen Städten entstehen, und dass Juden und Araber im Messias versöhnt werden. „Das war nicht immer so“, erklärt Tom Hess. „Bei den ersten Konferenzen hatten die Menschen regelrecht Angst voreinander. Das, was ihre Regierungen ihnen über ihre Nachbarn erzählten, war alles, was sie wussten. Als wir begannen, gemeinsam zu anbeten, schmolz das Eis. Gott hat uns wahrhaft miteinander verbunden als eine *mischpacha*, eine Familie. Bei dieser Nahost Gesamt-Leiterkonferenz nahmen syrische Leiter zum ersten Mal seit der ersten Nahost Gesamt-Leiterkonferenz 1993 wieder teil. Sie erzählten, dass sie zunächst extrem schockiert gewesen waren, als sie im Hotel ankamen, dass dort auch Juden anwesend waren. Heute ergreifen sie mit anderen Geschwistern zusammen Besitz von der Vision der jüdisch-arabischen Versöhnung und von Gottes Plänen für den Nahen Osten.

Ägypten ist der Ort des prophetischen Gebärens, erklärten einige Delegierte. Abraham ging von Assyrien weg, aber nicht um sofort im Verheißenen Land zu leben, sondern wanderte zuerst nach Ägypten und dann nach Hebron, um Altäre für den Herrn zu bauen, bevor er einen Altar in Jerusalem baute, wo er Isaak als Opfer festband. Israel wurde auch aus Ägypten herausgerufen, und dasselbe gilt für Jesus. Historisch gesehen war Ägypten immer ein Ort des prophetischen Gebärens.

Zu den zehn wichtigsten Aspekten des Dienstes des *Jerusalem House of Prayer for All Nations*, die in Ägypten geboren wurden, gehören folgende:

1. 1985 führte der Herr eine Gruppe Fürbitter zu einer Gebetsreise dorthin. Die Fürbitter wurden geführt, auf dem Sinai die Schofar zu blasen. Der Sinai liegt in Ägypten.
2. Der Auftrag, einen „Jericho-Marsch" rund um den Kreml durchzuführen, wurde in Ägypten empfangen.
3. Die erste *Nahost Leiterkonferenz* wurde 1993 in Ägypten durchgeführt, dasselbe gilt für das Vorstandstreffen zur ersten *All Nations Konferenz in Jerusalem*.

In diesem Jahr waren es etwa 75 Delegierte aus 20 Nationen des Nahen Ostens, die zu dieser Konferenz kamen. Sie repräsentierten alle Glieder des Leibes Christi, wobei die meisten Denominationen des Nahen Ostens vertreten waren, inklusive koptischer und katholischer Priester.

Tom Hess berichtete: „Etwas nie da Gewesenes wurde freigesetzt. Dutzende von Leitern haben jetzt die Vision ergriffen, nachdem sie von der Enterbungstheologie freigesetzt wurden, einer Interpretation der Schrift, in der Israel wörtlich und völlig sein Erbe an die Gemeinde verloren hat. Der menschliche Friedensprozess ist ein Dauerthema der Nachrichten. Was aber im Zusammenhang mit den Konferenzen geschieht, ist das bestgehütete Geheimnis des Nahen Ostens. Keiner erkennt es, weil sie in die falsche Richtung schauen. Jesus hat sein Blut vergossen. Er ist der Friedefürst. Ich glaube, dass Menschen offener erzählen werden, was Gott tut. Es gibt so viele Spaltungen im Nahen Osten, aber irgendwie hat Gott uns zusammengehalten. Es ist wirklich ein Wunder. Gott wacht über seiner Vision. Wir sind dankbar dafür."

Die Früchte der Gebete der Gläubigen für Versöhnung werden bereits sichtbar – heute gibt es Gläubige in jeder einzelnen der 21 arabischen Nationen. Die Zahl der Gläubigen in Tunesien ist in einem einzigen Jahr von 25 auf über 300 angewachsen.

Eine Josua-Generation wächst auf. Leiter ergreifen Besitz von der Vision und sprechen offen über Gottes Pläne. Sie erkennen, dass sie das Haupt und nicht der Schwanz sind. Es kann eine geistliche Revolution geben, wenn sie das erkennen können. Gottes Reich kann viele Länder durchdringen, wenn sein Volk die Brunnen der Erweckung wieder ausgräbt und sagt: „Unsere Nation gehört dem Herrn und die Fülle des Landes und alle, die darin wohnen“. Ägypten war ein christliches Land, aber es ist entführt worden. Jetzt steht eine Josua-Generation auf, um die Straße des Segens von Ägypten durch Israel nach Assyrien zu bauen (Jesaja 19).

Betet weiter, dass die ersten Früchte der Vision, die in allen arabischen Nationen und in Israel entstanden sind, zur vollen Entfaltung kommen.

## *18 All Nations-Konferenz Jerusalem 2000*

Die *All Nations-Konferenz Jerusalem 2000* begann an *Rosch Haschana* (29. September), dem jüdischen Neujahrstag, an dem wir ins 3. Jahrtausend n. Chr. eintreten. Inmitten der vielen Erschütterungen in Israel nahmen ca. 2400 Delegierte aus über 200 Nationen daran teil, darunter auch viele aus Israel. Das war die größte Zahl an Nationen, die jemals bei einer Veranstaltung in Israel repräsentiert war, und es waren mehr als sich beim UNO Millenniumsgipfel in New York City oder bei den Olympischen Spielen 2000 in Australien versammelt haben. Einige nannten es geistliche Olympische Spiele für die Wiederkunft des Messias, als wir symbolisch Fackeln entzündeten, auf dass die Fülle von Gottes Feuer des Heils zu jeder Nation kommt und Jerusalems Heil wie eine flammende Fackel wird (Jesaja 62,1).

Am Eröffnungsabend krönten 120 Kinder mit jüdischem, arabischem und internationalem Hintergrund Jesus als König in Jerusalem und in ihren Nationen, indem sie die Kronen ihrer Nationen symbolisch vor dem Thron Jesu niederlegten. Dann beteten sie aus allen Regionen für die Freisetzung von Gottes Feuer in ihren Nationen und in Jerusalem.

Ein Kinderprogramm lief parallel zur Hauptveranstaltung. Viele Stunden täglich beteten die Kinder und Jugendlichen mit den erwachsenen Anbetern und Fürbittern in den Großveranstaltungen, dass Gott Seinen Geist ausgießen möge und dass Jerusalems Errettung wie eine flammende Fackel sei.

Bart Pierce sprach und zeigte ein Video über The Call DC, eine Jugendkonferenz, bei der sich 300.000 Menschen auf der Mall in Washington DC versammelten. Dr. Michael Brown aus Pensacola hielt eine mächtige Botschaft für diese Generation, nach der Leiter aus aller Welt dafür beteten, dass eine Josua-Generation in Israel und in jeder Nation der Welt aufsteht. Mögen sie uns anführen, das Land unter den Juden und allen Nationen in diesen letzten Tagen zu besitzen.

Am 2. Oktober taten wir Buße für die Sünden des Antisemitismus, der Enterbungstheologie und des Holocaust. Danach gingen wir als eine Delegation von 300 Personen aus 200 Nationen nach *Yad Vaschem*, zum Holocaust-Museum in Jerusalem, und präsentierten dem jüdischen Volk eine Schriftrolle der Buße aus allen Nationen. Das jüdische Volk wurde von Herrn Vorsitzenden Weiss repräsentiert, dem ehemaligen *Knesset*-Sprecher und Direktor des Holocaust-Museums. Er war sichtlich bewegt, als er mit uns redete, nachdem die Repräsentanten von 10 Nationen um Vergebung für die Sünden ihrer Nationen gebeten hatten. Weiss wurde in Polen geboren und überlebte den Holocaust. Im kommenden Monat wird er als Botschafter Israels nach Polen zurückkehren.

Dr. Luis Bush von *AD 2000 and Beyond* sprach über die 500 letzten unerreichten Volksgruppen in 70 Nationen, worauf die Leiter aus diesen Nationen für sie beteten. Diese Leiter kehren in ihre Nationen zurück, um dort Gemeindegründungsteams zu bilden. Wir haben die Hoffnung, dass Menschen aus allen Völkern (*ethnos*) Gott anbeten werden, und so der Weg für Israel geöffnet wird, errettet zu werden.

Wir hatten eine 24-stündige *Weltweite Gebetswache* während der ganzen Konferenz, die auf den zwölf Toren des Neuen Jerusalem basierte. Diese sind auch die Tore zu den Regionen der Welt. Regionale Koordinatoren leiteten jeweils 2 Stunden dieser Wache.

Delegierte besuchten jedes Tor in Jerusalem für ein paar Stunden, um anzubeten und sich mit lokalen Pastoren und Torhütern auszutauschen. Der Herr zeigte uns, dass wir 2001 regionale Treffen in den 12 den Toren zugeordneten Regionen der Welt durchführen sollten. Diese Regionaltreffen begannen in Singapur für die nach Osten ausgerichteten Tore, das Tor nach Betanien, das Goldene Tor und das Löwentor. Der Herr zeigte uns auch, dass wir zwei Repräsentanten aus den 12 Regionen haben sollten, die sich dauerhaft als Wächter im *Jerusalem House of Prayer for All Nations* aufhalten sollten, um die *Weltweite Gebetswache,* die 24-Stunden-Gebetswachen in allen Nationen und die 12 Tore Jerusalems zu stärken. Diese Strategie schließt eine weitere Konferenz der *Weltweiten Gebetswache* in Jerusalem und Zefat, der höchstgelegenen Stadt Israels, mit ein. Jesus zeigte nach Zefat, als Er sagte, dass seine Jünger wie eine Stadt auf dem Berge sein sollten, die nicht verborgen bleiben kann!

Am 5. Oktober beteten wir dafür, dass 24-Stunden-Gebetswachen in allen Nationen geboren würden, nachdem Leiter uns von den Gebetswachen erzählten, die sie in ihren Nationen begonnen hatten. In den letzten zwei Jahren wurden Tausende in bis zu 140 Nationen geboren. Wir glauben, dass die verbleibenden Nationen Gebetswachen haben werden, indem andere Nationen ihnen zur Hilfe kommen und jene adoptieren, die noch ohne 24-Stunden-Gebetswache sind.

Vor *Jom Kippur* sprach David Demian über Gottes Herz für Ismael und wie Ismael wieder zu Hause willkommen geheißen werden sollte. Daraufhin hieß eine jüdische Schwester mit Namen Sarah ihn wieder willkommen. Ein wirklicher Durchbruch geschah. Wir erhoben ein Opfer in Höhe von 15.000 US Dollar, die wir als Gabe aus allen Nationen und den jüdischen Gemeinden in Jerusalem und Israel unter allen arabischen Gemeinden im Land gleichmäßig aufteilten. Einige Monate später hatten wir ein Treffen von jüdischen und arabischen Leitern im *Jerusalem House of Prayer*, um gemeinsam zu beten und die Spende an die arabischen Leiter weiterzugeben.

Wir fasteten am Freitag vor *Jom Kippur* für die Errettung der Araber und fasteten an *Jom Kippur* für die Errettung der Juden. Wir beteten, dass Gemeinden in den verbleibenden 12 von insgesamt 80 Städten in Israel gegründet würden, die immer noch keine Gemeinden haben. Wir beteten auch für die *Alijah* von Juden in ihr Land, und dass sie im Messias mit den Arabern versöhnt würden.

Reuven Berger und David Demian sprachen über den einen neuen Menschen, der in den Ölbaum eingepfropft wird, und forderte die messianischen Juden heraus, die Führung darin zu übernehmen, den Weg für Gottes Gegenwart zu bereiten. Afeef Halasah, ein Moabiter aus Jordanien (wie Ruth), und Avi Mizrachi, ein *Sabre*, der in Jaffa / Tel Aviv geboren wurde, sprachen über Ruth und Naomi, über Nichtjude und Jude, die zubereitet werden, um dem König zu begegnen.

Zweimal hatten wir Abende überschwänglichen Lobpreises und inniger Anbetung – zum ersten Mal beim *All Nations*-Anbetungsgottesdienst mit Lilo Keller, Barry und Batya Segal und James Trumbo, und dann wieder am Vorabend von *Jom Kippur*, als das Beth Aveinu Anbetungsteam aus Tel Aviv uns in die Gegenwart des Herrn führte. Hunderte von örtlichen jüdischen und arabischen Gläubigen kamen zu dieser Anbetungsnacht mit uns zusammen.

Ein Diplomatenessen wurde für die Teilnehmer aus Mikronesien im Pazifik, aus Nagaland, Indien, Belgien und zahlreichen afrikanischen Nationen und den amerikanischen Kontinenten veranstaltet. Gott zeigte uns, dass Er noch viel mehr christliche Leiter weltweit in Regierungen erwecken würde, wenn wir weiter beten – Psalm 2,8 und 1. Timotheus 2,1+2.

Alle Nationen nahmen das Abendmahl unter der Leitung von Bassem Adranly, einem palästinensischen Leiter aus Jerusalem, und Reuven Berger, einem messianisch-jüdischen Leiter aus Jerusalem, miteinander ein. Danach zündete ein Repräsentant jeder Nation eine Fackel für seine oder ihre Nation an, auf dass sie völlig für den Herrn entflammt würde, und präsentierte seine Nation und Flagge dem Vater in Jerusalem im Namen Jesu.

Wir bliesen dann die Schofar, auf dass die Vollzahl der Heiden ins Reich Gottes kommt, und dafür, dass das Heil Jerusalems wie eine brennende Fackel freigesetzt wird.

Wir besuchten alle 80 jüdischen und arabischen Städte, inklusive Gaza, Bethlehem, die Westbank und Ma'ale Adumim und andere arabische Regionen, um für Versöhnung im Messias und die Geburt von Gemeinden und die Stärkung der Gläubigen zu beten. Es war eine wichtige Zeit, um als Friedensstifter inmitten dieses aufgerüttelten Landes zu wirken.

Am letzten Abend der Konferenz hatten wir ein Gebetstreffen in Tel Aviv mit 1500 Teilnehmern, das die ganze Nacht von 22 bis 6 Uhr dauerte. Wir begannen, indem wir die 300 Fackeln der Nationen von den Enden der Erde den 300 jüdischen Gläubigen im Land überreichten und dabei Gott vertrauten, dass Jerusalems Heil wie eine brennende Fackel leuchten wird.

Wir beteten für die Einheit im Leib in Tel Aviv und dafür, dass ein brennendes Feuer zu den Juden und Arabern des Nahen Ostens hin freigesetzt würde. Vinesong leitete gemeinsam mit der Gruppe von David Lazarus die Anbetungszeit. Pastor Adeboye, der das größte Gebetstreffen der Geschichte in Nigeria geleitet hatte, bei dem 4 bis 5 Millionen Menschen für eine ganze Nacht in Lagos zusammenkamen, sprach und leitete uns im Gebet. Die messianischen Juden endeten im Gebet um Buße für ihre Sünden und die Sünden ihrer Nation. Der Geist wirkte so stark, dass wir bis 7 Uhr weitergebetet hätten, aber wir mussten aus zeitlicher Beschränkung das Gebäude um 6 Uhr verlassen.

Weil Leiter aus Israel und 200 Nationen über 15 Tage hinweg beteten, Tag und Nacht, glauben wir, dass Israel und die Nationen nie mehr wieder dieselben sein werden! Wir hoffen, dass ihr in unsere Anbetung und Fürbitte an eurem Tor Jerusalems mit einstimmt, und wir hoffen, ihr könnt jemanden zu uns senden, der so lange wie möglich bei uns bleiben kann.

Ein großes Dankeschön gilt jenen, die als Sponsoren für die Delegationen und Teilnehmer aus der 3. Welt fungiert haben. Wir hoffen, dass eure Nation unsere Materialien verteilen wird. Wir hoffen, euch in eurer Nation oder nächstes Jahr in Jerusalem zur *Weltweiten Gebetswache*-Konferenz begrüßen zu dürfen!

## 19 Erste Familienfreizeit für jüdische und arabische Leiter, 26.-28. Juni 2001

Vom 26.-28. Juni 2001 hielten wir im Kibbuz Ma'agan in Tiberias am Ufer des Sees Genezareth die erste *Familienfreizeit für jüdische und arabische Leiter* ab. Es kamen etwa 75 jüdische und arabische Leiterehepaare mit Kindern. Verschiedene Leiter erzählten, wie Gott sie zerbrochen und in größere Demut und Überführung gebracht hatte. Es herrschte der Eindruck, dass wir nicht versuchen sollten, die Wege der westlichen Kirche nachzuahmen, sondern dass wir Gott erlauben sollten, Seine einheimische gläubige jüdisch-arabische *mischpacha* im Verheißenen Land zu formen, und dass Sein Plan und die Verheißung des einen neuen Menschen aus Juden und Arabern, die ein Segen inmitten der Erde sein würden, sich im Herzen des Nahen Ostens erfüllen würde (Psalm 87).

Es gibt eine wachsende Zusammenarbeit zwischen jüdischen und arabischen Leitern in Haifa, Tiberias, Netanya, Tel Aviv, Nazareth und sogar in Jerusalem und Bethlehem mit allen Herausforderungen. Jüdische und arabische Leiter, ihre Kinder und der Leib als Ganzes werden von den Spannungen, die von der gegenwärtigen Situation und den Medien erzeugt werden, beeinflusst. Es wächst der Eindruck, dass wir von den Reaktionen der beiden Gemeinschaften auf die jeweils andere befreit werden müssen und stärker im Sinne der Erfüllung von Gottes Plan und Verheißungen handeln müssen. Einige Dinge, zu denen wir ermutigt werden und die geplant sind, und für die ihr beten könnt, sind:

1. Mehr Kanzeltausch zwischen jüdischen und arabischen Gemeinden.
2. Mehr und stärkere persönliche Beziehungen zwischen jüdischen und arabischen gläubigen Leitern und Familien.
3. Bei einem unserer letzten Treffen des nationalen Rates für jüdische und arabische Leiter wurde beschlossen, dass es ganztägige Versammlungen jüdischer und arabischer Jugendlicher aus ganz Israel geben soll, bei denen sie gemeinsam anbeten, Gemeinschaft haben, das Evangelium bekannt machen und gemeinsame Picknicks veranstalten. Betet um Gottes Salbung, damit alle Seine Pläne sich erfüllen.
4. Im nächsten Sommer planen wir vier gemeinsame Tage im Kibbuz Ma'agan am Ufer des Sees Genezareth. Wir hoffen, 120 jüdische und arabische Leiter und ihre Frauen und Kinder für eine längere und größere Familienfreizeit zu gewinnen! Unsere Hoffnungen, Pläne und Gebete sind, die heranwachsende Generation zu unterstützen, damit sie die Erfüllung der Prophetie aus Jesaja 19,23-25 erlebt: dass Juden und Araber Gott gemeinsam als der eine neue Mensch anbeten – ein Segen inmitten der Erde! (Epheser 2,12+13)
5. Mehr gemeinsame Einsätze von jüdischen und arabischen Gläubigen, um die Gute Nachricht gemeinsam zu verkünden, damit der Friedefürst nicht vor Juden und Arabern verborgen bleibt, sondern damit sie den Messias erkennen.

Wir brauchen die Unterstützung der Gemeinde in den Nationen und ihre Gebete, mit denen sie Israel umgeben, um Gottes volle Erlösungsabsicht des Heils und der Versöhnung in dieser Nation und diesem gespaltenen Land erfüllt zu sehen. Jesus hat den trennenden Vorhang zerrissen. Inmitten der Finsternis ist es Zeit für Juden und Araber im Messias aufzustehen und gemeinsam zu leuchten, denn das Licht kommt und die Herrlichkeit des Herrn geht über ihnen auf, damit sie ein Segen inmitten der Erde im Nahen Osten sind!

# *20 Zwölfte arabisch-jüdische Nahost-Leiterkonferenz, 6.-9. Mai 2002*

Vom 6.-9. Mai 2002 beriefen wir die 12. Nahost Leiterkonferenz auf Zypern mit 42 arabischen und jüdischen Leitern aus den meisten arabischen Nachbarländern und Israel ein. Es war ein Wunder, dass wir die größte bisher da gewesene Einheit und Salbung erlebten, sogar inmitten dieser besonders herausfordernden Zeit im Nahen Osten!

Es war das erste Mal, dass wir einen Durchbruch von Ägypten her spürten. Die über 40jährigen beteten für die Josua-Generation aus den arabischen Nationen und Israel, dass sie hervortreten möge, und wir segneten einander. Die Anzahl derer über 40 Jahre war fast gleich groß wie die der unter 40jährigen.

Es war die beste Anbetungszeit, die wir je hatten, und sie wurde von muslimischen Bekehrten aus den Nachbarländern und von David Lazarus geleitet. Zum ersten Mal erzählten wir von den vier Orten, an denen Abraham und Jakob Altäre gebaut hatten. Wir sprachen darüber, wie Gott einen Bund mit ihnen in Israel geschlossen hatte, und wie wir erleben sollen, wie Juden und Araber im Herzstück Israels – in Sichem, Bethel, Hebron und Jerusalem – im Messias versöhnt werden, Städte in denen Abraham Altäre gebaut hat, und wie Gott die alten Grundmauern wieder aufrichten will.

Verschiedene Leiter hielten exzellente Botschaften über eine innige Beziehung zu Jesus, das Leben des Mose, Gottes Bünde, unser Gebetsleben, Anbetung und Versöhnung von Juden und Arabern zum Segen inmitten der Erde. Messianisch-jüdische Leiter drückten ihre Dankbarkeit Gott gegenüber aus für die Heilung, die sie durch die Erfahrung von Liebe und Einheit mit den arabischen Geschwistern in diesen herausfordernden Zeiten erlebten, die arabischen Leiter wiederum wurden dadurch gesegnet, dass sie mit ihren jüdischen Cousins zusammen sein konnten. Einige der vom Islam übergetretenen Leiter sind noch dabei zu lernen, welche Pläne Gott für Israel hat, und einige jüdische Leiter brauchen mehr Erbarmen für die Palästinenser, aber diese Zusammenkunft war ein wesentlicher Durchbruch hin zu den ersten Früchten der Grundlagen von Jesaja 19,23-25. Preis dem Herrn!

## 21 Zweite Familienfreizeit für jüdische und arabische Leiter in Israel, 1.-4. Juli 2002

Eine Gruppe von 120 jüdischen und arabischen Leitern und Kindern nahmen an der *zweiten Familienfreizeit für jüdische und arabische Leiter* Anfang Juli, zu Beginn der Sommerferien, teil. Die Familienfreizeit fand bei Tiberias statt, im Ma'agan Holiday Village, einem Kibbuz, der wunderschön und am See Genezareth gelegen ist und eine gute Anlage besitzt. Ein großes Schwimmbad, ausgedehnte Rasenanlagen, schattenspendende Bäume und Fußwege durch den Kibbuz bieten einen hervorragende Umgebung zum Ausspannen und für eine besondere Zeit der geistlichen Erfrischung für Familien, die eine Gemeinde leiten. Körperliche und geistliche Erfrischung ist in den Gemeinden sehr von Nöten, aber vor allem unter der Leiterschaft, da die angespannte Situation, schwierige Lebensumstände und Isolation, die wirtschaftliche Lage und die Auswirkungen der Terroranschläge ihren Tribut fordern.

Diese jüdischen und arabischen Leiter haben sich entschieden, in Solidarität zueinander und durch gemeinsame Ferien Gottes Pläne für den einen neuen Menschen in Israel zu erfüllen und angesichts vieler Probleme Gott gemeinsam zu dienen als Lobpreis inmitten der Erde.

Wir sahen vertraute Gesichter aus Beerscheba, Jerusalem, Tel Aviv, Haifa, den Küstenregionen, Tiberias und Galiläa, sowie Nizar Schaheen aus Kanada, aus arabischen, messianisch-jüdischen, russischen und libanesischen Gemeinden, von denen einige schon zum zweiten Mal zu dieser Familienzeit kamen. Es war aber auch erfrischend, dass sich neue Gesichter in der Versöhnung von jüdischen und arabischen Gläubigen in Jeschua engagierten. Ein paar Tagesgäste kamen aus Tel Aviv oder Ramle noch hinzu und erzählten von sich.

Die Freizeit war in diesem Jahr einen Tag länger. Wir verbrachten noch mehr Zeit in Anbetung und Austausch, und wir fühlten uns noch stärker als Familie wegen all der Kinder in unserer Mitte. Ob dieses Rezept nun dazu beitrug oder nicht, aber einige von denen, die im vergangenen Jahr schon dabei gewesen waren, waren der Ansicht, dass diese gemeinsame Zeit tiefer denn je gewesen war. Neben Zeiten gesalbter Anbetung und Lehre hatten wir auch zwei Zusammenkünfte, bei denen wir uns im Kreis austauschten und zum Gebet füreinander einluden. Danach entstanden Kontakte und Absprachen für einen gegenseitigen Kanzeltausch.

Wir hatten noch einmal eine besondere Zeit am Ende der Konferenz, als alle das Abendmahl miteinander feierten und gemeinsam für die Leiter in Tiberias beteten, da Jeschua viel Zeit in Galiläa verbracht hatte. Wir erwarten ein mächtiges Wirken Gottes in dieser Region; es gibt bereits Berichte von Zeichen und Wundern in dieser Gegend.

Am Ende der Abendveranstaltungen war es üblich, dass die Familien noch beieinander blieben, entweder in Anbetung, oder in großen Gruppen auf der Rasenfläche. Eine informelle Planung für eine Freizeit im kommenden Jahr begann noch bevor das Camp zu Ende war, was ein Zeichen dafür war, dass diese Familienfreizeit eine wichtige Rolle im Gemeindeleben der israelischen Gläubigen spielte. Anschließend hörten wir von arabischen Gläubigen, die spontan messianische Gemeinden besuchten, von gegenseitigen Besuchen und Kanzeltausch, und davon, wie sich durch das Entdecken echter Liebe zwischen Arabern und Juden Menschenleben veränderten.

Was wir uns für die nächste Freizeit vorstellen, ist eine größere Teilnahme der Jugend.

## 22 *Dreizehnte Nahost Gesamtkonferenz jüdischer und arabischer Leiter, 12.-15. Mai 2003*

Wir kamen zur 13. *Nahost Leiterkonferenz* im Four Lanterns Hotel auf Zypern zusammen. Es kamen doppelt so viele Leiter wie zuvor, es waren fast 100 Teilnehmer aus dem ganzen arabischen Nahen Osten und Israel. Die Leiter repräsentierten alle Teil des arabischen Nahen Ostens und Israel, inklusive der Golfstaaten, Kuwait, Irak, Libanon, Jordanien, Nordafrika, Ägypten und Israel. Ich sprach über Gottes Abrahamische Bünde, die er auf dem Hermon (1. Mose 15), in Sichem, Bethel und Hebron (1. Mose 12+13) und in Jerusalem (1. Mose 22) mit Israel schloss. Arabische Leiter erfassten diese Offenbarung, die sie für den Schlüssel zu einem besseren Verständnis von Gottes Erlösungsplan für Israel und den Nahen Osten hielten.

Freunde gaben Berichte aus der Westbank weiter, worunter das biblische Judäa und Samaria zu verstehen ist, sie erzählten von ihren Erfahrungen in Sichem, Jenin, Ariel, Ramallah, Jerusalem und Bethlehem. Wir hatten eine starke Gebetszeit für diese Regionen. Wir können sehen, dass die Grundlage der Erstlingsfrüchte Ägypten, Israel und Assur (Jesaja 19,23-25) gelegt ist, und wir uns jetzt auf die volle Reife zu bewegen müssen.

2004 planen wir, 300 Leiter in TABA zu versammeln - 100 aus Ägypten und 100 aus Israel, und 100 aus Assyrien - um gemeinsam als Segen inmitten der Erde anzubeten. Wir planen ebenfalls, drei Anbetungsteams zu haben - eins aus Ägypten, eins aus Israel und eins aus Assyrien.

## 23 *Zehnte nationale Leiterkonferenz im Jerusalem House of Prayer for all Nations, 3. Juni 2003*

70 Leiter in Schlüsselpositionen versammelten sich auf dem Ölberg, um für die Stärkung der bestehenden Gemeinden

und die Geburt von neuen Gemeinden in jeder Stadt Israels, inklusive Gaza und der Westbank zu beten. Unter den Leitern waren David Davis, Claude Ezagouri, Evan Thomas, Reuven Berger, Ofir Amitai, David Lazarus, Avi Mizrachi, Bassem Adranly, Victor Bahbah, George Kazoura, Yoseph Odeh und andere.

1994, 10 Konferenzen früher, gab es Gemeinden und Hauskreise in 22 von 30 Städten in Israel. Heute gibt es Gemeinden und Hauskreise in 76 von 80 Städten in Israel. Wir preisen Gott, dass die Grundlagen der Erstlingsfrüchte gelegt werden und Gott sich auf die Vollendung zu bewegt.

Während der Konferenz hatten wir auch eine Zeit der Neueinweihung des *Jerusalem House of Prayer for All Nations*. Wir preisen Gott für den Abschluss der umfangreichen Renovierungsarbeiten am Gebetshaus von Januar bis Mai 2003.

## 24 *Dritte Familienfreizeit für jüdische und arabische Leiter, 30. Juni-3. Juli 2003*

Wieder einmal kamen zu Beginn der Sommerferien jüdische und arabische Leiter und ihre Familien im Ma'agan Holiday Village am Südzipfel des Sees Genezareth zusammen. Im dritten Jahr kamen nun schon Familien zusammen zu Gemeinschaft, Anbetung, Lehre, Entspannung, Erfrischung, um sich gegenseitig zu ermutigen, füreinander zu beten und in tiefere Versöhnung und Wiederherstellung einzutreten. Diese Zeit ist für die Leiterschaft im heutigen Israel sehr wichtig. Von den 125 Personen dort waren 31 Leiter mit ihren Familien da (etwa die Hälfte jüdisch und die andere Hälfte arabisch). Hinzu kamen einige Tagesgäste. Sogar die Mitarbeiter genossen die schöne und entspannte Atmosphäre miteinander.

Von Anfang an ging es sehr entspannt miteinander zu, was sich darin widerspiegelte, dass die Familien herumsaßen und mit alten und neuen Freunden plauderten und die Gastfreundschaft miteinander bis spät in die Nacht genossen.

Einige der schönsten Erinnerungen an diese Zeit waren der Anblick von Ehepaaren, die in Gespräche vertieft auf dem Rasen saßen oder spazieren gingen, ein junger Vater, der mit einem Teenager Tischtennis spielte, jüdische und arabische Familien, die miteinander Wasserball spielten, ein älterer Leiter, der seine Gedichte über den Herrn vor einem Publikum von Freunden und Familienmitgliedern vortrug, der Austausch von Kontakten und gegenseitigen Einladungen und der Wohlgeruch der Gegenwart des Herrn in der Anbetung. Die Anbetung wurde von manchmal spontan zusammengesetzten Teams aus jüdischen und arabischen Gläubigen geleitet, die durch ihre Liebe zu Jeschua in Einheit miteinander verbunden waren.

Wir segnen dich, Jeschua, dafür, dass du unser Hirte bist, uns zu frischen Wassern führst und uns grüne Auen gibst, auf denen wir lagern können. Gottes Friedensplan für Juden und Araber, die Gott gemeinsam im Zentrum der Straße aus Jesaja 19 (V.23-25) dienen, wird langsam reif. Betet, dass Gott von den Erstlingsfrüchten zur vollen Reife führt.

# Teil III

## 1967-2004
## 24 messianisch-jüdische und arabische Väter der Josua-Generation

Teil III besteht aus 24 Zeugnissen über die Versöhnung von Leitern aus Ägypten (inklusive Nordafrika), Israel und dem arabischen Teil Asiens / Assyrien. 12 davon sind Zeugnisse von jüdischen Leitern und 12 stammen von arabischen Leitern. Sie sind Zeugnisse der letzten Josua-Generation.

Diese Leiter schreiben nicht aus einem Vakuum heraus, sondern haben über Jahre Beziehungen aufgebaut. Einige wurden schon 1967 geknüpft, als gemäß Lukas 21 die letzte Generation anbrach, genau zu dem Zeitpunkt als Jerusalem eine wiedervereinigte jüdische Stadt wurde. Da fing auch der Feigenbaum an auszuschlagen, als Juden begannen, den Messias anzunehmen. Die letzte Josua-Generation wird nicht vergehen, bis alle Dinge vollendet sind und der Messias wieder kommt.

Die meisten Beziehungen haben sich seit 1993 entwickelt, als wir anfingen, viele Konferenzen in Israel und 12 Konferenzen für Leiter aus dem ganzen Nahen Osten durchzuführen, zu denen Araber aus allen 21 arabischen Nationen und aus Israel zusammenkamen. Wie schon in den vorangegangenen Teilen erwähnt wurde, erleben wir bei den Zusammenkünften eine wachsende Einheit, die auf immer tiefer werdenden Beziehungen basiert, und auf der Empfänglichkeit für den ganzen Ratschluss Gottes in Bezug auf Gottes Pläne für Israel und den Nahen Osten in der Bibel, sowie auf der gemeinsamen Anbetung Gottes als Segen auf Erden. Viele dieser Leiter, sowohl Juden als auch Araber, sind meine besten Freunde geworden.

Diese Zeugnisse und Lebensgeschichten sind Säulen im Haus von Jesaja 19,23-25, das Gott vom Nil bis zum Euphrat baut, indem Juden und Araber Gott gemeinsam dienen als Zeugnis auf Erden. Weil wir die ersten Früchte aus diesen Nationen wachsen sehen, wissen wir, dass die Zeit da ist, Gott zu vertrauen und vorwärts zu gehen, bis die ganze Fülle erreicht ist!

Unser Gebet ist, dass diese Zeugnisse die Lügen der babylonischen Medien mit all ihren schlechten Nachrichten und ihrer negativen Politik in die Schranken weisen. Wir beten, dass diese Zeugnisse Ihren Glauben inspirieren, sich diesen modernen Josuas und Kalebs zur Seite zu stellen und zu beten, dass Gott von den ersten Früchten bis zur Vollendung wirken wird, um den Weg für den König der Herrlichkeit zu bereiten, damit Er seinen Fuß auf den Ölberg setzt und Seinen Thron in Jerusalem einnimmt.

Werden Sie Teil dieser auserwählten Josua-Generation, eine königliche Priesterschaft und ein heiliges Volkes merkwürdiger Leute, indem Sie Ihn preisen, der uns aus der Finsternis in Sein wunderbares Licht gerufen hat!

Wenn du Jude oder Araber bist, dann komme mit auf die Straße des Heils in Ägypten, Israel und Assyrien, in versöhnten Beziehungen und Anbetung des Messias. Wenn du aus einer Nation außerhalb des Nahen Ostens stammst, dann hilf dabei, eine Mauer der Anbetung und des Fürbittefeuers rund um den Nahen Osten von den Enden der Erde durch die 12 Erdregionen und die arabischen Nationen hindurch nach Israel, Judäa und Samaria bis nach Jerusalem zu bilden.

Gott ruft die „Ruth-Gemeinde“, aus allen Nationen aufzustehen und zu sagen: **„Dein Volk soll mein Volk sein, und dein Gott ist mein Gott. Wo du bleibst, werde auch ich bleiben.“** Diese Gemeinde muss in den Ölbaum eingepfropft werden als wilde Zweige mit den Arabern, und verbunden werden mit den Juden, den natürlichen Zweigen, damit alle Kinder Abrahams gemeinsam wieder in den edlen Ölbaum eingepfropft werden!

Heute ist der Tag, an dem es gilt, mit diesen jüdischen und arabischen Leitern in den Riss zu treten, die eine Erstlingsfrucht aus Jesaja 19,23-25 bis zum vollen Durchbruch dessen sind, dass Ägypten, Israel und Assyrien Gott gemeinsam dienen als Segen inmitten der Erde, um den König in Jerusalem willkommen zu heißen.

Gott ruft jüdische „Esthers" auf, herauszutreten und sich mit der „Ruth-Gemeinde aus den Heiden" zu verbinden, um den Weg für den König der Herrlichkeit zu bereiten. Wie Ruth und Esther in früheren Zeiten, so hat Gott Sie gerade in dieser Zeit ins Reich Gottes berufen, in der letzten Josua-Generation, um das Verlangen zu kanalisieren, das alle Nationen und Israel nach der Wiederkunft des Königs der Herrlichkeit haben – die Sehnsucht nach der Hochzeit mit dem Lamm und Messias in Jerusalem.

## *Yosef Alfarhan, ein Araber aus dem Irak*

**Zu meinen Lebzeiten will ich erleben, wie Ägypten, Assur und Israel gemeinsam Gott dienen. Ich will auf der Straße des Heils von Ägypten nach Israel und Assur (Irak) mit meinen Geschwistern gehen.**

Geboren bin ich, Yosef, in Basra im Irak in eine Familie mit neun Kindern, von denen ich der jüngste und neugierigste war. Sogar als kleiner Junge starrte ich schon ohne viele Worte in den Himmel und fragte mich, welche Macht wohl hinter der Schöpfung dieser herrlichen Wolken, des Mondes, der Sterne und der Sonne stand! Schon in jungen Jahren war ich auf der Suche nach dem Sinn und Ziel des Lebens. „Warum können die Erwachsenen nicht in Frieden leben?" „Warum herrscht ständig Bedrohung und Angst vor Krieg?" Eine Stimme in mir stellte sich immer wieder diese bangen und verzweifelten Fragen. In der Schule im Irak wurden wir gelehrt, die Juden und die zionistische Bewegung zu hassen. Wir erhielten eine Gehirnwäsche mit allen möglichen Mythen und antisemitischen Lehren. Ich wuchs mit einer tiefen Verwirrung auf. Die Glaubensgemeinschaft, in die ich hineingeboren bin und der meine Eltern angehören, ist die der Mandäer, und sie hat merkwürdige Traditionen, die ich nie verstand. Ich fand in dieser Religion keinen Bezug zu Gott, sondern sie verstärkte nur meine Verwirrung und Verzweiflung.

Meine ältere Schwester wurde Christin und betete jeden Abend für mich. Eines Nachts willigte ich ein, mit ihr in ein Zelt zu gehen, in dem ein Gottesdienst stattfand. Zu meinem Erstaunen predigte ein Iraner über Jesus Christus, den Erlöser der Welt. Ich hatte kein Vertrauen zu ihm und machte mich über ihn lustig, aber während ich das tat, wurde ich in meinem Herzen zutiefst überführt und hörte, wie eine warme, klare Stimme in mir sagte: „Warum beleidigst du Mich und Meinen Diener?“ Furcht überkam mich. Ich bat meine Schwester inständig, mir dabei zu helfen, mein Leben diesem Jesus zu geben. Das geschah am 20. Juni 1987. Als ich mein Leben Jesus gab, wurde ich ein völlig anderer Mensch. Ich konnte mit Worten nicht ausdrücken, was in mir geschah. Ich hatte ein unsagbares Gefühl des Friedens und der Freude, das ich nicht länger unterdrücken konnte. Ich las die Bibel mit Staunen und großem Interesse und Gott öffnete mir die Augen, dass dieser Jesus ein Jude und der wahre Gott Israels war. Als ich begann, mit diesem Gott Israels in der Person unseres Herrn Jesus in Beziehung zu treten, klärten sich die Fragen und Zweifel in meinem Herzen und ich begann Gottes Bund mit Seinem Volk zu verstehen. Obwohl ich dieser Gehirnwäsche in der Schule und den Lehren der Ältesten im Irak unterzogen worden war, konnte mich keine von ihnen überzeugen. Ich wusste tief in meinem Herzen, dass all diese Aussagen weit von der Wahrheit entfernt waren und dass ich, wenn ich nur tief genug suchte, die Antworten und die Wahrheit finden würde.

Mein neu gefundener Glaube an Gott und meine Beziehung zu Jesus weckten in mir ein großes Interesse an der Situation im Nahen Osten. Alle Zweifel und Verwirrungen meiner Kindheit klärten sich und mein Herz wurde von Bitterkeit und Härte befreit. Ich begann, Liebe zu predigen. Wenn Jesus in dein Herz kommt, ist da kein Platz mehr für Hass. Die Liebe, die durch Jesus in dein Herz kommt, ist rein und gilt allen bedingungslos – Juden oder Arabern, Schwarzen oder Weißen!

Es geschah einzig durch Gottes Wunder und Kraft, dass ich in den Dienst mit Israel involviert wurde. Ich glaube, dass es Gottes Absicht ist, dass ich Teil eines jüdisch-arabischen Dienstes bin. Er brachte einen Iraker, ihren „Feind" in den Konflikt hinein, um ihnen zu sagen, dass ihr Gott der wahre Gott ist. Ich komme nach Israel, um den Juden zu sagen, dass ich ihren Gott liebe und auch sie liebe. Als ich den Herrn Jesus annahm, betete ich: „Hier bin ich Herr, was willst du, dass ich tun soll?" Die Folge dieses Gebets war, dass Er mich in dieses gesegnete Land als Botschafter des Friedens gebracht hat. Mein jährliches Kommen nach Israel ist größer als Sie oder ich. Es geht über das Verstehen vieler und auch mir selbst hinaus. Ich bin schon sechs Mal, hauptsächlich während *Sukkot*, dem Laubhüttenfest, in Israel gewesen. Gott hat meine Augen geöffnet, damit ich die Pläne des Himmels für dieses Land erkennen und für die in den Riss treten kann, die es nicht erkennen können. Ich will die Erstlingsfrucht sein, die Sein Volk liebt. Ich komme her, um sie zu segnen. Ich bringe Missiles der Liebe, nicht die Missiles, die Saddam Hussein oft benutzt hat, um diese Region zu bedrohen.

Ein Araber muss eine Offenbarung von Gott haben, um einen Juden zu lieben. Nur eine tiefe Begegnung mit der Liebe Gottes kann das verhärtete Herz eines Arabers zum Schmelzen bringen, damit er sein Herz für die Juden öffnet. Es gibt so viel Bitterkeit auf beiden Seiten. Das Rad des Hasses und der Rache zwischen den beiden dreht sich seit Hunderten von Jahren. Ich will ein Werkzeug in Gottes Hand sein, um den Schlüssel des Hasses umzudrehen und die Tür zu öffnen, damit der Strom der Liebe vom Irak nach Israel fließen kann.

Ich bin jetzt Pastor einer Gemeinde in Schweden, wo meine Familie in den letzten 22 Jahren gelebt hat. Meine Gemeinde besteht aus Palästinensern, Libanesen, Syrern und Irakern. Wir alle lieben Israel und wir beten täglich für den Frieden Jerusalems und für die Versöhnung zwischen Arabern und Juden. Wir singen hebräische und arabische Lieder und wir sprechen offen über unseren Glauben an den Gott

Israels und darüber, dass unser Fundament völlig auf der biblischen Lehre ruht. Wir sind Wächter für Jerusalem.

> **Auf deine Mauern, Jerusalem, habe ich Wächter bestellt. Den ganzen Tag und die ganze Nacht werden sie keinen Augenblick schweigen. Ihr, die ihr den HERRN erinnert, gönnt euch keine Ruhe und lasst ihm keine Ruhe, bis er Jerusalem wieder aufrichtet und bis er es zum Lobpreis macht auf Erden! (Jesaja 62,6-7)**

Zu meinen Lebzeiten will ich die Erfüllung von Jesaja 19,23-25 sehen.

> **An jenem Tag wird es eine Straße von Ägypten nach Assur geben. Assur wird nach Ägypten und die Ägypter nach Assur kommen, und die Ägypter werden mit Assur dem HERRN dienen. An jenem Tag wird Israel der Dritte sein mit Ägypten und mit Assur, ein Segen inmitten der Erde. Denn der HERR der Heerscharen segnet es und spricht: Gesegnet sei Ägypten, mein Volk, und Assur, meiner Hände Werk, und Israel, mein Erbteil!**

Ich will Zeuge dessen sein, wie Ägypten, Assyrien und Israel gemeinsam Gott dienen. Ich will auf der Straße von Ägypten nach Israel und Assyrien gehen.

## *Alexander Roydman, russisch-israelischer Jude*

### Versöhnung durch Musik und Anbetung

> *Sie sagen, Musik überbrücke Kulturen, Kasten, Glaubensüberzeugungen, Religionen und sogar ideologische Differenzen. Musik und die Gaben der Musik können, wenn sie zu Gottes Ehre und für seine Pläne gebraucht werden, die mächtigste Waffe werden, um den Teufelskreis von Hass, Bitterkeit, Misstrauen und Furcht zu*

***durchbrechen. Musik bringt versteinerte Herzen zum Schmelzen und stärkt den geschwächten Sinn. Dies ist die Geschichte von Alexander Roydman, auch bekannt als „der russische Jude, der arabische Lieder singt".***

Ich, Alexander Roydman, wurde 1960 in eine russisch jüdische Familie in der Stadt Bratsk (Sibirien, Russland) geboren. Unsere Familie zog kurz nach meiner Geburt in die Ukraine um. Meine Eltern erkannten meine musikalische Begabung und brachten mich in eine Musikschule, wo ich meine ersten Unterrichtsstunden und öffentlichen Auftritte hatte. Mein Lehrer, ein Opernsänger, entdeckte in mir große Aussichten auf klassischen Gesang und ermutigte mich, mein Herz und meine Seele der Entwicklung dieser Begabung hinzugeben. Ich trat in mehreren Musical-Vorstellungen auf und begann, bei besonderen Gelegenheiten und Konzerten zu singen. Meine Eltern, mein Lehrer und meine Schule gaben mir alle Unterstützung und Ermutigung, die möglich war und stärkten mein Selbstvertrauen als Sänger.

Als jedoch meine musikalische Karriere sich zu entfalten begann und meine gesanglichen Fähigkeiten Popularität erreichten, begann ich, mich einem ungesunden Lebensstil und zerstörerischen Verhaltensweisen hinzugeben. Ich fing an, sehr stark Alkohol zu konsumieren, verbotene Lieder zu singen und driftete ab in ein Leben der Isolation und Verzweiflung. Ich lernte auch Menschen kennen, die sich an allen möglichen anti-gesellschaftlichen Aktivitäten beteiligten. Bald geriet ich in eine tiefe Depression mit Selbstmordgedanken. In diesen dunklen, hoffnungslosen Tagen meines Lebens brachte mir einer meiner jüdischen Freunde den Gott der Juden und Jesus Christus, unseren eigenen Messias, nahe. Ich gab Jesus mein Leben und nahm Ihn als meinen persönlichen Erlöser an. Ich wurde ein neuer Mensch, gewaschen im Blut Jesu, gereinigt von aller Ungerechtigkeit und gesalbt, das Evangelium durch Musik zu verkünden. Seit jenem Jahr, 1988, ist mein Leben nicht mehr dasselbe.

Mein Durst nach Gottes Gerechtigkeit und meine Liebe zu Gott nahmen jeden Tag zu, als Er begann, mir die vielen Segnungen und Verheißungen zu zeigen, die Er für mich hat. Ich sah eine Vision der liebenden Hände Gottes, wie Er den Erdball in Seinen Handflächen hält. Ich hörte eine Stimme sagen: „Diese Hände sind Hände der Liebe, stelle dich selbst auf sie und ich werde dich in verschiedene Länder bringen“. Es brauchte 10 Jahre, bis ich zu sehen begann, wie sich dies erfüllte. Ich musste viele Male mir selbst absterben, um zulassen zu können, dass sich das Wort Gottes in mir und durch mich erfüllt.

Anfänglich konnte ich nicht verstehen, was in meinem Leben passierte. Tief in meinem Herzen wusste ich, dass Gott mich zubereitete, einen Musikdienst zu beginnen, und darum verwendete ich einen großen Teil meiner Zeit auf Gebete, dass dies geschehen würde. Ich begann, Lobpreis- und Anbetungslieder zu schreiben und bald führte mich der Herr dazu, eine Musikgruppe zu gründen, die sich *Licht für die Welt* nennt, und mit der ich durch alle Städte und Dörfer der Ukraine zog und das Evangelium unseres Herrn Jesus durch unsere Lieder und Zeugnisse weitertrug.

Einmal in jener Zeit erschien mir der Herr in meinem Zimmer, wo ich betete, voller Herrlichkeit und gab mir das Wort „Beduine“. Ich hatte keine Ahnung, was das Wort bedeutete, noch wusste ich, was es mit den Arabern zu tun hatte. Als ich später das Wort „die Beduinen“ entdeckte, konnte ich die Bedeutung von alledem überhaupt nicht verstehen, weil ich keinerlei Verbindung zu dieser Gruppe von Menschen hatte. Zu meiner Überraschung begann ich, für sie zu beten und fand mich bald wieder, wie ich sie auf meiner ersten Israelreise besuchte und kennen lernte.

1990 begann ich ein Bibelstudium in Tartu in Estland. Dort offenbarte Gott mir zum ersten Mal die Erlösungsabsicht Gottes für das jüdische Volk. Auf ganz besondere Weise begann er mir die Augen zu öffnen, damit ich die Errettung des jüdischen Volkes und seine Berufung sehen konnte. Bei meinem ersten Besuch in Israel 1991 verliebte ich mich in das Land. Dort traf ich die Entscheidung, nach Israel ins Land meiner Vorfahren zu ziehen. 1993 unternahm ich weitere Bibelstudien in Uppsala, Schweden, und wurde Teil eines internationalen Musikteams, das sich aus Schweden, Arabern, Juden, Norwegern, etc. zusammensetzte. Die Gruppe hatte sich unter anderem zum Ziel gesetzt, Menschen über Israel und die Wichtigkeit der Rückkehr des jüdischen Volkes in ihr Land zu informieren und Gottes Pläne für Sein Volk dem Rest der Welt gegenüber zu proklamieren.

1994 heiratete ich Dyne und wir zogen nach Israel, wo unsere beiden Töchter Gilja und Sarit geboren wurden. In meinen Anfangsjahren in Israel arbeitete ich als Gärtner in einem Kibbuz. Während meiner Zeit dort zeigte mir der Herr deutlich, dass Er mir bald Möglichkeiten eröffnen würde, das Evangelium durch meine Musik im ganzen Land zu verkünden. In den letzten vier Jahren bin ich bei Konzerten, Festivals, Konferenzen und besonderen jüdischen Festlichkeiten und Veranstaltungen aufgetreten. Ich schrieb eine Reihe von Liedern über Gottes Liebe und Christi Erlösung auf Russisch, Hebräisch, Arabisch und Ukrainisch und bin mit diesen Liedern um die ganze Welt gereist. Ich habe mit meiner Musik mehr als 14 Länder bereist. Ehre sei Gott. Er ist wirklich treu!

Meine arabischen Lieder, besonders *Salaam*, sind in den letzten Jahren sehr populär geworden. Sie werden überall gespielt und es hat große Durchbrüche im Leben der Menschen gegeben. Wie viele andere Juden auch hatte ich keine natürliche Liebe zu den Arabern, Gott musste mich verändern und mir helfen, meine arabischen Geschwister zu lieben, und Er hat es getan. Ich habe jetzt eine große Liebe zu den Arabern und ich diene ihnen durch meine Musik in ihren Gemeinden, Dörfern und Häusern. Wir haben durch diese Verbindung viel Heilung in unseren Herzen erfahren. Ich habe in meinem Herzen die Wahl getroffen, die Araber zu lieben und in meiner Freundschaft mit ihnen zu wachsen, ganz egal, was heute in unserem Land geschieht.

Der Hauptgrund für unser Dasein und unsere wachsende Beziehung ist allein die Liebe Jesu. Er ist der Grund dafür, warum wir einander lieben. Er ist unser Freund und in Ihm werden wir Freunde mit allen Menschen, und das gilt auch für die, bei denen wir uns schwer tun. Heute habe ich einige ganz besondere Freunde und die sind Araber. Ich schätze ihre Freundschaft sehr. In Christus sind wir alle *ein* neuer Mensch.

> **Daher, wenn jemand in Christus ist, so ist er eine neue Schöpfung; das Alte ist vergangen, siehe, Neues ist geworden. Alles aber von Gott, der uns mit sich selbst versöhnt hat durch Christus und uns den Dienst der Versöhnung gegeben hat, nämlich dass Gott in Christus war und die Welt mit sich selbst versöhnte, ihnen ihre Übertretungen nicht zurechnete und in uns das Wort von der Versöhnung gelegt hat. So sind wir nun Gesandte an Christi Statt, indem Gott gleichsam durch uns ermahnt, wir bitten für Christus: Lasst euch versöhnen mit Gott! Den, der Sünde nicht kannte, hat er für uns zur Sünde gemacht, damit wir Gottes Gerechtigkeit würden in ihm (2. Korinther 5,17-21).**

## *Bassem Adranly, Araber aus Jerusalem*

**Der Herr hat uns berufen, der *eine* neue Mensch zu sein – Araber und Juden. Meine Berufung ist die Einheit des Leibes Christi, tiefe Einheit, die man Versöhnung nennt, in der Friede Wirklichkeit wird.**

Ich wurde 1966 geboren und erinnere mich daran, dass ich als Junge in den 70er Jahren in Jerusalem unter vielen politischen und sozialen Unruhen aufwuchs. Wir erlebten häufig gewalttätige Protestaktionen, Steine flogen und andere Ausbrüche der Gewalt geschahen um uns her. Unser Haus lag oben auf einem Hügel, von dem aus man den Markt überblicken konnte, am Rande des christlichen Viertels in der Altstadt, und viele junge Araber kamen auf diesen Hügel, der wie ein verlassenes Dach ist, um Steine auf die Geschäfte und Marktstände unten zu werfen. In den Siebzigern war der Kampf sehr aktiv. Arabische Christen und Muslime waren sich in jenem Kampf eins, aber mit der Zunahme des islamischen Fundamentalismus begannen die christlichen Araber, sich zurückzuziehen und weniger aktiv zu sein. Für eine Weile beruhigte sich die Lage, aber jetzt ist es natürlich wieder anders.

Mein Eindruck als Kind war: „Ein Jude ist ein Soldat, der mich töten will. Sie haben das Haus meiner Mutter in Jaffa und unser Land weggenommen". Wie jedes andere arabische Kind wuchs ich mit einem Hass auf die Juden auf. Als die Zeit verging, nahm die Macht des Islam im Land zu und wir fingen an, die Moslems ebenfalls zu hassen. Wir spürten, dass diese Moslems nicht nur die Juden hassten, sondern auch die Christen. Dies ließ uns mit einer Arroganz aufwachsen, dass wir besser als Juden und Moslems wären. In der Schule wurde ich Mitglied der Palästinensischen Kommunistischen Partei, nahm aber an keiner ihrer Aktionen teil. In jenen Tagen war es Mode, bei irgend etwas aktiv zu sein. Da wir Christen nicht Teil des islamischen *Dschihad* sein konnten und es keine christliche Bewegung an sich gab, wurden wir in der kommunistischen Partei aktiv. Wir waren sehr nationalistisch. Die Israelis schlossen fast jede Woche die Universität. Ich brauchte 6 Jahre, um mein Studium zu beenden, das regulär nur 4 Jahre gedauert hätte. Das war noch lange vor der ersten *Intifada.* All diese Umstände trugen noch zu den Spannungen bei.

In jenen Tagen hätte aus säkularer Sicht die Aussage „Ich liebe einen Juden" sofort bedeutet „Ich hasse Palästinenser". Wir hassten Ausländer, weil sie tendenziell die Juden liebten, oder zumindest dachten wir, sie liebten die Juden. Wir konnten nicht glauben, dass irgendjemand sowohl Juden als auch Araber lieben könnte. Es konnte nur das eine oder das andere geben. Dieses negative Gefühl Ausländern gegenüber beeinträchtigte meine Beziehung zu Gott. Ich unternahm alles, um zu beweisen, dass es keinen Gott gibt und dass das jüdische Volk kein Recht auf dieses Land hat.

Eines Tages kamen wir an einem Gebäude vorbei, in dem ein paar Leute zusammengekommen waren, und wir bemerkten, dass sie hebräische Lieder sangen und über Israel redeten. Wir wussten, dass sie Christen waren und ich war sehr wütend. Ich war zornig auf sie und wünschte, dass dieses

Haus niederbrennen würde. Kurz darauf traf ich drei junge Frauen, die zufällig zu dieser Versammlungsstätte gehörten. Irgendwie realisierte ich nicht richtig, dass sie ja zu diesem Haus gehörten, und so schlossen wir Freundschaft. Eines Nachmittags bat mich eine der jungen Frauen, sie zum CVJM zu fahren und ich tat dies. Zu meinem Schrecken merkte ich, dass sie sich an den populären christlichen Zusammenkünften beteiligte, die ich damals als Terrorbewegung bezeichnete, nämlich der zionistischen Bewegung. Ich war so ärgerlich, dass ich beschloss, meine Beziehung zu ihr völlig abzubrechen.

Der darauffolgende Monat war wirklich ein Kampf für mich. Der Herr begann, Tag und Nacht mit mir zu ringen. Ich konnte nicht aufhören, an Ihn zu denken. Wenn ich schlafen ging, träumte ich ständig von Ihm – erinnern Sie sich an Jakobs Ringen mit Gott? Es war eine ähnliche Erfahrung. Es war so eine extrem starke Erfahrung, dass ich am Ende sagte: „Herr, wenn Du meine Fragen beantwortest, werde ich Dich annehmen". Er tat es nicht, sondern machte mir deutlich, dass wenn ich mich entschied, Ihn anzunehmen, Er mich freisetzen und sich mir offenbaren würde. Ich rief dieses junge Mädchen nach einem Monat an und erzählte ihr, was ich durchmachte. Später stellte ich fest, dass diese Frauen meinen Namen an 300 Gemeinden weitergegeben hatten und viele Menschen für mich beteten.

Durch ihre Einladung begann auch ich, diese Treffen zu besuchen. Die ersten paar Treffen waren sehr schwierig für mich, aber als ich begann, nach Gott zu suchen und all die unterschiedlichen Gemeinden in der Stadt zu besuchen, fing ich an, Gottes Führung in meinem Leben zu erkennen. Ich begann mit der King of Kings Church, ging danach zur griechisch-orthodoxen Kirche und besuchte dann eine sehr konservative Baptistengemeinde. Das war eine seltsame Kombination für einen jungen Gläubigen. Später schloss ich enge Freundschaft mit ein paar amerikanischen katholischen charismatischen Nonnen, die regelmäßig für mich beteten und bei denen ich die Geistestaufe erlebte. Dann erhielt ich 1995 einen Ruf. Der Herr berief mich dazu, die Gemeinde in Jerusalem wiederherzustellen. Bevor ich meine bisherige Gruppe verließ, übergab ich ihr zwei Briefe. Einen davon hatte ich zwei Monate nachdem ich bei ihnen Mitglied geworden war geschrieben, den anderen zwei Jahre später. Sie gingen sehr gut mit mir um und veränderten um meinetwillen sogar einige Dinge. So fand viel Heilung statt, bevor ich sie verließ und meiner eigenen Berufung folgte.

Der Herr vertiefte mein Herz, damit ich die Mängel und Gegensätzlichkeiten in der Kirche erkennen konnte. Er gab eine tiefe Berufung zur Wiederherstellung der „Herzensbeziehungen" in der Gemeinde. Ich bezeichne dies als Versöhnung, es ist Einheit auf einer tieferen Ebene. Der Herr sagte zu mir: „Du wirst wie Elia sein, und ich werde dich gebrauchen, um meine Gemeinde in Jerusalem wiederherzustellen". Es gibt viele falsche Vorstellungen und Mythen in unseren heutigen Gemeinden. Die Gemeinde, in der ich diente, glaubte sehr stark an die Enterbungstheologie. Ich musste wirklich viel lernen und bat Gott inständig, mir zu helfen, Sein Wort zu verstehen. Ich ging zu Benjamin Berger, um von Ihm Richtungsweisung zu bekommen und er half mir dabei, die Prophetien über den Messias und den Glauben der messianischen Juden in der Tiefe zu verstehen. Häufig zeigte der Herr selbst mir Dinge. So begann ich, die Wahrheit herauszufinden.

Wir ringen sehr mit dem Bereich der biblischen Prophetie. Wie kann ein palästinensischer Gläubiger akzeptieren, dass Gott dieses Land dem jüdischen Volk gab? Es ist ein äußerst schwieriges Thema. Der Herr offenbarte mir Gottes Königsherrschaft über dem Land. Er zeigte mir viele Bibelstellen, die von Seiner Souveränität über alle Dinge, die hier geschehen, sprechen. Er hat die Kontrolle über jeden einzelnen Konfliktbereich. Es heißt in Psalm 145,13: **„Dein Reich ist ein Reich aller künftigen Zeiten, deine Herrschaft dauert durch alle Geschlechter hindurch".** Seine Autorität reicht von Generation zu Generation, was bedeutet, dass es keine Zeitspanne in der Menschheitsgeschichte gab, die irgendwelche Autorität über Ihn hätte. Apostelgeschichte 17,26 sagt, dass Gott alle Nationen aus *einem* Blute gemacht hat und jede Nation einen Raum hat, in der sie leben kann. Ich habe oft den Eindruck gewonnen, dass Menschen denken: „Oh, Palästinenser, das ist ein dämonisches Wort, wir sollten es nicht gebrauchen“. Manche sagen sogar: „Schau, was Satan alles anstellt, um die Palästinenser hier zu halten“. In Epheser 3,15 steht: **„...von dem jedes Volk in den Himmeln und auf Erden benannt wird“.**

Er ist ein erlösender Gott. Er hat die Macht der Erlösung, die über unseren Verstand hinausgeht. Er brachte die Juden hierher und Er erlaubte den Juden, uns zu regieren und unfair mit uns umzugehen. Ich denke, dass es eine Ursache dafür gibt. Ich bitte jeden Gläubigen, dies in seinem oder ihrem Herzen anzunehmen. Das Geheimnis von Römer 13,1-7 ist, dass sich jeder den übergeordneten staatlichen Mächten unterwerfen soll, weil Gott sie einsetzt. Sogar der König ist ein Diener Gottes. In Hesekiel 30,12 heißt es: **„Und ich werde die Ströme zum trockenen Land machen und das Land in die Hand böser Menschen verkaufen“.** Hier geht es nicht unbedingt um Gut oder Böse. Es geht nicht darum, wer besser ist. Es bedeutet, dass Gott am Land handelt. Gott wird bald Seine Souveränität über dieses Land wiederherstellen. Ich glaube, es wird geschehen, wenn der Leib Christi als der *eine* neue Mensch vereint ist. Alle drei Monate fasten und beten wir miteinander. Messianische Juden und Araber gemeinsam. Wir treffen uns jede zweite Woche, um uns auszutauschen und zu beten, und Er heilt uns inmitten dieser Versammlungen.

Vor drei Jahren begann der Herr den Wunsch in mein Herz zu legen, einem jüdischen Gläubigen etwas sehr Kostbares zu geben. Dieser Wunsch entstand, als ich darüber nachdachte, wie sehr sich die Araber von den Juden beraubt fühlen und wie sehr die meisten von uns glauben, dass die Juden uns viel mehr schuldig sind als wir ihnen. Der Herr führte mich dazu, etwas zu tun, um diesen Kreislauf des „viel mehr empfangen Wollens als zu geben“ zu durchbrechen und ein Zeichen zu setzen gegen diesen Geist, dass andere dir etwas schuldig sind. Er machte mir klar, dass es etwas sehr Wertvolles sein musste. Er erinnerte mich an eine Skulptur der Jerusalemer

Altstadt, mit deren Gestaltung ich drei Jahre vor meiner Bekehrung begonnen hatte. Ich hatte die Skulptur im Laden eines Freundes untergebracht, um sie stückweise zu verkaufen, aber irgendwie ließ sie sich nicht verkaufen. Ich nahm sie zurück und stellte sie fertig. Zuerst dachte ich, ich würde sie einem einheimischen Israeli geben, aber der Herr wies mich an, sie einem immigrierten Juden zu schenken, weil es immer noch einen rebellierenden Geist gegen die herrschende Gruppe gibt und dieser Akt, etwas sehr Kostbares genau dieser Gruppe zu geben, war ein Zeichen, dass dieser rebellische Geist gebrochen wird. Während der fünften *All Nations Konferenz Jerusalem* überreichte ich inmitten Hunderter Gläubiger aus aller Welt, darunter viele arabische und jüdische Gläubige, die Skulptur „Die Altstadt Jerusalems" eigenhändig an Reuven Berger, den Pastor der Christ Church. Ich sagte zu ihm: „Dies ist die Altstadt Jerusalems. Gott gab sie euch, dem jüdischen Volk. Als gläubiger Christ will ich dies anerkennen, ich will dem Herrn dafür danken und will sie euch zurückgeben". Dieser Prozess, der drei Jahre dauerte, war eine sehr eindrückliche Reise für mich. Es war wirklich ein extrem schwieriger und herausfordernder Kampf, aber gleichzeitig war diese Erfahrung befreiend und hat so viele Segnungen Gottes in meinem Leben und meinem Dienst freigesetzt.

Ich fange bereits an, die ersten Früchte dieser prophetischen Handlung zu sehen. In unserer jüdisch-arabischen Leitergruppe wurde etwas freigesetzt. Die Autorität des Herrn hat stark zugenommen. Einen Monat nach diesem Ereignis rief mich eine junge Frau aus unserer Gemeinde an, die nach Amman ging, um dort einen Master in Theologie zu erlangen und sich auf eine Missionstätigkeit im Iran vorzubereiten, und sagte zu mir: „Bassem, während ich fastete, zeigte mir der Herr jüdische Menschen und ich begann, stellvertreten für sie Buße zu tun". Kurz darauf führte der Herr sie zu einer jüdischen Gemeinde und sie wollte von einem messianisch-jüdischen Pastor getauft werden als Zeichen, dass sie den ganzen alten Fakten starb und dem Herrn erlaubte, etwas Neues daraus zu machen. Sie wollte dem Leib Christi ein prophetisches Zeichen geben, dass alles sterben sollte, um neu geboren zu werden. Ihr Onkel, der ein Ältester in unserer Gemeinde ist, war gegenüber den Juden sehr verbittert. Als er von meiner Geschichte hörte, wie ich den Juden eine Skulptur überreicht hatte, und als er von seiner Nichte hörte, war er tief berührt. Ich spürte, als wir uns die Hände schüttelten, dass wir beide frei geworden waren.

Uns in unseren Herzen unterzuordnen, bedeutet nicht, dass wir etwas zustimmen sollen, das falsch ist. Es bedeutet, dass wir Gott erlauben, in der Situation zu handeln und die Finsternis durch das Licht bloßzustellen. Wenn ich von israelischen Soldaten angehalten werde und sie unfreundlich mit mir umgehen, kann ich sagen: „Danke, Herr, wegen dir kann ich mich dieser Behandlung unterwerfen".

Wir gehen durch eine sehr schwierige Zeit, eine Zeit des Gerichts und eine Zeit des Blutvergießens, aber der Herr bereitet etwas Gutes für Sein Reich in uns zu. Wir werden zuerst von den Gemeinden aus Frieden haben. Der Herr hat uns berufen, der *eine* neue Mensch zu sein – Araber und Juden. Und gemeinsam als der *eine* neue Mensch werden wir Frieden schaffen. Frieden bedeutet, dass Gott herrscht und Sein Reich gedeiht. Ich habe gehört, wie einige Gläubige sich gegen Frieden ausgesprochen haben. Wir sollen aber Friedensstifter sein. Wir, die Kinder des Reiches Gottes, sind die einzigen, die Frieden schaffen können. Das ist es, was Gott von uns erwartet.

Meine Vision ist, dass die Gemeinde aufwachen und sagen wird: „Wow, das ist unsere Gelegenheit. Es ist eine Gelegenheit von Gott, unserem Volk etwas Neues zu bringen". Als der Herr sagte: „Ihr werdet die Kraft des Heiligen Geistes empfangen und ihr werdet meine Zeugen sein in Jerusalem, Judäa, Samaria und bis an die Enden der Erde", ist das im gegenwärtigen Kontext wie wenn man zu einem Juden sagt: „Du wirst mein Zeuge sein in Jerusalem, palästinensischen Flüchtlingslagern und bis an die Enden der Erde". Für einen Juden ist der letzte Ort auf der Welt, an den er gehen möchte, wahrscheinlich ein palästinensisches Flüchtlingslager. Für einen Araber ist es vielleicht eine jüdische Siedlung, aber es ist ganz klar, dass wir keine Zeugen für die Enden der Erde sein können, wenn wir nicht an diese Orte gehen. Das ist keine einfache Berufung, aber nur wenn wir durch Judäa und Samaria ziehen, die „feindlichen Stationen“, und der *eine* neue Mensch werden, der Frieden stiftet, werden wir das Land erben. Der Herr will sehen, dass der *eine* neue Mensch, Juden, Araber und andere Nichtjuden miteinander Frieden stiften.

## *Reuven Berger, Jerusalemer israelischer Jude aus Amerika*

### Die Grundlage für wahre Versöhnung ist tief verwurzelt in vertrauensvollen, geprüften und ehrlichen Beziehungen in der Liebe des Herrn.

In meinen ersten Jahren in Israel lebte ich in Betanien, nicht weil ich Beziehungen zu Arabern aufbauen wollte, sondern weil ich gerade erst den Herrn kennen gelernt hatte. Ich musste mit dem Herrn allein sein und mich vom jüdischen Volk fernhalten, um wirklich meinen Glauben begreifen zu können. Mein Bruder Benjamin, der diesen Teil Israels schon einmal besucht hatte, empfahl mir Betanien, einen Ort, der 1970 und auch heute noch vor allem eine arabisch-muslimische Gegend ist, in der es nur wenige arabische Christen gibt. Ich begann meinen Weg mit dem Herrn in jener Stadt, weil es eine Zeit war, in der ich lernen wollte, wer Jesus war.

Der Herr hat viele verschiedene Absichten, die mit der Art, wie Er unser Leben führt, zusammenhängen. Ich bin sicher, dass neben dem Ziel, dort eine wirklich innige Beziehung zu Jesus wachsen zu lassen, einer der Gründe, warum Er wollte, dass wir (Benjamin und ich) nach Betanien zogen, war, dass wir die Araber kennen und lieben lernen sollten. Wir lebten in jener mehrheitlich muslimischen Stadt und hatten sehr gute Kontakte zur Familie unseres Vermieters und den Einheimischen. Natürlich sprachen wir offen über unseren Glauben und empfingen vom Herrn eine echte Liebe für das arabische Volk. So begann Gott, uns mit den Arabern zu verbinden, aber diese Beziehungen entstanden nicht unter dem Vorzeichen einer Offenbarung über eine zukünftige Berufung. Auf gewisse Weise kam alles sehr natürlich, und doch war es auf Gottes Herzen.

Zu jener Zeit begegnete ich einem jungen Moslem, der Jesus auf machtvolle Weise durch einen Juden kennen gelernt hatte. Er kam aus einem fundamentalistischen Hintergrund, nicht im islamischen Sinn, sondern politisch gesehen lag ein Hass gegen Israel in seiner Familie. Der Herr rührte ihn erstens auf ganz wunderbare Weise an, indem er durch einen Juden zum Glauben kam, und zweitens, weil er sofort nach seiner Bekehrung die Bibel zu lesen begann und dort eine Offenbarung über und eine Liebe für das Volk Israel bekam. Weil sein arabischer Bruder nicht mehr länger mit ihm zusammenleben konnte, zog der junge Mann bei uns ein. Diese Beziehung wurde eine grundlegende Beziehung mit den Arabern. Sie erlaubte uns, durch Beziehungen ein Gefühl dafür zu bekommen, wie Gott Araber durch Juden segnen und wie Er etwas Echtes der Realität Seines Reiches zwischen uns ausdrücken wollte: die Realität dessen, was es bedeutet, sein Leben zu investieren, sein Leben zu teilen und sein Leben für den Bruder im Messias zu geben. So fing es an.

Durch diese Erfahrung begann ich die Weisheit Gottes zu verstehen. Bevor er uns erlaubte, in unserem eigenen Volk zu leben und als Gläubige einen Bezug zum Volk Israel zu entwickeln, was unsere erste Berufung war, wollte Er uns die richtige Orientierung zu den Arabern hin geben. Dies würde sicherstellen, dass unsere Beziehung zu unserem eigenen Volk nicht auf Kosten unserer Beziehung zu den Arabern wachsen würde und wir sie vielleicht gering schätzen, ignorieren oder irgendwie sonst falsch mit ihnen umgehen würden. Das war eine wichtige Grundlage. Von Anfang an hatten wir eine gute Beziehung zum arabischen Volk – Freundschaften, die uns erlaubten, ihnen das Evangelium zu erklären und ein offenes Zeugnis unter ihnen zu sein.

1975 gingen wir hinauf nach Galiläa, wo wir in den nächsten fünf Jahren in einer Stadt mit Namen Rosch Pina lebten. Dort hatten wir keine engen Kontakte mit arabischen Gläubigen, außer während einer Zeit der Verfolgung, die durch religiöse Juden heraufbeschworen wurde. Arabische Gläubige wie Yosef Odeh und andere in Galiläa hörten von der Verfolgung, unterstützten uns und standen mit uns im Gebet und im Glauben. Während dieser fünf Jahre war das der einzige Kontakt mit arabischen Gläubigen, bis auf den arabischen Bruder, der wieder bei uns einzog. Es war eine Herausforderung, ihn in unserem Haus zu haben, weil wir ständig zur Polizei mussten, um eine Sondererlaubnis für ihn zu bekommen, damit er bei uns leben konnte. Zu jener Zeit war er ein Einwohner der Westbank aus der Gegend von Bethlehem. Es war nicht einfach, eine Erlaubnis dafür zu bekommen, dass er innerhalb der Grünen Grenze leben durfte, aber der Herr brachte ständig Wunder fertig, damit er weiter bei uns wohnen konnte.

Nach fünf Jahren in Rosch Pina zogen wir nach Tiberias, wo sich in unserer Beziehung zu Arabern wieder Neues entwickelte. Weil der Ort, an dem sich unsere Gemeinde traf, von ein paar fanatischen religiösen Juden abgebrannt wurde, die in der Nähe von Tiberias lebten, lud uns der Pastor der arabischen Baptistengemeinde, Suhail Ramadan, oft ein, uns in seiner Kirche zu treffen. Es war ein Schritt, sich einander in Freundschaft und Gemeinschaft zuzuwenden.

Einer der bedeutendsten Schritte, die wir in jener Zeit vollzogen, war unser jährlicher Besuch in Bethlehem an Weihnachten, wo wir eine Beziehung zum Bethlehem Bible College entwickelten. An Heiligabend sprachen wir einige Jahre lang Juden und Araber an und luden Sie ins Bethlehem Bible College ein, wo wir ein gemeinsames Programm für die Juden, Araber und internationalen Besucher, die in dieser Zeit nach Bethlehem gekommen waren, durchführten, Zeugnis über unseren Glauben ablegten und das Evangelium verkündeten.

In dieser Zeit, nur ein paar Jahre vor der ersten *Intifada,* begannen sich die Beziehungen zwischen Juden und Arabern im Land ziemlich stark zu entwickeln. Wir trafen uns regelmäßig mit verschiedenen Geschwistern in Bethlehem, Beth Sahur und anderen Städten, beteten mit ihnen, tauschten uns aus, besuchten sie zu Hause und aßen mit ihnen. Diese regelmäßigen Treffen von Juden und Arabern, die wir miteinander erlebten, waren oft recht groß. Das letzte, das stattfand und erst kurz vor der *Intifada* ins Leben gerufen wurde, fand in Petach Tikvah statt, im Baptist Village, und führte 150 bis 200 Personen zusammen. Sie kamen aus Gaza, aus verschiedenen Teilen der Westbank, und aus ganz Israel. Es herrschte eine richtige Aufbruchstimmung und das Gefühl, dass etwas Authentisches sich im Land entwickelte, das sich vom Volk her entwickelte, aber auch zwischen jüdischen und arabischen Führungspersonen. Was geschah, war sehr ermutigend.

Leider kollabierte alles, als die erste *Intifada* im November 1987 ausbrach. Der Zusammenbruch war sehr, sehr traurig. Damals waren wir in einer wirklichen Wachstumsphase und der Entstehung einer Bewegung. Wir hatten wirklich das Gefühl, dass die Zukunft des Leibes im Land viel damit zu tun hatte, dass Juden und Araber im Messias zusammenkamen. Wir hatten den Eindruck, dass dies etwas war, das tief aus dem Herzen Gottes kam und dass Gott es segnen würde. Diese neue Realität war eine Hoffnung für den Leib Christi und das Grundlegende daran war, dass wir echte Versöhnung auslebten. Für uns waren diese Beziehungen und Anfänge der Versöhnung eine Grundlage für den Aufbau von Gottes Haus im Land.

Dennoch ging sie nicht tief genug; sonst hätte sie dem Druck dieser Prüfung standgehalten. Ich glaube, dass es zu einem beträchtlichen Teil daran lag, dass die Araber Angst davor hatten, dass die Palästinensische Führung erfahren würde, dass sie Beziehungen zu Israelis pflegten, seien es Gläubige oder Nichtgläubige, und dadurch ihr Leben in Gefahr käme. Es herrschte ein starker Geist der Einschüchterung, die eine Trennung zwischen Juden und Arabern verursachte.

Wenn ich auf den ganzen Prozess und die jahrelangen Beziehungen zu arabischen Gläubigen zurückblicke, ist das einzige, was mir am Ende im Herzen blieb, die Beziehungen, denen ich abspürte, dass Gott etwas Echtes zwischen uns getan hat. Unsere Beziehung zu dem arabischen Bruder, der bei uns in Betanien und Rosch Pinna lebte, war eine wichtige Realität im Reich Gottes. Er wendete sich für einige Jahre vom Glauben ab, aber vor kurzem erlebte er wieder eine dramatische Bekehrung zum Herrn. Durch die Prüfung, die diese Beziehung in all den Jahren erlebt hat, brachte Gott eine echte Brüderlichkeit in Christus hervor, die einen Ewigkeitswert für Sein Reich in Israel hat.

Es gab auch andere muslimische Brüder, die vor allem mit ihren Familien durch schwere Zeiten gegangen waren. Aufgrund der politischen Situation wurden wir gebeten, sie in unserem Haus aufzunehmen, damit sie bei uns leben konnten, einerseits, damit sie einen Zufluchtsort bekämen, und andererseits, um sie in der Nachfolge anzuleiten. Jene Beziehungen waren für uns ebenfalls sehr bedeutend. Wiederum erfuhren wir die Realität einer Familie, indem wir miteinander lebten, beteten, mit persönlichen Schwächen und Sünden kämpften und Schwierigkeiten miteinander überwanden, dadurch dass Christus in allem das Zentrum war.

Wenn ich an die Zeiten zurückdenke, als ich mit Tom Hess nach Ägypten oder Jordanien reiste, und gemeinsam mit meinem Bruder Benjamin oder allein häufig nach Ägypten, war das Wichtigste an all diesen Besuchen nicht der Dienst, sondern das Entstehen echter Beziehungen. Es ist ein sich wiederholender Prozess, durch den Gott uns über einen gewissen Zeitraum hinweg hindurchgeschickt hat. Manchmal war er schmerzhaft, andere Male brachte er viel Freude. Diese Beziehungen haben Vertrauen aufgebaut auf einem Fundament der Liebe, und das würde durch einen normalen Dienst nie geschehen. Wir hatten auch ägyptische Kopten, die bei uns zu Hause lebten. Ihre Leben veränderten sich, und auch ihre Einstellung Israel gegenüber.

Einige Jahre trifft sich nun schon eine kleine Gruppe jüdischer, arabischer und nichtjüdischer Gläubiger in regelmäßigen Abständen, um sich auszutauschen und miteinander zu beten. Benjamin und ich hatten das Vorrecht, über die Jahre eine sehr schöne Beziehung zu Bassem und seiner lieben Frau Djesura aufzubauen. Wir haben uns über das Wort Gottes ausgetauscht, haben uns unterhalten, gebetet und unsere

Herzen voreinander geöffnet, mit dem Risiko, ganz ehrlich zu sein. Wir haben Wachstum und Veränderung ineinander gesehen; wir haben erlebt, wie uns eine Vision geschenkt wurde und alle auf Gottes Wort von Herzen und mit der Bereitschaft und dem Mut, den Preis zu bezahlen, reagiert haben. Dies ist von grundlegender Bedeutung für das, was Gott aufbaut.

Wir haben eine besondere und bedeutsame Beziehung zu einer libanesischen Schwester, einer Nonne, die wir vor Jahren in Frankreich kennen lernten. Sie betete schon viele Jahre für die Erleuchtung der Juden. Unsere Beziehung zu ihr hat auch die tiefen Dinge des Herzens Gottes in Bezug auf die Wirklichkeit der Vision Gottes für den Nahen Osten berührt, nämlich das Wachsen der einen Braut Christi und das Hervortreten dieser Braut, indem Juden und Araber, auch aus den traditionellen Kirchen, gemäß Gottes Plan zusammen kommen.

Die Schritte, die Gott von jedem Einzelnen verlangt, sind ganz verschieden. Ein Katholik ist anders als ein Nazarener, aber jeder Einzelne muss die Schritte kennen, die von ihm verlangt werden. Ich glaube, dass diese Schritte, wenn sie im Glauben und Gehorsam gegangen werden, für unsere gemeinsame Bestimmung in Gott bedeutend sind, wie ich es in meiner Beziehung zu Afeef und Fadi, zwei arabischen Brüdern, erlebt habe. Ich habe gesehen, wie sich Fadis Leben tiefgreifend verändert hat von jemandem, der null Beziehung zu Israel hatte, zu jemanden, der jetzt mit einer wirklichen Last und Liebe zu Israel 40 Tage lang gefastet hat. Für ihn ist es nicht nur eine Offenbarung, sondern auch ein tiefer Teil seines Lebens und seiner geistlichen Entwicklung. Er war bereit, den Preis zu bezahlen, indem er Schritte des Gehorsams ging.

Die Gemeinschaft, die der Herr in unseren Herzen schafft, ist die Grundlage für die Straße in Jesaja 19, eine Straße der Beziehung, Freundschaft und Offenbarung. Jene Schritte bringen uns in Gottes Bauprozess zusammen und bringen das wahre Fundament hervor. Wie Jesus, der das Fundament Seines Reiches aus zwölf Jüngern legte, so gründet sich unsere Bauerfahrung auf ein paar treue Geschwister. Ich glaube, dass es viel wichtiger ist, sich auf ein paar echte Beziehungen zu konzentrieren, als viele oberflächliche Beziehungen zu haben.

Bei einigen speziellen Personen wie Fadi, der Nonne, Afeef, Bassem und anderen spüre ich die Hand Gottes in tiefer Weise auf ihrem Leben, eine Offenbarung Seines Geistes und eine echte Offenheit und Tiefe. Dies ist sehr ermutigend und verheißungsvoll. Durch Gottes Gnade werden diese Beziehungen immer tiefer, aber sie verlangen eine Investition des Lebens, der Zeit und der Bereitschaft, verletzlich zu werden. Sie verlangen, dass man die andere Person sich ausdrücken lässt, ohne zu sagen: „Über dies oder jenes (bezüglich Gottes Bund mit dem Land Israel oder der Schmerzen der Palästinenser und Juden) werden wir nicht reden." Wir müssen diese Hindernisse überwinden, damit die Einheit keine Einheit der Worte allein ist, sondern eine reale Einheit.

Wenn es bestimmte Dinge gibt, über die wir noch nicht reden können, dann werden wir gemäß Gottes Zeitplan durch Gebet und Treue fähig werden, alles anzusehen, das Gott uns sehen lassen möchte, selbst wenn es schmerzhaft ist. Wir sollten die Gnade haben, alles vor den Herrn zu bringen und danach zu fragen, was Gott wirklich über die Situation sagt. Ich spüre, wenn wir nicht bereit sind, einige dieser wirklich schwierigen Themen zu überwinden, dann werden einige der Beziehungen wieder zerbrechen, wenn eine weitere größere Erschütterung kommt. In Zeiten der Gnade können wir durch die Anfechtungen gemeinsam gehen und auf Gott warten, um zu sehen, was Er zu sagen hat, auch dann, wenn wir keine Antworten haben. Überraschenderweise sind in der jetzigen *Intifada,* die am 29. September 2001 begann und viel schlimmer ist als die erste, die Beziehungen zwischen Juden und Arabern tiefer geworden, nicht nur in meinem eigenen Leben, sondern in unterschiedlichen Gegenden des Landes ebenso. Das ist sehr ermutigend.

In meiner Gemeinde arbeiten wir auf verschiedene Arten an der Vertiefung dieser Beziehungen. Ein solches Gebiet ist der Aufbau von Beziehungen zwischen Gemeinden, vor allem Beziehungen zu den arabischen Gemeinden in Jerusalem.

Wir wissen, dass Gott uns als messianische Gemeinde in die Altstadt gestellt hat und glauben, dass es wichtig für uns ist, eine Vision für die Altstadt zu haben. Indem wir Schritte gehen, um mit diesen anderen Gemeinden Beziehungen zu pflegen, erkennen wir, dass es für sie viel schwieriger ist als für uns. Das liegt hauptsächlich daran, dass ihre Gemeinden ausschließlich aus Arabern bestehen, ohne Nichtjuden aus anderen Nationen, und mit einer traditionell verschlossenen Einstellung Israel gegenüber. Unsere Gemeinde ist im Vergleich eine viel gemischtere Gemeinde – Juden, Brüder und Schwestern aus den Nationen, und einige Araber.

Wir müssen Gottes Vision Seines Reiches hier in der Altstadt erfassen und anfangen, diese Dinge auf konkrete Weise zu betrachten. Dies liegt uns am Herzen. Ich habe ebenfalls Schritte auf einige Priester in den arabisch orthodoxen Kirchen zu getan, weil ich spüre, dass wir unsere Herzen für traditionelle arabische Christen öffnen müssen. Einige dieser Kirchen fühlen sich zutiefst entfremdet von Israel. Wir müssen dafür beten, dass Gott uns helfen wird, dass wir alle unsere Herzen öffnen können, und vor allem auf Seiten der Araber, weil es für sie häufig herausfordernder ist als für uns, weil es auch ihr Leben in Gefahr bringen kann.

Es gibt arabische Gläubige mit einem muslimischen, christlichen oder säkularen Hintergrund, die zu unserer Gemeinde gehören. Mein Gebet ist, dass Gott ihnen noch mehr Offenbarung über das Reich Gottes schenkt, damit sie in dieser Sicht wandeln können. Wir haben die arabischen Gläubigen in unserer Gemeinde immer freigesetzt, sich in anderen arabisch-sprechenden Gemeinden zu integrieren, aber wenn der Herr sie dazu beruft, bei uns zu bleiben, unterstützen wir sie ganz dabei, dieser Berufung zu folgen. Einer von ihnen, ein ehemaliger Drogenabhängiger, dessen Leben Gott stark verändert hat, hat die Vision, arabischen Drogenabhängigen in der Stadt zu dienen. In der Gemeinde gibt es Menschen, die ihm helfen und ihn darauf vorbereiten, dieser Berufung zu folgen. Was unsere Gemeinde betrifft, ist unser Herzenswunsch nicht nur, dass wir Verbindung zu anderen arabischen Gemeinden haben, sondern dass wir innerhalb unserer eigenen Gemeinde etwas Reelles des Reiches Gottes erleben, das zwischen Juden und Arabern ausgelebt wird.

Meine Vision für die Gemeinde in Jerusalem leitet sich aus dem Modell der Jerusalemer Urgemeinde ab, die in den ersten Kapiteln der Apostelgeschichte beschrieben ist. Ich will jenes Modell nicht nachahmen und denke auch nicht, dass wir das sollten, nicht nur weil sich heute alles so stark von jenen Tagen unterscheidet, sondern auch weil der Heilige Geist uns die Strategie und den Plan der Wiederherstellung für unsere heutige Zeit zeigen will. Ich bin sicher, dass es bestimmte Schlüssel gibt, die wir von der ersten Jerusalemer Gemeinde übernehmen können, die sie wirklich zu einem Modell der Wiederherstellung machen. Für mich liegt der Wert dieses Modells in der Lebensqualität, die es ausstrahlt, vor allem in der Qualität des Reiches Gottes, das sich in der Beziehung der Gemeinschaft zu ihrem Herrn ausdrückt, in ihrer Einfachheit und Reinheit. Sie waren *ein* Leib, *ein* Herz, *eine* Seele, und darum lag große Gnade auf ihnen allen. In diesem Vorbild geteilten Lebens konnte der Herr täglich Menschen hinzufügen und das ganze Maß Seiner Kraft schenken. Was wir heute erleben, ist eine Vorbereitung darauf.

Wir müssen weiter vorangehen in diese Realität, nicht nur innerhalb der einzelnen Gemeinden, sondern auch in unseren Beziehungen zu anderen Gemeinden, unser „Gemeindekonzept" und „Reich-Gottes-Konzept" herausfordern lassen, um die Gemeinde als den einen Leib des Messias zu sehen. Wenn wir das sehen, können wir zusammenkommen und die Einheit in dem einen Leib ausdrücken, das Leben teilen, nicht nur im physischen Sinn, sondern auch im geistlichen Sinn. Es sind die Gaben und Berufungen und das wahrhaftige Leben Christi, von denen Gott will, dass wir sie miteinander teilen. So wie die Situation im Land zunehmend schwieriger wird, werden wir sehen, dass dieses geteilte Leben die einzige Realität ist, die uns befähigt, die Berufung Gottes zu erfüllen. Die gegenwärtige Situation drängt uns dazu, viel tiefer in die Realität eines geteilten Lebens einzutauchen.

Ich glaube, dass es bei der Zukunft Israels um diese Reich-Gottes-Realität geht. Dies bedeutet, dass jüdische und arabische Gläubige etwas Authentisches ausdrücken müssen, von dem wir wahrhaftig sagen können: „Wir leben das Leben Jesu miteinander. Wir lieben einander wirklich, wir sind bereit, füreinander Opfer zu bringen und Grenzen zu überwinden!" Wir glauben, dass Gott in dem Maße, wie Er unsere Herzen mit Liebe zueinander erfüllt und wir Leben in Gemeinschaft ausdrücken, Gott Juden befähigen wird, das Evangelium zu den Arabern zu bringen und Araber gebrauchen wird, um das Evangelium zu den Juden zu bringen.

In Haggai 2,9 sagt der Herr der Heerscharen: **„Größer wird die Herrlichkeit dieses künftigen Hauses sein als die des früheren"**. Diese Schriftstelle steht an einer Stelle, an der der Herr sagt: „Noch einmal werde ich alles erschüttern". Das, was auf dem Felsen gebaut ist, wird stehen bleiben, und an jenem Ort des Lebens wird Jesus Seinen Frieden schenken und das volle Maß Seiner Herrlichkeit offenbaren. Ich glaube, wir werden in jenes Leben des Reiches Gottes hineinkommen, von dem wir in der Apostelgeschichte lesen. Jenes Leben gilt nicht ausschließlich Juden, wie es in der Jerusalemer Gemeinde noch war, sondern es wird unter Arabern und Juden geteilt werden, sowie unter Juden und den Brüdern aus den Nationen. Gott wird Seine Herrlichkeit durch Seine Braut manifestieren.

Ich glaube, was immer Gott auch in einer solchen arabisch-jüdischen Realität tun wird, sei es innerhalb des Landes oder auch zwischen Israel und den arabischen Nationen, gründet sich auf echte Beziehungen und wirkliche Brüderlichkeit. Ich glaube, wenn erst einmal echte, vertrauensvolle, ehrliche und von Gottes Wesen geprägte Beziehungen aufgebaut sind, dann wird Gott wundervolle Dinge unter Juden und Arabern tun. Er wird uns darauf vorbereitet haben, mit unseren großen Herausforderungen in rechter Weise umzugehen, sowohl auf politischer als auch auf theologischer Ebene. Der einzige Grund, auf dem wir bauen können, ist das Fundament der Freundschaft und echten Brüderlichkeit in Jeschua, dem Messias – dem Gott Israels. Wenn unsere Herzen dann dem Herrn und einander in der Realität des Neuen Bundes hingegeben sind, wird die Herrlichkeit Gottes durch uns in Israel und den arabischen Nationen offenbart werden.

## *Dr. Albert Isteero, ägyptischer Araber*

### Wir werden den Frieden Jerusalems genießen, wenn der König der Könige zuerst in unseren Herzen und dann in Jerusalem Einzug hält.

Ich bin in Port Said, Ägypten, geboren und aufgewachsen. Port Said liegt am Mittelmeer und ist der Anfangspunkt des Suezkanals, der sich von Port Said bis Suez erstreckt. Aufgrund seiner strategischen Lage war Port Said drei größeren Kriegsgeschehnissen ausgesetzt. Der zerstörerischste Angriff kam 1956, als Port Said durch die „Dreifache Invasion" (Israel, Großbritannien und Frankreich) fast völlig zerstört wurde. Der zweite Angriff kam 1967, den man als „Sechs-Tage-Krieg" bezeichnete und sich hauptsächlich zwischen Israel und den Arabern abspielte (Ägypten, Jordanien und Syrien). Der dritte Krieg fand 1973 zwischen Israel und Ägypten statt.

Die 55tägige Belagerung Port Saids 1956 durch militärische Truppen, in der es keine Kommunikation mit der Außenwelt und keinen Nachschub an Nahrungsmitteln und frischen Produkten in einer extrem gespannten Lage gab, schürten den Hass gegen die Invasoren. Dieser Hass verdoppelte und verdreifachte sich in den folgenden beiden Kriegen 1967 und 1973. Ich muss gestehen, dass der Ausdruck „Israeli" symbolisch war für einen Erzfeind, den man nicht dulden konnte.

Dieser latente Hass und dieses feindselige Gefühl war weitgehend ausgelöscht, nachdem ich die Gelegenheit erhielt, 1990 die *All Nations Konferenz* in Jerusalem zu besuchen. Bei jener Konferenz traf ich viele israelische Geschwister, die messianische Juden waren. Seit jener Zeit hat sich meine Einstellung enorm verändert. Eine Veränderung des Herzens und Sinnes und ein Geist der Versöhnung kamen in jener Zeit über mich. Seit 1990 arbeite ich intensiv für einen Dienst der Versöhnung zwischen Arabern und Juden. Dies geschieht, indem ich unter arabisch-christlichen Leitern aus der Region des Nahen Ostens dafür werbe, die jährlich stattfindenden Konferenzen in Jerusalem und arabischen Staaten zu besuchen. Ich freue mich immer sehr auf diese Treffen, wenn wir als *eine* Familie zusammenkommen, Juden und Nichtjuden. Wir singen, beten, anbeten, haben Gemeinschaft und tauschen unsere Sorgen aus. Wir haben *ein* Ziel: gemeinsam für die Erfüllung der Prophetien zu arbeiten, wenn das Neue Jerusalem vom Himmel herabkommt und der König der Könige für immer über es herrschen wird! Für mich sind diese Konferenzen immer der Höhepunkt des Jahres.

Es ist spannend für mich, durch diese verschiedenen Treffen jüdische Menschen kennen zu lernen. Miteinander zu beten, zu arbeiten, gemeinsame Mahlzeiten einzunehmen und über einige Tage hinweg das Leben miteinander zu teilen und in verschiedenen Regionen der Welt zusammenzukommen, hat mir die Augen geöffnet für verschiedene Erkenntnisse, derer ich mir nicht bewusst war. Diese Kontakte haben mir ein besseres Verständnis für meine jüdischen Geschwister gegeben und meine Liebe zu ihnen tiefer werden lassen. Ich hatte die Freude, mit vielen dieser Geschwister Freundschaft zu schließen. Ich möchte dabei zwei Beispiele für diese Freundschaften nennen:

Die erste verbindet mich mit Reuven Berger. Ich habe fast alle Treffen besucht, die zwischen Arabern und messianischen Juden von 1990 an bis heute stattgefunden haben. Während diesen Veranstaltungen begegnete ich Reuven und wurde durch diese Freundschaft stark bereichert. Seine tiefe Hingabe, seine geistlichen Botschaften, die Tiefe, mit der er Gottes Wort studiert, die Demut und ernsthafte Besorgnis um das Wohlergehen der nichtjüdischen Geschwister in Christus waren die Basis dieser neuen Freundschaft.

Eine zweite neue und bereichernde Freundschaft entstand zu Susan Knopman. Susan ist Toms rechte Hand, was das Organisieren und Administrieren der Konferenzen und Zusammenkünfte angeht. Meine erste Begegnung mit ihr hatte ich, als ich sah, wie sie sich bei einer Konferenz von einem Raum zum anderen bewegte, um für Gottes Segen auf der kommenden Veranstaltung zu beten. Obwohl ihr Aufgabenbereich hauptsächlich administrativer Art war, spürte man eine echte Übereinstimmung zwischen ihrem geistlichen und administrativen Engagement.

Ich bin dem Herrn in der Tat dankbar für diese neuen Geschwister in Christus, mit denen wir uns gelegentlich als Glieder des einen Leibes treffen. Ich freue mich auf den Tag, an dem sich die Prophetien erfüllen werden und wir den Frieden Jerusalems genießen werden, wenn der König der Könige wiederkehrt; **dann werden sie ihre Schwerter zu Pflugscharen umschmieden und ihre Speere zu Winzermessern** (Jesaja 2,4b).

## *Ofir Amitai, gebürtiger israelischer Jude*

### Versöhnung in der Wahrheit und Liebe Gottes ist ECHTE Versöhnung.

Mütterlicherseits ließ sich meine Familie schon vor sieben Generationen wieder im Land nieder. Mein Vater kam mit seinen Eltern 1935 aus Polen und diente in der israelischen Armee. Ich wuchs in einem jüdischen Haus in der Nähe von Tel Aviv auf. In meiner Kindheit hatte ich nur sehr wenig Kontakt mit Arabern. In den Tagen vor 1967 durften wir keine echten Beziehungen zueinander aufbauen wegen der vereinbarten Waffenstillstandslinien. Ich kann mich an keinen Tag erinnern, an dem wir nicht im Konflikt mit unseren arabischen Nachbarn waren. Über die Jahre hat es ständig Terrorangriffe gegen Israel gegeben, und doch wurde ich zu Hause nie gelehrt zu hassen. Im Gegenteil, meine Eltern hofften weiter auf einen Tag, an dem es Frieden zwischen Arabern und Juden geben würde.

Ich wurde 1951 geboren, kurz nach der Staatsgründung Israels. Der erste Krieg, an den ich mich erinnern kann, war der Sinai-Einsatz. Ich erinnere mich, wie ich meiner Mutter half, in Erwartung von Bombardements Klebestreifen an den

Fenstern anzubringen. Wenn während des Einsatzes die Warnsirenen heulten, verkroch sich meine Mutter unter dem Bett, weil es in jenen Tagen keine Luftschutzbunker in unserer Nähe gab. 1967 war ich ein Teenager, der den Menschen half, in ihren Gärten Gräben auszuheben – eine mickrige Alternative zu Luftschutzbunkern. 1973, als ich gerade den Wehrdienst beendet hatte, wurde ich als Reservist in den Konflikt involviert. Ich erinnere mich an keinen Tag meines Lebens, an dem ich echten oder tatsächlichen Frieden erlebt hätte. Ich wurde in einer Region geboren, in der wir als Menschen nicht willkommen waren, als der Herr begann, uns in unserem Land wiederherzustellen. Unsere Nachbarn betrachteten uns als Kolonisten und Eindringlinge, nicht als Nation, die nach einem langen Exil nach Hause zurückkehrt.

Nach meiner Teilnahme am Krieg von 1973 war ich unfähig, mit meinem Leben zur „Normalität" zurückzukehren. Die Erfahrungen auf dem Schlachtfeld erzeugten ein tiefes Bedürfnis nach Antworten auf Fragen über die Bedeutung des Lebens und der Wahrheit in meinem Herzen. Da ich die Schrift nicht kannte, trieb ich richtungslos in einem Meer der Gedanken, des Humanismus und der Philosophie, aber nichts von alledem konnte mir die Antworten geben, nach denen ich suchte. Nachdem ich mit einem Freund einige Zeit auf Reisen gewesen war, versuchte ich, meinen Plan, Veterinärmedizin zu studieren, weiter zu verfolgen. Aber mitten in meinen universitären Studien trieben mich bohrende Fragen dazu, in geistlichen Bereichen wie Yoga und östlichen Religionen nach Antworten zu suchen. Die Universität brachte mir auch nicht die Antworten, nach denen ich suchte, und ich tauchte noch tiefer in Yoga ein, bis ich schließlich beschloss, nach Indien zu reisen. Dort in Indien war es, dass der Herr mir erschien und mein Leben veränderte.

Während meines Aufenthaltes in einem Aschram (ein Kloster zum Studieren von Yoga) wurde mir deutlich, dass Yoga eine Ausdrucksform des Hinduismus war und in Götzendienst führte anstatt zur Wahrheit. Anstelle von Frieden und Licht erlebte ich tiefere Dunkelheit und Angst. Ich fühlte die Gegenwart böser Mächte, die mich zutiefst erschreckten.

Während ich von Sonnenaufgang bis spät in den Abend meditierte und meine Übungen durchführte, begann ich auch, nach einem Gott zu schreien, von dem ich mir nicht sicher war, dass er existierte. Gegen Ende des Kurses nahm der Guru die Studenten mit auf eine Tempel-Tour. Ich blieb zurück, da ich krank war, zusammen mit einem weiteren Studenten, der zufällig auch jüdisch war. Als sie fort waren, hatte ich die Freiheit, meine ganze Zeit dem Gebet zu widmen, was in Wirklichkeit ein verzweifelter Schrei nach Hilfe war. Einige Tage vergingen, und als nichts sich zu verändern schien, war ich nahe daran, aufzugeben. Ich beschloss, dass ich noch ein paar Stunden weiterbeten würde, und wenn dann noch nichts passiert wäre, damit aufhören würde. Als ich an diesem Tag auf meinem Bett unter dem Moskitonetz lag, erschien mir der Herr Jesus plötzlich und unerwartet und offenbarte sich mir als der Messias.

Auf Anweisung des Herrn kehrte ich nach Israel zurück und stürzte mich in den folgenden sechs Monaten auf die Bibel, und besonders auf das Neue Testament. Am Ende dieser Zeit führte der Herr mich in die Vereinigten Staaten, berief mich, Ihm zu dienen und führte mich in eine Bibelschule. Nach mehr als 14 Jahren Studium, Lehrtätigkeit und Dienst an dieser Bibelschule berief der Herr meine Frau und mich dazu, ins Land zurückzukehren. Heute bin ich Pastor einer Gemeinde in Jerusalem, bin Co-Leiter eines Fürbitterdienstes in Israel, diene in mehreren lokalen und nationalen Komitees und unternehme bisweilen internationale Reisen, um über den Plan Gottes für Israel zu sprechen.

In diesen Jahren des Dienstes im Land habe ich einige tiefe Beziehungen mit meinen arabischen Geschwistern aufgebaut, sowohl unter israelischen Arabern als auch unter palästinensischen Arabern. Diese Beziehungen waren nicht immer unproblematisch. Es ist nicht leicht, Freundschaften in einer Zeit aufzubauen, in der unsere Völker gegeneinander Krieg führen. Es erfordert eine zunehmende Reife, kompromisslos zu der Wahrheit des Wortes Gottes bezüglich Israel zu stehen, und sich dennoch füreinander in der Liebe des Herrn zu öffnen. Viele derer, die versucht haben, den Graben zu überwinden und Versöhnung zwischen Arabern und Juden zu bringen, sind in eine Art humanistische Liebe verfallen, abgeschieden von der harten Realität, in der wir leben. Andere haben eine Theologie eingeführt, die eine Art geistliches Reich zum Zentrum hat, dessen Bürger wir sind, und damit die physische Wiederherstellung Israels ignorieren. Je länger ich hier lebe, desto mehr bin ich überzeugt, dass nur ein mutiges Stehen zur Wahrheit des Wortes bezüglich der Wiederherstellung Israels, gekoppelt mit einer tiefen Sensibilität und Barmherzigkeit für meine palästinensischen Geschwister, tatsächlich eine Chance zur echten Versöhnung in sich birgt. Alles andere wird sein Ziel verfehlen und nur eine kurzlebige Einheit bringen, die nicht aus der Wahrheit geboren ist.

Ich habe mich jahrelang nach einer solchen Gemeinschaft mit meinen arabischen Geschwistern gesehnt, aber ich fand sie nicht wirklich bis zur *Gesamt-Nahostkonferenz* auf Zypern. Einige Dinge geschahen auf diesem Treffen, die zu einem wirklichen Durchbruch in meinem Herzen geführt haben. Die meisten organisierten Versöhnungsbemühungen, die ich bis zu diesem Zeitpunkt gesehen hatte, waren ein Versuch gewesen, zwei im Konflikt stehende Sichtweisen hauptsächlich durch Kompromiss zusammenzubringen. Was ich bei diesem Treffen auf Zypern sah, war, dass Versöhnung auf der Wahrheit des Wortes entsteht. Ich traf zum ersten Mal arabische Brüder, die ihre eigene erstaunliche Offenbarung über die Wiederherstellung Israels vom Herrn selbst empfangen haben. Ihre Annahme dieser Offenbarung und ihr Freimut, auf biblische und gottgefällige Art darüber zu predigen, geben uns eine solide Basis, auf der wir Gemeinschaft haben, einander segnen und miteinander versöhnt werden können. Ich glaube, dass Versöhnung auf tiefster Ebene auf dem Wort basieren muss, sonst wird daraus eine menschliche Anstrengung, die der Kraft des Geistes Gottes entbehrt, durch die allein wir eins werden können.

Unsere eigene Versöhnung mit dem Herrn Jesus basiert auf der Wahrheit Gottes und der Liebe Gottes. Er ist keine Kompromisse eingegangen bezüglich der Wahrheit Seines

Wortes, indem er sich auf halbem Wege zwischen unserer und Seiner Meinung mit uns traf. Er konfrontiert uns vielmehr mit der Realität unseres Zustandes und fährt fort, indem Er uns Seine erstaunliche Liebe zeigt, durch die er auf Erden kam, um an unserer Statt zu sterben. Sein Leben und sein Tod sind ein Licht für uns, in dem wir unsere Nöte erkennen und dann zu ihm zurückkehren und die Gemeinschaft mit Ihm durch Buße wiederherstellen können. Wir kommen zu Gott auf der Grundlage Seiner Bedingungen und finden Licht, Vergebung, Erlösung, ewiges Leben und vollständige Versöhnung mit Ihm. Das jüdische Volk ist auf dem Weg zu einer solchen Begegnung. Gott wird unserer Nation Seinen Sohn souverän offenbaren und eine große Bußbewegung wird auf unser Volk kommen. Wenn unsere Augen geöffnet werden, Ihn zu erkennen, werden wir auch unsere Sünden erkennen (Sacharja 12 – 13).

Wie können wir je zu wahrer Versöhnung kommen, wenn wir ändern, was die Bibel sagt? Als wir uns auf Zypern begegneten und ich meine arabischen Brüder predigen hörte, fand ich eine offene Tür zu echter Versöhnung. So wurde ich befähigt, den Herrn durch sie über andere Themen reden zu hören. Sie dienten im Wort auf vollmächtige Weise und es war offensichtlich, dass der Herr durch sie sprach. Als mein Bruder Boutros während einer der Veranstaltungen predigte, wurde ich enorm gesegnet, als der Herr mir durch seine Botschaft diente. Die Annahme der Wahrheit der Wiederherstellung Israels wie sie in der Schrift offenbart wird, hat meine Geschwister befähigt, gemeinsam mit uns eine viel tiefere Ebene der Versöhnung und Zusammenarbeit im Herrn zu erfahren. Das war es, wofür ich gebetet hatte und das ich glaubte, eines Tages sehen zu können. Ich hatte eine tiefe Sehnsucht in meinem Herzen nach solcher Gemeinschaft getragen, und in dieser Versammlung erlebte ich sie in einer Weise, wie ich es nie zuvor getan hatte. Ich entdeckte, dass einige meiner arabischen Brüder eine tiefe Erfahrung mit Gott gemacht hatten, in der Er ihnen Sein Herz für Sein Volk Israel offenbart hatte. Andere waren durch ein tiefes Durchforschen der Schrift zur Wahrheit gekommen und hatten den

Mut gefunden, ihre Forderungen anzunehmen. Ich habe einen tiefen Respekt für diese Brüder, wenn ich das gesellschaftliche Umfeld betrachte, in dem sie zu dieser Wahrheit gefunden haben. Nicht viele sind bereit, die Forderungen der Bibel anzunehmen, vor allem wenn es ihr Leben und ihre Zukunft kosten kann, diese Wahrheit anzunehmen. Es war wunderbar zu erfahren, dass an vielen Orten, an denen diese Brüder die biblische Wahrheit über Israel in ihre Predigt mitaufgenommen hatten, Segen und Erweckung folgten. Viele von ihnen haben Wachstum in ihren Gemeinden und die Kraft Gottes in ihrer Mitte erlebt. Ich kam als veränderter Mensch aus dieser Zusammenkunft nach Hause. Es war wunderbar, echte Gemeinschaft mit diesen wertvollen Brüdern zu erleben.

Versöhnung in der Wahrheit Gottes und in der Liebe Gottes ist ECHTE Versöhnung Wir versuchen, sie auf zwei Wegen auszuleben. Einerseits halten wir die Wahrheit der Bibel hoch und beten für die Wiederherstellung Israels, wodurch ungeahnter Segen zu den Nationen um uns herum fließen wird. Auf der anderen Seite suchen wir sorgfältig nach Wegen, auf denen wir unseren arabischen Brüdern heute Liebe, Erbarmen und Gnade demonstrieren können, vor allem jenen, die Palästinenser sind, indem wir ihr Leiden und ihre Bedürfnisse anerkennen. Wir müssen danach streben, in der Wahrheit und Liebe Gottes zu wandeln. Dafür brauchen wir viel Gnade.

Wenn ich über die vergangenen hundert Jahre jüdischer Geschichte nachdenke, kann ich mich leicht einem Gefühl der Ablehnung ergeben. Es hat zu keinem Zeitpunkt meines Lebens bisher Frieden für die Juden in diesem Land gegeben. Wir hören kontinuierliche Schimpftiraden des Hasses von den Nationen um uns herum. Inmitten all dessen versuchen wir als gläubige Gemeinschaft, die Wahrheit des Wortes Gottes hochzuhalten. Wenn wir mutig weitermachen, Beziehungen zu unseren arabischen Geschwistern im Herrn aufzubauen, werden wir die Frucht sehen. Wir müssen geduldig sein. Wir verstehen, dass es für einen Gläubigen, der unter der Palästinensischen Autonomiebehörde lebt, sehr schwierig ist,

Israels Wiederherstellung anzunehmen, viel schwieriger als für jemanden, der in einem anderen arabischen Land lebt, wo die Nation in Frieden lebt und der Einzelne sich in seiner Gesellschaft und der Kultur seiner Nation geborgen fühlt. Wir müssen sehr geduldig sein, aber wir müssen freimütig sein, in der Wahrheit und Liebe Gottes voranzugehen.

## *Rev. Dr. Emil Boutros Boktor, ägyptischer Araber*

### Wie kann man über Liebe predigen und doch so tiefen Hass hegen?

Ich wuchs in einem christlichen Zuhause auf. Mein Vater war Prediger einer Pfingstgemeinde. Obwohl wir in der Schule gelehrt wurden, die Juden zu hassen, lernte ich in der Sonntagsschule und durch die Predigten meines Vaters, dass die Juden die auserwählten Kinder Gottes sind. Mein Vater lehrte oft über die Wiederkunft Jesu Christi. Neugierig wie ich als Kind war, fragte ich ihn einmal, ob es mir jemals möglich sein würde, Jerusalem zu besuchen, die Stadt, in der Jesus wiederkommen würde. Seine Antwort war ein klares „Ja". So wurde es ein Kindheitstraum von mir, einmal Jerusalem zu besuchen.

Ich studierte auf einer Bibelschule in Belgien. Einer meiner Dozenten war ein Jude, der mich hasste und verachtete, als er herausfand, dass ich Ägypter war. Er demütigte mich oft vor anderen. Das war eine schmerzliche Erfahrung. Nachdem ich meine theologischen Studien beendet hatte, kehrte ich nach Ägypten zurück, um vollzeitlich als Pastor zu arbeiten.

In Ägypten besteht Wehrpflicht und da ich ägyptischer Staatsbürger bin, diente ich 1966 in der ägyptischen Armee. Im Juli 1967 sollte ich aus dem Wehrdienst entlassen werden. Kurz vor meiner Entlassung jedoch begann am 5. Juni 1967 der Sechs-Tage-Krieg. In der Nacht vor Kriegsausbruch zwischen Israel und den arabischen Staaten hatte ich in der

Wüste Sinai Dienst. Ich war nur 9 Kilometer von der ägyptischen Grenze zu Israel entfernt. Um 6 Uhr morgens nach Dienstschluss ging ich runter in den Bunker, um mich auszuruhen. Inmitten all der Spannungen verspürte ich als wiedergeborener christlicher Pastor das Verlangen in meinem Herzen, den Herrn um Frieden zu bitten. Ich betete und sprach in Zungen, als plötzlich der Heilige Geist zu mir sprach:

„Der Krieg wird kommen, aber ich werde dich beschützen."

Ich konnte ein paar Stunden schlafen, bis starke Explosionen mich aufweckten. Als ich nach draußen lief, entdeckte ich, dass Israel die ägyptischen Kampfflieger angegriffen und komplett zerstört hatte. Wir waren in der Wüste zerstreut.

Zwei Tage später hörte ich, dass israelische Truppen das Land besetzt hatten und die ägyptischen Truppen umstellt waren. Ich ging zu Fuß sechs Tage lang durch die Wüste und verlief mich am dritten Tag. Es war 2 Uhr morgens und sehr dunkel. Zum ersten Mal während meines Militärdienstes überkam mich große Furcht. Um mir selbst Mut zu machen, begann ich ein Lied zu singen, das meine Mutter mich gelehrt hatte. Ein Lied, das davon handelte, wie einsame Tage und Nächte, die voller Verzweiflung sind, bewirken, dass wir uns nach jemandem sehnen, der für uns sorgt. Dann hörte ich Christus zu mir sprechen und ich erhielt folgende Verheißung:

„Diese Verheißung gebe ich dir, sei also nicht verängstigt. Du wirst niemals mehr einsam sein, weil du die Türen deines Herzens für mich geöffnet hast."

Plötzlich sah ich, während ich sang, ein kleines Licht, das weit entfernt war. Ich hoffte, es wäre einer der ägyptischen Bunker und ging darauf zu. Das Licht kam näher und näher und wurde immer größer, bis es mich schließlich im Gesicht traf. Ich blinzelte in der Helligkeit, aber inmitten des Lichtes sah ich Jesus, den Jehova. Er sagte:

„Ich werde dich sicher in dein Land zurücksenden. Sage meinem Volk in Ägypten und der ganzen Welt, dass ich sie liebe."

Ich verbrachte etwa vier Stunden in der Gegenwart Jesu, des Herrlichen Gottes, als würde ich mich in einer Trance befinden, bis die Sonne aufging und ihr Licht in mein Gesicht schien.

Wie Jesus verhieß, kehrte ich sicher in mein Land zurück, aber viele meiner Kameraden wurden getötet. Ich sah viele Tote und kletterte über Leichname, um vor den israelischen Kampfflugzeugen und Panzern zu fliehen, mit denen sie die ägyptischen Truppen angriffen. Ich sah viele blutende, sterbende, durstige und hungrige Soldaten im heißen Sand der Wüste Sinai. Hass begann in meinem Herzen zu wachsen.

Jahre später war ich wieder im Krieg, im Krieg des 6. Oktober 1972. Wir nahmen die Festungen von Barlif ein. Wieder wurde mein Herz mit Narben des Zorns übersät und ich fühlte, wie tiefer Hass gegen Israel in mir wuchs. Der Hass nahm mein Herz ein. Ich beschloss, das Alte Testament in meiner Arbeit als christlicher Pastor nicht mehr zu lesen noch über Verse des Alten Testamentes zu predigen oder sie zu zitieren. Bis 1982 hielt dies an und ich predigte nur noch aus dem Neuen Testament.

Eines Samstagabends bereitete ich meine Predigtnotizen für Sonntagmorgen vor. Ich wollte über die Liebe sprechen, wie sie in 1. Korinther 13 beschrieben ist. Plötzlich spürte ich, wie der Heilige Geist mir zuflüsterte:

„Wirst du tatsächlich über Liebe predigen?"

Ich sagte „Ja, Herr," und Er antwortete mir:

„Wie kannst du über Liebe predigen und doch so tiefen Hass auf Israel in deinem Herzen hegen?"

Ich erzählte dem Herrn von dem Hass in meinem Leben, wie er so viel Raum in mir eingenommen hatte und welch harter Kampf es war. Ich kniete nieder und begann zu beten und bat den Herrn, mich zu heilen. Ich sagte: „Herr, wenn du mich heilen kannst, dann bin ich hier." Plötzlich überflutete mich wie eine Welle kalten Wassers vom Kopf hinunter in mein ganzes Sein. Sie floss in mein Herz und schwemmte meinen Hass weg. Ich fühlte eine riesige Freude! Ich war geheilt!

Einige Monate später erhielt ich eine Einladung aus Israel, bei einer Konferenz zu reden. Als ich auf dem Flughafen von Tel Aviv landete, begann ich zu weinen. Ich betrat nicht nur das Land, in das ich immer schon einmal reisen wollte, sondern ich wurde auch mit den Ängsten und dem Unbehagen, das ich Israel gegenüber in meinem Herzen hegte, konfrontiert. Ein israelischer Pastor holte mich am Flughafen ab. Er kam auf mich zu und wir stellten uns einander vor. ER UMARMTE MICH UND ICH UMARMTE IHN. Endlich war der Hass weg. Ich wusste, dass Jesus mich mit dem jüdischen Volk versöhnt hatte. Preist den Herrn, der die Mauer zwischen Juden und Nichtjuden niederriss, damals wie heute.

Ich kann mich deutlich an das Zusammenstürzen der Mauern und die Beseitigung der Trennung zwischen uns erinnern, als der jüdische Gläubige und ich, ein ägyptischer Araber, uns dafür entschieden, einander in der Liebe Christi zu umarmen. Es war solch eine große Freude, dass ich noch tagelang überwältigt war. Ich weinte so sehr, weil ich nicht glauben konnte, dass mir so etwas jemals passieren könnte. Ich war nicht nur frei in meinem Herzen und in meinem Geist, sondern ich war auch mit unbeschreiblicher Freude erfüllt.

Ich liebe Jerusalem. Ich weiß nicht, was mich daran so sehr anzieht, aber ich liebe vor allem die Mauern Jerusalems. Ich liebe es, auf den Stadtmauern entlang zu gehen und durch die Tore Jerusalems einzutreten. Ich liebe es, einfach Zeit mit den Menschen innerhalb der Tore zu verbringen und mich zu unterhalten. Wann immer ich nach Jerusalem gehe, besuche ich den Felsendom, knie mit meinen arabischen Brüdern nieder und schelte den Geist des Islam. Dann gehe ich zur Grabeskirche und schelte den Geist der Tradition und Religiosität unter den Christen. Ich gehe auch zu Davids Grab und schelte die religiösen Geister unter den Juden. Ich gehe immer zu diesen drei Stätten und bete zu Gott um Befreiung. Ich glaube an den Heiligen Geist und ich glaube, dass Freiheit nur durch den Heiligen Geist kommt.

Der Herr hat mir eine große Liebe für das jüdische Volk, für Moslems und für Ägypter ins Herz gegeben. An jedem Sonntag nach dem morgendlichen Gottesdienst empfangen wir mindestens 500 Moslems, die zu unserer Gemeinde kommen, um Befreiung von Krankheiten und dämonischer Besessenheit zu empfangen. Wir beten für sie und heilen sie im Namen Jesu. Wir geben ihnen kostenlos ein Neues Testament und christliche Predigtkassetten. Sie sind neugierig, etwas darüber zu erfahren, weil sie hungrig nach Gott sind.

Viele in unserer Gemeinde fragen mich oft:

„Warum tun wir das? Sie sind Fanatiker, sie wollen uns töten, zerstören, uns in Schwierigkeiten bringen, warum erlauben wir ihnen, zu unserer Gemeinde zu kommen?"

Ich sage dann: „Wir lieben sie. Wir werden für sie beten. Wir werden nicht nur für ihre Heilung beten, sondern auch für ihre Erlösung. Wir werden dies tun, bis Araber, Juden und die Nationen der Welt zusammenkommen, um Jesus als Heiland und König zu dienen."

Seit meinem ersten Besuch reise ich oft nach Israel, um das Wort Gottes aus der ganzen Bibel zu predigen – aus dem Neuen wie dem Alten Testament. Ich bete um Frieden für Jerusalem. Ich bete für Frieden in den arabischen Nationen. Ich bete für Frieden in meinem Heimatland Ägypten.

## *Yosef Odeh, israelischer Araber*

### Juden und Araber werden sich viel umfassender versöhnen durch eine Erweckung, die bald dieses Land erfassen wird

1933 brach in Jordanien eine mächtige Erweckung durch eine gottgefällige Frau aus. Sie sprach nur Arabisch und führte ein ganz einfaches Leben. Der Herr erschien ihr auf ihrem Krankenlager, heilte sie vollständig und brachte ein Malzeichen an ihrer Stirn an. Einige Tage lang blieb das Licht in ihrem Haus so hell, dass viele Menschen kamen, um zu sehen, was es mit dem Licht auf sich hatte, und dies geschah in einer Zeit, in der es noch keine Elektrizität bei ihnen gab. Der Herr erschien ihr viele Nächte lang und sie begann, in verschiedenen Sprachen zu reden. Im Geist sprach sie mindestens 15 Sprachen – Deutsch, Hebräisch, Armenisch, etc. – und viele kamen, um sie in ihrer Sprache reden zu hören. Gott begann, durch sie zu den Menschen zu reden. Sie forderte die Menschen auf, zum Herrn umzukehren. Sie prophezeite viele Dinge, von denen einige von ihrem Sohn und Pastor Roy Whitman in einem Buch zusammengestellt wurden, das auf Arabisch erschien und *Zeichen und Wunder in Rabbat-Ammon* heißt. Der Herr erschien ihr häufig auf diese Weise über ein ganzes Jahr hinweg, zwei oder drei Mal pro Woche und durch diese Visitationen des Herrn kamen viele zum Glauben an Jesus Christus und Erweckung breitete sich im ganzen Land aus.

Ein freundlicher Herr aus Nazareth, Majeed Kawan, heiratete die älteste Tochter dieser Frau. Als er in Jordanien war, empfing auch er den Herrn und hatte die Erfahrung des Heiligen Geistes. 1940 kehrte er nach Palästina zurück und Gott begann ihn darin zu gebrauchen, das Evangelium hier im Land zu verkündigen. Dieser sehr einfache Mann gründete fünf Ortsgemeinden. Einer der Männer, die Majeed Kawan zum Herrn führte, war mein Onkel, ein ziemlich harter Brocken. Mein Onkel bat die anglikanische Kirche um einen Raum, in dem sie Gottesdienst halten könnten, und sie stellten ihm freundlicherweise einen Ort zur Verfügung. Er leitete die abendlichen Treffen dort. Ich war damals 12 Jahre alt und war einer von 25 jungen Leuten, die durch diese Versammlungen zum Herrn kamen.

Von den vielen Gemeinden, die sie damals gründeten, war die Ortsgemeinde in Haifa die größte. Ein Mann mit Namen Manir Habibi hatte sie gegründet. Habibi war der Chef von Majeed im Landwirtschaftsministerium. Majeed begann, seinem Chef das Evangelium zu verkünden, aber sein Chef lehnte es ab. Er drohte ihm mit Entlassung, wenn er weiter über Gott sprechen würde. Majeed sagte: „Okay, lesen Sie aber bitte zuerst dieses Buch, bevor Sie eine Entscheidung fällen". Das Buch war ein Neues Testament. Habibi las das Buch in drei Tagen durch und Gott überführte ihn in seinem

Herzen. Er kam zu Majeed zurück und sagte: „Was hast du mir angetan, komm und erzähle mir alles". Majeed ging zu ihm nach Hause, erklärte ihm und seiner Frau das Evangelium und beide wurden errettet. Gott begann dann, Habibi auf mächtige Weise zu gebrauchen. Er wurde einer der vollmächtigsten Prediger des Landes. Durch ihn wurden fünf weitere Gemeinden aufgebaut.

Die meisten Gemeinden schlossen im Unabhängigkeitskrieg 1948 ihre Türen, mit Ausnahme der in Nazareth und Kafar Yassif, deren Pastor ich immer noch bin. Früh begann ich mit meinem Onkel überall hin zu reisen und das Evangelium zu verkünden. Ich wurde 1956 ordiniert und gab 1970 mein Geschäft auf, um vollzeitlich im Dienst zu arbeiten. Ich investierte mein Geld, um etwas Einkommen zu erzielen, denn in jenen Jahren wurde kein Pastor bezahlt. Ich kaufte ein Taxi, um es zu vermieten und baute auch ein Haus, das ich teilweise vermietete.

Die Gemeinden wuchsen weiter und wir beteten ohne Unterlass dafür, dass Erweckung kommt. Sie kam auf mächtige Weise. 1972 ging ich zu einer Konferenz in Jerusalem, die an einem Ort mit Namen „Abrahams Haus" abgehalten wurde. Ein Bruder aus Jordanien, der allerdings in den Staaten lebte, kam um zu predigen. Es entstand Erweckung. Wir wurden völlig vom Geist Gottes überrumpelt. Wir verschlangen das Wort nur so und Gott begann, unsere alten Gewohnheiten zu zerbrechen. Drei Tage lang bedrängte uns der Heilige Geist, reinigte uns, und wir wurden tatsächlich neu. Als sechs von uns Jerusalem in Richtung Kafar Yassif verließen, konnten wir nicht aufhören, die ganze Reise über zu singen. Als wir zu Hause ankamen, war es ein Uhr morgens. Unsere drei jüngsten Kinder schliefen. Als sie uns zu so früher Stunde singen und Gott preisen hörten, standen sie auf und fragten uns, ob etwas mit uns nicht in Ordnung sei. Meine Frau erzählte ihnen von unseren Erlebnissen in Jerusalem und die Kraft des Heiligen Geistes kam einfach so über sie. Alle drei Jungs – 17, 15 und 14 Jahre alt – empfingen in jener Nacht den Herrn als ihren Erlöser und gehen immer noch treu mit Ihm bis zum heutigen Tag. Einer von ihnen arbeitet an einer Bibelschule; er ist Leiter des Arbeitsbereiches Verkündigung des Evangeliums gegenüber Ausländern. Der zweite ist Geschäftsmann und der älteste ist Lehrer und Ältester in der Gemeinde. Meine drei ältesten Kinder sind Mädchen und waren bereits verheiratet, als sich all dies ereignete. Gott sei Dank hatten auch sie eine persönliche Begegnung mit dem Herrn und leben im Glauben.

Derselbe Prediger aus Jordanien kam nach Kafar Yassif und ich nahm ihn überall mit hin zum Predigen. Eine Erweckung begann in meiner Gemeinde und viele, viele Menschen kamen zum Herrn, angefangen von zwei jungen Mädchen, die eine Stunde lang nicht aufhören konnten zu weinen und Gott zu preisen. Ich nahm diesen Mann mit nach Gaza, Bethlehem, Jerusalem und viele andere Orte, wo mindestens 15 bis 25 Gemeinden in dieser Zeit im Jahre 1972 gegründet wurden. All diese Gemeinden blieben Freikirchen und bezeichneten sich selbst als Ortsgemeinden.

Ich war der erste arabische Pastor, der Gemeinschaft mit jüdischen Gläubigen hatte. Vor Jahren hatten wir in Haifa eine internationale Gemeinschaft. Wir hatten auch jüdische Gläubige, aber in jenen Tagen unterschied man nicht, das ist ein Jude, das ist ein Araber. Es spielte keine Rolle. Als vor 50 Jahren etwa die ersten jüdischen Gemeinden gegründet wurden, gab es nur sehr wenige jüdische Gläubige und die meisten Besucher waren Ausländer. Einmal hielt ich eine Predigt über die Zeichen der Endzeit; ein Ehepaar aus England sprach mich daraufhin an und fragte: „Wie kommt es, dass ein Araber über die Prophetien der Bibel spricht?“ Sie waren schockiert. Ich lud sie zu mir nach Hause ein und wir teilten miteinander das Wort Gottes. Wir hatten Gemeinschaft als eine einzige Familie in Jesus Christus.

Ich erinnere mich, dass wir einmal drei jüdische Gruppen zu Besuch hatten, die aus Jerusalem und anderen Orten alle am gleichen Tag kamen. Wir hatten wunderbare Gemeinschaft miteinander und hielten das Abendmahl miteinander, teilten Blut und Leib Christi. Einige kamen mit uns nach Hause. Wenn Juden und Araber das Brot miteinander brechen, dann ist dies in der Tat eine wunderbare Gemeinschaft!

Wir haben gute Beziehungen zu jüdischen Gemeinden. Ich habe einige Male in ihren Gemeinden gepredigt. Einmal verbrachte ich gemeinsam mit einem jüdischen Gläubigen einen ganzen Monat in Deutschland, um durch das ganze Land zu reisen und das Evangelium zu verkündigen. Wir waren von einem deutschen Freund eingeladen worden, der für uns organisierte, in 30 verschiedenen Städten zu sprechen, eine Stadt pro Tag. Wir reisten zwischen 6.000 und 7.000 Kilometer weit durchs Land. Was für eine Freude war das für uns – ein Jude und ein Araber gemeinsam!

Ich gab eine Zeitschrift heraus, die einige Jahre lang in Victor Smadjas Druckerei gedruckt wurde. Es war bei mir genau wie bei messianisch-jüdischen Veröffentlichungen oder dem Entstehen einer arabischen Zeitschrift. Den Namen meines Magazins hatte ich dem Titel einer Zeitschrift entliehen, die zwischen 1939 und 1949 herauskam und *Das Licht der Wahrheit* hieß. Dieses Magazin wurde nicht mehr gedruckt, als der Zweite Weltkrieg ausbrach. Ich begann 1976 mein Magazin unter demselben Namen zu veröffentlichen. Neben dieser Zeitschrift brachte ich 8 weitere Bücher heraus und verschickte sie gratis in alle arabischen Nationen. Ich veröffentlichte etwa 140 Ausgaben dieser Zeitschrift. Als Folge der Erweckung von 1940 wurde eine Zeitschrift mit dem Titel *Der Wächter* von einer arabischen Kirche in Haifa herausgegeben. Dieses Journal wurde von 1946 bis 1948 publiziert. Das Cover der Zeitschrift bezog sich auf Jesaja 21,6. Diese Zeitschriften zur Geburt zu bringen war wie das Freisetzen des Wortes, bevor strategische Dinge geschahen. 1988 begann Tom Hess in Jerusalem eine Zeitschrift herauszugeben, die sich *Wächter auf der Zinne* nannte und heute *Die Wächter* heißt, ohne dass er jemals vor diesem Interview von der Zeitschrift gehört hatte, die zwischen 1946 und 48 erschienen war.

Heute ist Kafar Yassif zu fast 50 % christlich. Es könnten viel mehr sein, weil viele Christen während der Kriege und der anhaltenden Unruhen das Land verlassen haben. Städte wie Ramallah und Bethlehem hatten so viele Christen, aber heute sind nicht mehr viele übrig. Ich bleibe weiterhin im

Land, weil ich dazu berufen bin, dem Herrn hier zu dienen. Ich nahm die amerikanische Staatsbürgerschaft an, nur um die arabischen Länder freizügiger bereisen zu können. Ich hatte viele Gelegenheiten, ins Ausland zu ziehen, aber der Herr hat mir ausdrücklich geboten, im Land zu bleiben.

Neben meiner Berufung für dieses Land habe ich auch eine besondere Berufung für arabische Länder und vor allem für Ägypten. Als ich zum ersten Mal ägyptische Pastoren bei einer Konferenz auf Zypern kennen lernte, wurde mein Herz vollkommen eingenommen von ihren Nöten. Sie sagten mir, dass ihr Gehalt 50 Dollar betrug, und ich konnte sehen, wie sehr sie darunter litten, nicht einmal die Grundbedürfnisse befriedigen zu können. Ich gab mich selbst dafür hin, ihnen auf jede mir mögliche Weise zu helfen. Ich nehme Kleidung und andere Dinge mit mir, wann immer ich dorthin reise. Bis 1992 müssen es mindestens 40 oder 50 Koffer voll Kleider gewesen sein, die ich mitnahm. Ich half ihnen auch, mit Gemeinden hier und in Deutschland in Kontakt zu kommen. Ich gehe oft nach Ägypten und in letzter Zeit hat der Herr mich häufiger in kleine Gemeinden im Norden geführt.

Ich bin gewiss, dass Gott bald eine Erweckung in dieses Land bringen wird, vor allem in die muslimischen Dorfgemeinschaften. Ich bin hundertprozentig sicher, dass Gott nicht nur hier einen Durchbruch bringen wird, sondern im ganzen Nahen Osten. Ich weiß, dass Jerusalem, Israel und der Nahe Osten Gottes Absichten kennen lernen werden. Dieselbe Erweckung, von der wir aus China oder Indien hören, wird bald auch hierher fließen wie ein mächtiger Strom. Mit Zeichen und Wundern wird Gott sich den muslimischen Führern offenbaren und viele werden den Herrn annehmen. Es gibt Hunderte von Geschichten, wie Gott sich den Menschen auf übernatürliche Weise offenbart hat.

Es ist Gottes Absicht, dass Juden und Araber durch den Messias versöhnt werden und dass sie ein Segen werden, indem sie Gott gemeinsam inmitten der Erde dienen. Wir müssen beten, dass dies bald geschehen wird.

Viele Menschen im Westen denken, dass es keine Christen in der arabischen Welt gibt. Sie denken, jeder Araber ist ein

Moslem. Es gibt zwischen 35 und 40 Millionen arabische Christen, inklusive jener, die außerhalb des Nahen Ostens leben. Etwa 50 Prozent der Araber waren schon Christen bevor Mohammed kam. Viele von ihnen konvertierten aus Angst, wegen der Arbeit oder aus anderen Gründen zum Islam. Gott will sie zurück zu sich bringen. Nur Zeichen und Wunder können Moslems zum Messias bringen und darum müssen wir für Erweckung beten.

Unser Magazin wird in 50 Länder verschickt und wir erhalten Hunderte von Leserbriefen, die Mehrheit davon erreicht uns aus muslimischen Ländern. Die Moslems sind hungrig nach dem Wort. Sie wollen die Wahrheit hören. Wenn sie von Christus und Seinem Opfertod für unsere Sünden hören, interessiert sie das und sie wollen mehr hören, weil dies im Gegensatz zu ihren islamischen Überlieferungen steht.

Ich denke, dass wir in der letzten Generation leben. Die meisten Prophetien der letzten Tage erfüllen sich in unserer Zeit. Vor 20 Jahren gab es nur fünf jüdische Gemeinden. Heute gibt es mehr als 100 Gemeinden. Der Feigenbaum hat wirklich ausgetrieben. Gott beginnt, Sein Volk zu sich zurück zu führen. Die Juden brauchen ebenfalls Zeichen und Wunder und Prophetien, damit sie das volle Spektrum des Heilsplans Gottes erkennen können. Dies sind erst die ersten Früchte.

Die Gemeinde im Land wächst mächtig in diesen schwierigen Tagen. Unsere Gemeinde ist im Moment voll. Wir haben noch nie so volle Gemeinderäume gesehen. Wir beten und fasten beständig für Erweckung und ich glaube, dass sie bald kommen wird. Wenn Ägypten, Assyrien und Israel Gott gemeinsam dienen, dann werden die meisten einen muslimischen oder jüdischen Hintergrund haben. Gott beginnt, etwas Herrliches zu tun, das uns alle überraschen wird.

## *Avi Mizrachi, gebürtiger israelischer Jude*

**Ich glaube an Versöhnung. Araber und Juden, die sich als der Eine Neue Mensch im Messias versöhnen, sind die einzige Hoffnung für den Staat Israel.**

1947, als Israel immer noch unter britischer Mandatsherrschaft war, erreichte mein Vater die Ufer von Tel Aviv auf einem Schiff, das aus Bulgarien kam. Er wurde sofort verhaftet und in Gewahrsam genommen, weil es damals Juden nicht erlaubt war, ins Land einzureisen. Nach einem Jahr wurde er entlassen und kämpfte im Unabhängigkeitskrieg. Die Familie meiner Mutter kam 1948 per Schiff aus Bulgarien. In jener Zeit wurden allen Menschen, die aus Bulgarien, der Türkei, Griechenland, Zypern etc. ankamen, Zelte oder verlassene arabische Häuser in Jaffa zugeteilt. Hier in Jaffa bin ich geboren und aufgewachsen. Meine Eltern sprachen Latino oder Spanisch. Meine Mutter sprach auch Arabisch mit unseren Nachbarn. Ich ging zu einer Schule, die sowohl von Arabern als auch von Juden besucht wurde.

Das Leben hier in Israel war in den 50er Jahren sehr schwierig. Es gab keine Arbeit und Nahrung war knapp. Es war härter für meine Eltern, weil sie die hebräische Sprache nicht sehr gut beherrschten. Nach der Geburt meiner ältesten Schwester erkrankte meine Mutter an einer sehr schweren Depression. Hier war sie nun, zurückgekehrt in ihr Land, ohne Arbeit, ohne Essen, ohne Sprache, und ihr Mann war in der Armee und ließ sie allein mit einem Kind. Sie konnte es nicht ertragen. Sie dachte über Selbstmord nach. Jemand sagte ihr, dass es da einen Rabbi gab, der ihr vielleicht helfen könnte. Sie ging zu ihm in die Synagoge. Rabbi Daniel Zion grüßte sie, als sie aus seinem Morgengebet kam und begann, auf Spanisch mit ihr zu reden. Meine Mutter sagte ihm, dass sie nicht mehr länger leben wollte und dass sie sehr deprimiert war. Er legte ihr die Hände auf, betete mit ihr und gab ihr ein Buch.

„Lies dieses Buch heute Abend und komm morgen wieder", sagte er.

Es war das Neue Testament. Meine Mutter las es und Jeschua berührte in jener Nacht ihr Herz. Sie übergab ihr Leben an Ihn und kam zum Glauben. Sie kehrte am nächsten Tag voller Freude zu Rabbi Daniel zurück. Sie begann, den Bibelkreis, den er heimlich leitete, regelmäßig zu besuchen. Einige Jahre später wurde auch mein Vater gläubig.

Die Art, wie Rabbi Daniel Zion zum Glauben kam, ist eine erstaunliche Geschichte. Er war in den 40er Jahren Oberrabbiner der Juden Bulgariens. Er hatte einen Freund, der ein wiedergeborener Priester war. Dieser Mann gab Rabbi Daniel eine Bibel zu lesen. Rabbi Daniel riss das Neue Testament heraus und sagte zu seinem Freund, dass er diesen Teil nicht lesen würde.

Sein Freund sagte: „Nein, du musst es lesen. Es ist ein gutes jüdisches Buch. Wenn du es nicht magst, dann gib es mir wieder zurück."

Das forderte ihn heraus und so las er es und entdeckte, dass die Bibel tatsächlich ein jüdisches Buch war! Es rührte ihn so tief an, dass er neben seinem Bett niederkniete und zum Gott Abrahams, Isaaks und Jakobs betete, ihm die Wahrheit zu zeigen. Jeschua erschien ihm und er wusste sofort, dass Er der Messias war.

Rabbi Daniel Zion war sehr beliebt und einflussreich in Bulgarien. Als die Faschisten die Herausgabe der Juden verlangten, schrieb er einen persönlichen Brief an König Boris von Bulgarien und sagte ihm, wenn er mit den Faschisten zusammen arbeitete, dann würde Gott das Blut der Juden von seinen Händen fordern. Es ist eine bekannte Tatsache, dass König Boris die Züge leer zu Hitler zurückschickte. Die meisten Juden Bulgariens wurden dadurch vor den Konzentrationslagern bewahrt.

Ich diente vier Jahre in der israelischen Luftwaffe. Nach meiner Zeit in der Luftwaffe besuchte ich meine Schwester in Amerika. Es war meine Absicht, Amerika kennen zu lernen, nach Las Vegas zu gehen, viel Geld zu verdienen und niemals zurückzukommen. Meine Schwester, die gläubig war, lud mich eines Abends ein, mit ihr in die Gemeinde zu gehen. Ich wollte nicht gehen. Mönche, Nonnen, Klöster hatten alle mit dem Christentum zu tun und ich wollte mit diesem Lebensstil niemals irgendetwas zu tun haben. Aber meine Schwester überredete mich und am Ende folgte ich ihr in die Gemeinde. Ich war schockiert über das, was ich dort sah. Ich sah, dass dies Menschen waren, die Gott wirklich liebten, die Israel und das jüdische Volk liebten. Ich wurde zutiefst eifersüchtig.

Als ich meine Schwester über die Liebe Gottes reden hörte, wurde mein Herz durchbohrt. Ich schloss mich in jener Nacht in mein Zimmer ein und schrie zu Gott und bat ihn um Vergebung und Erlösung von meinen Sünden. So gab ich mein Leben Jeschua und nahm Ihn als meinen Erlöser an.

Meine Lebensrichtung veränderte sich mit dieser Entscheidung maßgeblich. Ich studierte auf einer Bibelschule und kehrte nach Israel zurück. Ich zog nach Tel Aviv und begann meinen vollzeitlichen Dienst in der Gemeinde. Einige Jahre lang war ich komplett involviert in nationale Evangelisationsprogramme. Durch diese Programme arbeitete ich mit vielen arabischen Gläubigen in und um Haifa zusammen.

Ich lebe mit meiner Familie in einer jüdischen Siedlung, von der aus man die Küste Tel Avivs sehen kann. Ich glaube, dass Gott uns dorthin gestellt hat, um für die bevölkerungsreichste Stadt Israels zu beten. Tel Aviv ist das Zentrum des Handels, der Mode und Unterhaltung. Es ist auch ein Ort, an den Menschen kommen, die auf der Suche nach Sinn und Bedeutung sind. Es ist ein wichtiger Platz und Gott hat mich dazu berufen, die gute Nachricht von Jeschua in dieser Stadt zu verkündigen.

Gegenwärtig bin ich Pastor der Gemeinde Adonai Roi (Der Herr ist mein Hirte) und leitender Direktor von Dugit, einem messianischen Einsatzzentrum in Tel Aviv. Dugit bedeutet „kleines Fischerboot“ und ist ein Dienst, der sich an die Menschen auf den Straßen Tel Avivs durch Musik, Tanz, Theater, Schriften und persönliche Evangelisation wendet. Das Dugit-Zentrum liegt im Herzen der Stadt, an einem Platz, wo die Menschen jederzeit vorbei kommen können, um Gemeinschaft und Erfrischung zu erleben. Es bietet auch eine Vielzahl von Materialien und Mitteln an, um den Leib des Messias aufzubauen. Dugit ist in der Tat ein Leuchtturm für die verlorenen Schafe Israels.

Über die Jahre haben diese beiden Dienste viel Versöhnung zwischen Arabern und Juden ermöglicht. Ein junges jüdisches Mädchen hatte die Nase voll von Religiosität und war auf einer tiefen Suche nach Sinn in ihrem Glauben an Gott. Sie las einen Artikel in der Zeitung, wo anti-messianische Gruppen die messianischen Gruppen angriffen und die Menschen davor warnten, zu Dugit in der Frishman-Straße 43 in Tel Aviv zu gehen. Diese Warnung forderte ihren neugierigen Verstand heraus und sie kam aus Jerusalem zu uns, um herauszufinden, wie wir „drauf" sind. An jenem Tag erzählte zufällig eine junge Araberin ihre Lebensgeschichte, wie sie Jeschua begegnet war und ihr Leben Ihm gegeben hatte. Die Geschichte einer Araberin, die an den jüdischen Messias glaubte, berührte das jüdische Mädchen so tief, dass sie ebenfalls ihr Leben Jeschua gab. Und die beiden Mädchen, die beide eine Begegnung mit Jeschua hatten, entwickelten eine dauerhafte Freundschaft zueinander.

Wir teilen unsere Kanzel oft mit arabischen Pastoren aus verschiedenen Teilen des Landes. Wir haben regelmäßige Austauschprogramme mit einer arabischen Gemeinde in Jaffa. Wir haben regelmäßige gemeinsame Gebetstreffen mit ihnen und halten miteinander das Abendmahl. In unserer Gemeinde sind auch Palästinenser, einer von ihnen kommt aus einem muslimischen Hintergrund aus der Westbank. Es ist merkwürdig, einen arabischen Palästinenser in einer hebräischsprachigen Gemeinde zu sehen. Es ist in jedem Falle eine große Ermutigung, Juden und Araber zu sehen, die gemeinsam Gott anbeten.

Wenn wir mit unseren arabischen Gläubigen Straßeneinsatz haben, schauen uns die Menschen befremdet an. Sie sind schockiert, Juden und Araber zu sehen, die die Liebe Jeschuas miteinander teilen. Es ist ein mächtiges Zeugnis. Es ist ein lebendiges Beispiel, dass Juden und Araber einander lieben und annehmen können und gemeinsam ein Segen inmitten der Erde sein können.

Ich bin persönlich schon einige Male mit messianisch-jüdischen und arabischen Gläubigen in andere Nahost-Staaten gereist, um als *ein* Leib dort zu dienen. Gott hat uns Gläubige aus diesem Land auf erstaunliche Art als Brückenbauer in der Region gebraucht. Wir freuen uns, wie Gott in unserer Mitte gehandelt hat, sich um das Herz jedes Einzelnen und der ganzen Gemeinschaft kümmert.

Die Ernte ist reif. Es gibt wenige Arbeiter. Wir brauchen vollzeitliche Diener. Die Menschen sind verloren. Sie sind hungrig nach Gottes Wort. Dies ist eine gute Zeit, um Menschenfischer zu sein. In den vergangenen Monaten, in dieser schwierigen Zeit, haben wir so viele Menschen erlebt, die sich zu Gott wenden. Jede Gemeinde hat Wachstum in ihrem Dienst erlebt. Wir hören beständig von Platzmangel oder dem Bedarf an mehr Arbeitern in den Gemeinden. Dies bedeutet, dass die Ernte reif ist.

Tausende von Moslems bekehren sich zu Jeschua. Durch diesen Konflikt wird Gott uns gebrauchen, um den Geist des Islam niederzuschlagen. Wir müssen eifrig für die ganze Fülle des Planes Gottes in dieser kritischen Zeit beten. Wir leben in einer Zeit der Gnade. Dies ist die gelegene Zeit, um Buße zu tun. Dies ist die Zeit für den Leib Christi, zur Fürbitte zusammenzukommen. Dies ist die Zeit, um Beziehungen mit dem Leib im Land aufzubauen – zu Juden und Arabern – und für den Frieden Jerusalems zu beten. Wir müssen dafür beten, dass Erweckung hier in diesem Land und im Nahen Osten kommt. Dies wird die Welt verändern. Ich glaube, dass es bald geschehen wird.

Ich glaube an Versöhnung. Ich glaube, dass Versöhnung zwischen Arabern und Juden durch den Messias Frieden in diesem Land bringen kann. Araber und Juden, die sich zu dem Einen Neuen Menschen im Messias versöhnen, sind die einzige Hoffnung für den Staat Israel.

## *Viktor Elias Bahbah, Araber aus Ramallah*

**Unsere Einheit im Messias und unsere Liebe füreinander wird viele Menschen dazu bringen, sich Jesus, dem Friedefürst und Erlöser von Juden und Arabern zu nahen.**

Mein Name ist Viktor Elias Bahbah und ich komme aus einem palästinensischen Hintergrund. Ich wurde in Jordanien geboren und von meinen griechisch-orthodoxen Eltern in einer nominell christlichen Familie groß gezogen. Meine Eltern verließen 1948 die Westbank und zogen sich in eine jordanische Stadt mit dem Namen Zarka zurück, wo meine vier älteren Brüder und ich geboren wurden. Sechs Monate nach meiner Geburt kehrten wir nach Ramallah in der Westbank zurück, wo meine drei jüngeren Brüder geboren wurden.

Als 1967 der Sechs-Tage-Krieg begann, lebte ich in Ramallah, 1 Kilometer von Bethel entfernt. Ich war 5 Jahre alt, als Israel das Land besetzte. Seit meiner Kindheit erlebte ich mit meiner Familie und meinem Volk die Demütigungen durch die israelischen Soldaten, die für uns zuständig waren. Sie missbrauchten unsere Freiheit und unsere Würde. Sie konfiszierten unsere Felder und Weinberge und Obstgärten, also unsere Einkommensquelle. Ich wuchs unter solch demutigenden Bedingungen auf. Aufgrund all dieser Leiden erfüllten Hass und Aversionen Israelis gegenüber mein Herz. Ich nahm mir vor, diesen Leuten niemals zu vergeben. Ich war Gefangener meines Hasses und meines Wunsches nach Rache.

Als Teenager suchte ich überall nach Freiheit. Ich sah mir Filme an, auch pornographischer Natur, ich trank Alkohol und rauchte und ich besuchte Freudenhäuser, alles in dem Versuch, der Realität zu entfliehen. Ich rauchte Haschisch und andere Drogen, doch nichts konnte die Leere ausfüllen, die es in meinem Leben gab. Ich spürte immer, dass etwas fehlte. Trotz der Tatsache, dass ich in einer nominell christlichen Familie aufgewachsen war, verleugnete ich Christus in meiner Redeweise, meinem Verhalten und meinem Lebensstil, und dennoch hatte ich einen Eifer für meine traditionelle Kirche und betrachtete mich sogar als religiös.

Eines Tages lud mich mein jüngster Bruder in eine evangelikale Gemeinde in Ramallah ein. Ich kannte den Pastor, weil er ein Kunde des Filmstudios meines Schwagers war, wo ich früher einmal gearbeitet hatte. Zu jener Zeit war ich gegen wiedergeborene Gläubige; ich hasste ihren Lebensstil und die Art, wie sie Gott anbeteten. Ich beschloss, jene Gemeinde nicht unbedingt zu besuchen, um dort zu beten, sondern vielmehr, um nach schönen und attraktiven Mädchen Ausschau zu halten. Zu meiner Überraschung vermochte der Herr mein Herz mit einem Pfeil des Heiligen Geistes zu treffen. Er deckte die verborgenen Dinge in meinem Herzen auf und überführte mich meiner Sünden. An jenem Abend in der Gemeinde konnte der Herr mich mit Seinem Fischernetz herausziehen und veränderte alle meine falschen Motive. Ich wurde ein wiedergeborener Christ.

Nachdem dies 1988 geschehen war, drehte der Herr mein Leben völlig um und lehrte mich, die Menschen durch Seine Augen zu sehen. Er nahm all meinen Hass und meine Vorurteile aus meinem Herzen und zeigte mir das Kreuz, an dem Er, der König der Könige und Herr der Herren, der Eine, der Sein Leben niederlegte und die Demütigung erduldete, all jenen vergeben konnte, die ihn ans Kreuz gebracht hatten. Jesus konnte vergeben. Wer war ich, dass ich denen Vergebung vorenthielt, die mich verletzt hatten? Als ich Epheser 2 las, vor allem die Verse, die von Jesus am Kreuz sprechen, als Er das, was getrennt war, eins machte und den Menschen mit Gott versöhnte, konnte ich Seiner Liebe nicht länger widerstehen. Ich beschloss, mein Kreuz auf mich zu nehmen und Ihm nachzufolgen. Er befähigte mich, meine Lüste und das weltliche Verlangen zu kreuzigen und lehrte mich, alles vergangene Streben als wertlos zu betrachten, um Ihn zu kennen und Christus zu gewinnen. Ich gab Ihm mein ganzes Herz und Er konnte die Leere in meinem Herzen füllen. Er gab mir tatsächlich ein neues Herz und einen beständigen Geist. Ich konnte alle Menschen lieben, auch jene, die mich in der Vergangenheit unterdrückt hatten.

Meine alten Freunde regten sich sehr auf, als ich Christus empfing. Ich war früher ihr Anführer, derjenige, der ihre täglichen bösen Aktivitäten geplant hatte. Ich wurde als Dynamo dieser Gruppe betrachtet und war immer der erste, der Gottes Gebote übertreten hatte. Als sie die Veränderung in meinem Leben sahen, dachten sie, ich würde das alles entweder nur spielen oder ich sei verrückt geworden. Sie stritten mit mir und versuchten mich zu überreden, zu meinem alten Leben zurückzukehren. Als sie die Ernsthaftigkeit in meinem Lebenswandel mit dem Herrn erkannten, beschlossen sie alle, in die Gemeinde mitzukommen und so konnte der Herr mit der Zeit 12 meiner Freunde erretten. Sie wurden ein Segen und bereicherten die Jugendgruppe in jener Gemeinde. Aufgrund der dauerhaft harten Lebensbedingungen in Ramallah und aufgrund des palästinensischen Aufstandes beschloss ich, meine Heimatstadt zu verlassen und in ein anderes Land zu emigrieren, wo ich als wiedergeborener Gläubiger in Frieden leben konnte. Ich hasste das Böse und die Gewalt, auch wenn sie mit nationalistischen Ideologien von jenen gerechtfertigt wurde, die das Land unseres eigenen Volkes gegen die Unterdrücker verteidigten. Ich freute mich auf eine bessere Heimat, die im Himmel war.

Ich beschloss, in die USA zu reisen, konnte aber kein Visum bekommen. Gott hatte etwas Besseres für mich. Ich beschloss, nach Israel zu ziehen, in eine Stadt, die Ramle heißt, weil viele meiner Verwandten dort lebten. Unser Pastor aus Ramallah hatte auch einen Einsatz in Ramle, und so konnte ich seine Versammlungen besuchen und das Feuer des Geistes in mir am Brennen halten. Ich wohnte in Ramle und konnte dort Arbeit finden. Innerhalb von fünf Monaten brachte der Herr mich mit meiner künftigen Ehefrau zusammen, einer arabischen Israelin. Zu jener Zeit erhielt ich einen israelischen Ausweis. Später wurde ich israelischer Staatsbürger. Drei Monate nach unserer Hochzeit beschloss die israelische Regierung zu unterbinden, dass Palästinenser nach Israel reisen und sich dort aufhalten könnten. Gott hatte mich in Seinem perfekten Zeitplan nach Israel gebracht. Innerhalb eines Jahres war ich verheiratet, besaß einen israelischen Ausweis und arbeitete in einer Fabrik mit gutem Einkommen und unter hervorragenden Bedingungen. Unser Gott ist treu.

1992 begann ich die A. G. Bibelschule in Haifa zu besuchen und schloss mit einem A. A. Titel ab. In jener Zeit arbeitete meine Frau bei Dugit in Tel Aviv und meine Beziehung zu Avi Mizrachi wurde sehr eng.

Von 1995 bis 1998 führte ich Einsätze zusammen mit einem Missionar aus den Staaten in Ramallah durch. Ich dachte, der Herr würde mich in meine alte Heimatstadt zurück rufen, aber zu meiner Überraschung gab er mir eine Last ins Herz, in Jaffa (Tel Aviv) zu dienen, in einer Gemeinde, die 1992 von Edward Tannus gegründet worden war. Am Anfang verstand ich nicht, was da geschah. Ich dachte, es sei normal für mich, den Palästinensern in meiner Heimatstadt zu dienen und dass Gott wahrscheinlich sehr zufrieden mit mir war, aber Er machte mir klar, dass Jaffa der Ort war, an dem ich Ihm dienen sollte. Er gab mir solch eine tiefe Liebe zu den Menschen in Jaffa. Wir begannen im ersten Jahr mit fünf Personen. Mit Hilfe eines Gebetsteams aus Ramle dienten wir den Bedürfnissen dieser Handvoll Gläubigen. Der Herr war treu und fügte hinzu und innerhalb von zwei Jahren wuchs die Gemeinde auf 50 Gläubige an.

Wir kommen jeden Montagabend in Beit Immanuel zusammen, weil der messianisch-jüdische Pastor David Lazarus so freundlich war, uns seine Räumlichkeiten zur Verfügung zu stellen. Meine Beziehung mit Pastor David und anderen messianisch-jüdischen Leitern wurde von Tag zu Tag stärker. Wir hatten Kanzeltausch, beteten regelmäßig miteinander und unsere Gemeinden teilten viele Aktivitäten miteinander, um Nichtgläubigen zu zeigen, dass ein Araber und ein Jude in Christus eins sein können. Später begegnete ich Tom Hess, der in der Versöhnung zwischen Juden und Arabern auf dem Ölberg dient. An seinem Ort begegnete ich noch mehr messianisch-jüdischen Leitern und nahm mit ihnen zusammen vereint in Christus an vielen Gebetstreffen teil.

Kürzlich habe ich begonnen, den messianisch-jüdischen Leitern Baruch und Dominique Berman bei ihrem neuen

Dienst an Moslems aus der Westbank, die Jesus als ihren persönlichen Erlöser empfangen haben, zu helfen. Jene Moslems leben in der Gegend von Tel Aviv und besuchen die Versammlung von Baruch und Dominique. Ich war überrascht, mich selbst in einem Dienst mit einem jüdischen Ehepaar an einer muslimischen Gruppe wiederzufinden, wo ich doch in meinem vergangenen Leben und als nomineller Christ sowohl Juden als auch Moslems hasste. Ich weiß mit Sicherheit, dass Jesus mich verändert hat. Preis sei Ihm! Ich weiß auch, dass die einzige Hoffnung für Israel Jesus ist. Er ist der Erlöser der Araber und der Juden. Ich erlebte Seinen wahren Frieden, den keine politischer Führer mir garantieren kann. Nur Jesus konnte das.

Ich suchte nach Wegen, der Welt Seinen Frieden zu demonstrieren und im Januar 2002 konnte ich tatsächlich meine Lebensgeschichte auf einem digitalen christlichen Fernsehsender erzählen. Das Programm wurde live aus Jerusalem ausgestrahlt und per Satellit um den ganzen Globus gesandt. Durch dieses Programm konnte ich eine Botschaft der Hoffnung zu all jenen bringen, die zuschauten: die einzige Lösung für jeden Konflikt ist Jesus Christus. Er ist der Eine, der wahren Frieden stiftet, der Feinde zusammenbringt und sie versöhnt, und der sie befähigt, an einem Tisch miteinander zu sitzen und in demselben Raum zu beten. Er hat die beiden eins gemacht.

Ich nahm an vielen Treffen teil und begegnete sowohl arabischen als auch jüdischen Gläubigen, die dieselbe Vision haben, sie wissen, dass Jesus die einzige Hoffnung auf Frieden in Israel und dem Nahen Osten ist. Ich glaube, dass unsere Einheit in Christus und unsere Liebe zueinander viele Menschen dazu bringen wird, sich Jesus, dem Friedefürst, zu nahen, der schließlich Frieden in diese unruhige Region bringen wird.

## *David Lazarus, in Jaffa-Tel Aviv lebender Jude aus Amerika*

**Die Macht der Versöhnung bringt Heilung. Als wir unsere Geschichte erzählten, berührte Gott unsere Herzen und zerbrach die Mauern zwischen uns – den Juden und Arabern.**

Ich kam aus den Vereinigten Staaten nach Israel, kurz nachdem ich gläubig geworden war. Die ersten zweieinhalb Jahre verbrachte ich im Sinai mit dem Lesen des Alten Testaments. Jemand hatte mir ein Neues Testament zu lesen gegeben und ich war so beeindruckt vom Leben Jeschuas, dass ich das ganze Alte Testament nach Prophetien über den Messias durchforschte. Die Botschaften kamen nicht nur als Worte bei mir an, sondern überführten mich von meinen Sünden. Ich schrie um Hilfe und gab mein Leben Jeschua.

Einmal in jener Zeit kamen meine Eltern nach Israel herüber zu Besuch, und als wir auf einer Reise durch das Land nach Hebron waren, gerieten wir in ein schweres Gewitter. Wir hatten wirklich Angst. Ich erinnere mich, wie meine Eltern über die Araber zu reden begannen. Sie sagten viele grausame Dinge gegen die Araber, fluchten ihnen und beschimpften sie, und als sie das alles aussprachen, wurde mir bewusst, dass auch ich solche negativen Gefühle in meinem Herzen hatte. Es überraschte mich, dass ich als jemand, der an Jeschua glaubt, in meinem Innern so böse sein konnte.

Am nächsten Tag ging ich zu einer Jugendkonferenz – Araber und Juden trafen sich in Petach Tikvah im Baptist Village. Es war an jenem Abend auf dem Fußballfeld, dass ich mit der Realität meines Hasses gegenüber einem Araber konfrontiert wurde. Als ich mit dem Ball lief, kam ein junger Araber dazu und stieß mit mir zusammen. Ich war sehr wütend, fast bereit, ihn umzubringen. Als ich ihn anstarrte, kamen mir all die Dinge, die ich am vorherigen Tag gefühlt und von meinen Eltern gehört hatte, wieder in den Sinn. Ich zitterte und mein Herz hörte fast auf zu schlagen. Auch er machte in diesem

Moment genau dasselbe durch wie ich. Wir hatten beide dieselbe Wahl, entweder unserem Zorn und Hass Raum zu geben oder uns für Vergebung zu entscheiden. Erstaunlicherweise fiel in diesem Moment die Gnade Gottes auf uns beide. Tief in meinem Herzen wurde ich überführt, dass ich diesem jungen Mann vergeben sollte, der für mich all die Ängste und den Hass repräsentierte, den ich gegen die Araber hier im Land hatte. Auch er hatte sein ganzes Leben lang damit gekämpft, seinen Hass gegen die Juden zu überwinden.

Er war in einer Familie aufgewachsen, die Juden hasste. Er war hauptsächlich als Glaubensschritt auf diese Konferenz gekommen, um vielleicht einen Weg zu finden, wie er seine negativen Gefühle überwinden und lernen könnte, wie man mit dem jüdischen Volk auskommen kann. In jenem Moment wurde der Geist so real und offensichtlich, dass wir beide einfach auf dem Boden niederknieten und anfingen zu weinen, während jeder auf und neben dem Fußballfeld einfach da stand und zusah. Wir weinten fast 15 oder 20 Minuten lang und standen dann auf und umarmten uns. Dies war die realste Heilungserfahrung, die ich jemals hatte. Später während der Konferenz wurden wir gebeten, Zeugnis zu geben, und als wir das taten, berührte Gott unsere Herzen und begann, die Mauern zwischen uns niederzureißen – bei Juden und Arabern. Die Macht der Versöhnung bringt Heilung.

Ich besuchte kürzlich mit einem arabischen Gläubigen zusammen eine Konferenz in Brasilien. 200.000 Delegierte nahmen an der Konferenz teil. Der arabische Bruder und ich erzählten unsere Geschichten, wie Gott sich mit unseren Herzen befasst hatte. Durch unsere Geschichten bezeugten wir, dass es für Araber und Juden möglich ist, einander zu vergeben und in Liebe zusammenzuleben. Wir umarmten einander auf der Bühne. Der Geist Gottes kam über jene Konferenz. Menschen begannen zu weinen. Sie gingen aufeinander zu und baten um Vergebung. Menschen, sogar Gemeindeleiter, die jahrelang uneins gewesen waren, begannen sich zu versöhnen. Es war so kraftvoll. Es waren dort Menschen aus allen möglichen Denominationen und ethnischen Gruppen. Als wir die Versöhnung zwischen einem Juden und einem Araber demonstrierten, begannen die Menschen, ihren Bedarf an Heilung in ihrem eigenen Leben, Dienst und zwischen den verschiedenen ethnischen Gruppen zu sehen. Die Menschen begannen, Buße zu tun. Fast 2 Stunden lang weinten die Menschen und taten Buße. Dieser Teil der Konferenz endete mit einer Fußwaschung. Unsere Nation hat die einzigartige Gelegenheit, die Gabe der Versöhnung zu den Nationen zu bringen.

Als das Osloer Friedensabkommen in Kraft trat, führte Tom Hess eine Gruppe jüdischer und arabischer Pastoren und Leiter von Israel nach Jordanien, um dort zu beten. Ich war einer derjenigen, die dem Osloer Abkommen vertrauten und eifrig beteten, dass dies zu einer Öffnung der Grenzen für die Menschen dieses Landes führen würde, um das Evangelium zu den arabischen Nationen zu bringen. Ich war sehr enttäuscht, als dieses Abkommen auseinanderbrach. Während dieses Besuches trafen wir einen jungen arabischen Pastor, dessen Familie während des Krieges 1948 aus Israel geflohen war. Er war in Jordanien geboren und aufgewachsen. Er erzählte seine dramatische Geschichte, wie er sein ganzes Leben lang davon geträumt hatte, nach Lot, in ihr Dorf bei Tel Aviv zurückzukehren. Bei jeder Gelegenheit erzählte sein Vater von ihrem Leben in Palästina. Wenn sie eine Gurke aßen, würde sein Vater jedes Mal sagen: „Diese Gurken sind gut, aber sie sind nicht so gut wie die, die wir in Lot hatten." Als sie sich auf der Flucht befanden, wurde die Familie in einen sehr tragischen Unfall verwickelt. Das Gas in der Küche explodierte und tötete fünf seiner Geschwister.

Dieser Mann erzählte uns, dass wir die ersten Juden waren, die er je kennen gelernt hat. Er erzählte uns sehr offen, wie tief die Feindseligkeit gegen Israel in seinem Herzen verankert war und wie sein ganzes Leben eine Reaktion auf eine tiefe Ablehnung der Juden ist. Ich hatte tiefes Mitgefühl mit ihm. Ich erzählte ihm, wie ich jahrelang in der israelischen Armee gedient und an der jordanischen Grenze patrouilliert hatte. Ich sagte ihm, was es für mich bedeutete, nach Jordanien zurück zu kommen, diesmal in ziviler Kleidung, und mit allen möglichen gemischten Gefühlen die Grenze zu überschreiten. Ich konnte ihm erzählen, wie sehr unser Leben von schrecklichen Ängsten und tiefem Schmerz kontrolliert worden war. Er lächelte mich breit an und sagte: „Auch ich habe in der jordanischen Armee gedient und war viele Jahre lang an der jordanischen Grenze zu Israel postiert."

Wir wussten in diesem Moment, dass dies eine gottgewirkte Begegnung für uns alle war. Der Herr brachte uns zusammen, um uns mit unserer Vergangenheit zu konfrontieren, unseren Ängsten, und um uns im Messias zu versöhnen. Für mich war dies eine extrem bewegende Erfahrung. Hier bin ich, ein Jude, den dieser Mann sein ganzes Leben lang gehasst hatte. Ich bin der Jude, den er noch nie zuvor gesehen hatte, und von dem er wusste, dass er ihn nicht mehr länger hassen konnte. Als wir so erzählten und die Dinge aufdeckten, die uns getrennt hatten, begannen wir zu weinen. Als wir weinten, zeigte der Herr mir ein Bild, wie jene Tränen die Generationen und Jahre der Bitterkeit und des Hasses zwischen Juden und Arabern wegspülten. Die Tränen, die wir in jenem Augenblick vergossen, brachten Heilung für unser Land, reinigten uns und erneuerten die Bruderschaft von Isaak und Ismael, Jakob und Esau. Wenn Versöhnung zwischen diesen beiden geschieht, setzt dies Heilung in unserem Land frei. Die Freude, die wir durch diese Art der Heilung erleben, ist gleich stark oder manchmal sogar stärker als der Schmerz, den wir durchlitten haben. Ich erinnere mich an diesen jungen Mann, wie sich sein ganzes Leben in ein paar Tagen veränderte. Wir waren etwa 8 oder 9 jüdische Pastoren dort und er konnte einfach nicht genug von uns bekommen. Er blieb die ganze Zeit bei uns, unterhielt sich mit uns, betete und hatte einfach nur Gemeinschaft mit uns. Wir konnten ihn ganz in unsere Herzen aufnehmen. Dies ist das Herz der Versöhnung, nach dem wir uns so tief sehnen in unserem Land.

## *Afeef Halasah, moabitischer Araber in Jordanien*

### Gott ist der Urheber der jüdisch-arabischen Versöhnung. Er wird eine Straße bauen.

Mein Name ist Afeef Halasah und ich wurde 1959 in einem winzigen Dorf in dem alten Land Moab, das heute Jordanien heißt, geboren. Mein Familienklan ist seit Tausenden von Jahren im Land Moab verwurzelt und war schon hier, als die Ruth des Alten Testaments in Moab lebte. Ich liebe die Geschichte von Ruth, nicht nur, weil sie und ich beide Moabiter sind, sondern auch, weil die Geschichte von Ruth eine uralte Geschichte von jüdisch-arabischer Versöhnung ist. Ich betrachte ihre Geschichte der Versöhnung auch als die meine.

Eine meiner prägenden Kindheitserinnerungen ist der Sechs-Tage-Krieg von 1967, ein Krieg zwischen der arabischen Welt und Israel. Die Radioansprachen des ägyptischen Präsidenten Nasser und des jordanischen Königs Hussein hallen noch immer in meinen Ohren wider. Es waren gewaltvolle und bittere Ansprachen. Ich erinnere mich, wie König Hussein ausrief: „Mit euren Zähnen, mit euren Nägeln, reißt sie in Stücke." „Zerstört sie!" Ich kann mich auch daran erinnern, wie meine Familie wie erstarrt den Ruf von Präsident Nasser an seine arabischen Brüder hörte: „Ertränkt die Israelis im Meer!" Die Worte dieser sonst progressiven und humanen Führer offenbarten der Welt die Tiefe des Hasses, die wir Araber gegen die Juden hegen.

Ein überragender entscheidender arabischer Sieg im Sechs-Tage-Krieg erschien uns allen eine voreilige Schlussfolgerung. Alle Radiosendungen erklärten unseren sicheren und schnellen Erfolg. Dann hatten wir plötzlich verloren. Wir waren völlig überrumpelt. Ich spürte die Verzweiflung und den Schmerz der Palästinenser, vor allem der Kinder, aber ich kam auch zu dem Eindruck, dass unsere Feinde ein ganz besonderes Volk sein mussten, um diesen Krieg gegen die ganze arabische Welt zu gewinnen.

Der Sechs-Tage-Krieg hatte eine große emotionale und geistliche Wirkung auf mich. Wie konnte ein gerechter und fairer Gott eine Nation gegenüber anderen Nationen segnen und unterstützen? Wir konnte Gott gegen unsere Nation sein? Dieser Konflikt war für mich desillusionierend und ich entwickelte Wut und Misstrauen gegenüber Gott. Ich wandte mich von meinen nominell christlichen Wurzeln ab, konnte aber die nagende Frage nicht betäuben, die immer wieder auftauchte: „Warum hat Gott uns geschaffen?“

Diese Krise mit Gott zerriss mich mehr und mehr, und ich war mir sehr bewusst über das zunehmende Gefühl persönlicher Schuld, mit dem ich lebte. Und die Krise wuchs, verstärkt durch häufiges Trinken, Rauchen und illegale Bandenaktivitäten, die sich nicht nur auf kleine jordanische Dörfer beschränkten. Außerdem fing ich an, andere in diesen Lebensstil einzuführen. Das alles brachte mehr und mehr Schuld mit sich und ich wusste nicht, was ich dagegen tun sollte. Das Leben war ziellos und leer. Schließlich versuchte ich erfolglos, Selbstmord zu begehen, indem ich mir die Handgelenke aufschnitt. Meine Freunde stoppten mich, aber es war klar, dass ich in jeder Hinsicht den Boden unter den Füßen verlor.

Ich begann, nach der Wahrheit zu suchen. Ich wurde Kommunist. Meine Zugehörigkeit zur Kommunistischen Jugendpartei gab mir eine Philosophie, einen Fokus und einen Sinn, an dem ich festhalten konnte. Die kommunistische Führung predigte, dass alle Menschen gleich sein sollten und dass man Erfüllung findet, wenn man bei der Befreiung der Menschheit hilft. Ich begann, die kommunistische Philosophie auf den Straßen zu predigen und sprach persönlich mit jedem, der mir zuhören wollte. Der Kommunismus fütterte auch meinen wachsenden Hass auf Israel. Ich wollte, dass Israel zerstört wird, und sah dieses Land als Ursache für alles Böse auf Erden. Nach außen hin war ich engagiert und hatte Ziel und Richtung. Innerlich wuchs mein nagendes Gottesproblem nur und ließ mich nicht in Ruhe.

Im Februar 1976 geschah schließlich etwas. Wir gingen auf der Straße entlang wie sonst auch und sprachen mit den Menschen über den Kommunismus, als wir beschlossen, dass wir irgendeine Gemeindeveranstaltung stören und auflösen sollten. Mein Freund und ich fanden eine Kirche, stießen die Tür auf und gingen hinein. Wir fanden einen Kirchensaal vor, der vollgestopft war mit Christen, die dort Gottesdienst feierten. Wir kamen für alle offensichtlich hinein, um das Treffen aufzulösen. Die Menschen hatten sichtlich Angst vor uns, vor allem als mein Freund zu mir herüber rief: „Lass uns wieder gehen, hier gibt es niemanden, der mit uns kämpfen will!". Ich rief wieder etwas zurück, während ich mit einem Ohr versuchte, dem Redner zuzuhören. Der Redner fuhr fort mit seiner Botschaft und erzählte der Gemeinde von einem neuen Leben, das uns durch Christus zur Verfügung steht. Dann sagte er zu den Leuten in den Bänken, dass sie sein Gebet nachsprechen sollten. Er sagte, dass eine Veränderung in jedem vorgehen würde, der dieses Gebet mitsprach. Ich sagte mir: „Ich will mein Leben ändern." Ich dachte auch: „Es kann doch wohl nicht wahr sein, dass ein paar gesprochene Worte zu Jesus reichen und dein Leben ist wieder in Ordnung." Eine Stimme sagte zu mir: „Was kannst du schon verlieren?" Ich dachte bei mir, wenn es wahr wäre, würde ich ein neues Leben erhalten. So sagte ich laut: „Jesus, wenn du der Herr bist, dann nimm mich. Ich bin ein Sünder." Sofort fühlte ich mich wie ein anderer Mensch. Ich fühlte mich leicht wie eine Feder. Als ich aus dem Kirchensaal hinaustrat, sprang ich wörtlich auf und ab und pries Gott, dass ich endlich die Lösung für meinen Hass gegen Gott durch persönliche Buße, persönliche Erlösung und persönliche Versöhnung mit meinem Schöpfer gefunden hatte.

Ich tauchte ins Bibelstudium ein. Während der nächsten paar Monate las ich die ganze Bibel durch und war schockiert, dass dort so viel über die Juden stand. Als Araber kämpfe ich theologisch mit der Stellung der Juden in der heutigen Welt. Als meine theologische Ausbildung fortschritt, die auch ein formelles Training auf Englisch umfasste, löste ich mein theologisches Problem durch die „Enterbungstheologie", die Gottes erwähltes Volk, die Juden, komplett durch die Christen als die neuen Erben von Gottes Verheißungen ersetzt. Diese

Theologie war bequem für mich, weil ich die Juden weiter hassen und dennoch theologische Integrität wahren konnte.

Einige Jahre später wurde ich nach Zypern zu einer Konferenz eingeladen und entdeckte messianisch-jüdische und arabische Pastoren, die sich trafen und miteinander beteten. Ich wollte wirklich nichts mit ihnen zu tun haben; es war hart, ihnen die Hände zu schütteln, weil sie meine Feinde waren. Aber als die Anbetung begann, fing etwas in mir an zu schmelzen. Diese Juden waren echte Jünger Christi! Können sie echte Geschwister in Jesus sein? Ich hatte solch einen starken Konflikt in mir! Am nächsten Morgen nahmen wir alle gemeinsam das Frühstück ein und ich erkannte, dass sie genau so waren wie ich, keine bösen Monster, wie mir als Kind beigebracht wurde. Ich begann, mich mit ihnen zu unterhalten und sie kennen zu lernen. Ich blendete aus, dass sie Juden waren und stellte mir vor, dass sie einfach ganz normale Christen wie ich auch waren.

Zwei Jahre später geschah eine weitere Veränderung in mir. Ich wurde eingeladen, bei einer Konferenz im Mt. Zion Hotel in Jerusalem teilzunehmen. Sie sprachen dort über die Rolle Israels, was mich so verärgerte, dass ich schließlich aufstand und den Redner anschrie: „Halt den Mund!" Ich machte eine große Szene. Ich verließ stampfend den Hörsaal mit etwa zwanzig arabischen Delegierten, die mir aus dem Hotel folgten, um die Dinge mit mir zu klären. Wenn ich nun zurück schaue, sehe ich, dass es ein geistlicher Kampf war, der versuchte, uns als Geschwister zu trennen. Der Feind weiß, wo Juden und Araber gemeinsam für etwas einstehen, hat er viel zu verlieren.

Es brauchte Geduld und Ausharren, als sie die Angelegenheit darlegten, für mich beteten und mit mir arbeiteten, und doch nahm ich sie nicht in meinem Herzen an. Aber der Heilige Geist arbeitete weiter an mir. Er begann, mein Herz zu durchdringen und mich zu überführen. Ich begann, die Verheißungen im Alten und im Neuen Testament auf neue Weise zu sehen. Der Feind wurde enttarnt und ich erkannte, dass er es war, der so hart daran arbeitete, die Trennung aufrecht zu erhalten, damit wir uns weiter bekämpfen und er unsere Nationen im Griff behielte.

Vor drei Jahren geschah ein Durchbruch. Bei einer Konferenz messianischer Gläubiger musste ich etwas tun, was sehr schwierig für mich war. Ich stand vor meinen Geschwistern und bekannte meinen Hass auf Israel, tat Buße für meine Enterbungstheologie und bat dann die messianisch-jüdischen Gläubigen, mir zu vergeben. In dem Augenblick, in dem sie das taten, wurde ich frei.

Einmal während der *Nahost-Gesamtkonferenz* beschloss ich, einen jüdischen Bruder einzuladen und ihn in meiner Gemeinde predigen zu lassen. Ich überlegte die ganze Zeit, wie ich ihn vorstellen sollte. Sollte ich ihn als Amerikaner vorstellen oder als Jude, der an Jesus glaubt? Wenn ich Letzteres tat, könnte das bedeuten, die ganze Gemeinde zu verlieren und die Kirche schließen zu müssen, die ich so hingebungsvoll aufgebaut hatte. Ich erfuhr später, dass mein Bruder mit derselben Sache zu kämpfen hatte. Aber als der Augenblick kam, übernahm der Heilige Geist die Kontrolle über die Situation. Ohne zu zögern stellte ich ihn als Jude vor, der an Jesus glaubt. Er teilte das Wort Gottes mit großer Salbung aus und bis heute wünscht sich meine Gemeinde, er könnte wiederkommen. Auf ähnliche Weise kam eine brennende messianisch-jüdische Schwester und hielt eine extrem charismatische Predigt, die unter normalen Umständen nicht akzeptabel gewesen wäre. Aber der Heilige Geist übernahm wiederum die Kontrolle und die Leute hatten eine erstaunliche Erfahrung der Taufe mit dem Heiligen Geist, es gab so viel Buße und Versöhnung wie nie zuvor.

75 bis 80 Prozent meiner Gemeinde sind Palästinenser. Wir beten für die Nation Israel, dass Gottes Absichten für diese Nation erfüllt werden. Wir beten auch für die Palästinenser, dass Gottes Absichten für sie erfüllt werden. Unsere Gemeinde ist eine der am schnellsten wachsenden in Jordanien, Preis dem Herrn! Als ich meine Mission „Araber für die Araber“ begann, kam die erste Spende für dieses Projekt von messianischen Juden. Ich werde nie das Gesicht eines irakischen Pastors vergessen, für den unsere messianischen Gläu-

bigen in Jerusalem durch mich finanzielle Unterstützung gesandt hatten. Er konnte es einfach nicht glauben. Das geschah in der Zeit, als der Irak Missiles nach Israel abschoss, und auf der anderen Seite bekamen sie Unterstützung von Israelis!

Einmal waren einige von uns jüdischen und arabischen Pastoren auf dem Berg Nebo, an der Stelle, von der aus Mose das Verheißene Land sah. Wir beteten Gott an und teilten das Abendmahl miteinander, als eine Gruppe von Rabbis aus New York vorbei kam, die zu Besuch bei König Hussein war. Sie sahen uns, Juden und Araber, die auf Hebräisch und Arabisch sangen und das Alte Testament lasen. Sie hielten an und staunten nur über uns. „Was um alles auf der Welt kann Juden und Araber auf diese Art zusammen bringen?" wunderten sie sich vielleicht! Nur Jesus kann dies tun. Niemand sonst. Wir haben viel zu lang unter einer Täuschung gelebt. Wir fielen unter den Bann der Finsternis. Jesus kam und befreite uns.

Ich wurde die Enterbungstheologie gelehrt, als ich Christ wurde, und lehrte sie später selbst. In dieser Theologie gelten alle Prophetien, die ursprünglich Israel als Nation galten, jetzt der Gemeinde Christi. Wir seien das wahre Israel. Wir bekannten, dass das einzig wahre Israel die wiedergeborene Gemeinde sei und vergeistlichten alle Verheißungen für das Land, weil wir uns selbst vor Bloßstellung schützen wollten. Wir wollten uns das Problem ersparen, den Arabern etwas erzählen zu müssen, was sie nicht mögen. Wir Christen sind Minderheiten. Wir wollten zur Mehrheit passen, und so ließen wir uns von den Strömungen mitreißen.

Wenn ich auf meinen Lebensweg zurückschaue, sehe ich, dass meine Versöhnung mit meinen jüdischen Geschwistern eine Straße ist, auf der ich unterwegs bin, und eine Richtung, in die ich mich bewege. Es war für mich eine holprige Straße voller persönlicher Konflikte, die ich auf meiner Reise eigentlich nicht erleben wollte, und doch war ich die ganze Zeit meines Lebens auf ihr unterwegs. Meine Konflikte lagen tief in meinem Herzen und nahmen mich ein. Es sind uralte Konflikte, die sich durch fast die gesamte niedergeschriebene Geschichte ziehen. Preis dem Herrn, dass Er mir heute in diesen schwierigen Fragen geholfen hat. Ich weiß es, weil Er es war, der die Herzen zweier Moabiter, getrennt durch 3.000 Jahre, ergriffen hat und sie beide in Seine Königsfamilie hineingestellt hat. Er ist der Urheber der jüdisch-arabischen Versöhnung. Und Er ist es, **DER EINE STRAẞE VON ÄGYPTEN NACH ASSUR BAUT, AUF DER DIE ASSYRER NACH ÄGYPTEN REISEN UND DIE ÄGYPTER NACH ASSUR REISEN WERDEN, UND SIE WERDEN GEMEINSAM GOTT DIENEN UND ISRAEL WIRD DER DRITTE IM BUNDE SEIN UND SIE ALLE WERDEN EIN SEGEN FÜR UNSEREN HERRN SEIN** (siehe Jesaja 19,23). Lob sei Gott.

## *Brille Belay, israelischer äthiopischstämmiger Jude*

**Echter Friede kann nur durch Versöhnung und Liebe kommen, die nur möglich sind durch Jeschua. Dieses fruchtbare Werk der Versöhnung wird wachsen und auf andere Nationen übergreifen.**

Ich wurde in Äthiopien geboren, in einer jüdisch orthodoxen Familie, die nicht an Jeschua den Messias glaubte. Ich wuchs auf mit den Lehren der Thora, dem Alten Testament und durfte unter keinen Umständen das Neue Testament lesen. Auf diese Weise wurde ich gelehrt, anti-Jeschua und antichristlich zu sein. Ich hatte eine Erziehung und Erfahrung der jüdischen Traditionen und der jüdischen Religion, indem ich all die Rituale und Traditionen durchlief wie jedes jüdische Kind. Glücklicherweise offenbarte Jeschua selbst mir auf erstaunliche Weisen die Wahrheit. Er berührte mein Leben so tief, dass ich ihn sofort als Herrn und Erlöser annahm.

Als Jude aufzuwachsen, der an Jeschua glaubt, ist nicht einfach. Meine Eltern und Familienmitglieder konnten mich nicht annehmen. Sie waren total gegen meinen neu gefundenen Glauben an Jeschua und lange Zeit musste ich mit Diskriminierung und Verfolgung zu Hause leben. Der Herr wies mich speziell an, dass ich nicht zu weit von ihnen weggehen, sondern ständig Kontakt mit ihnen halten sollte und die Liebe Jeschuas durch mein Leben für sie leuchten lassen sollte. Nach einer Weile erkannten sie, dass sie mich nicht ändern oder zur Umkehr bewegen konnten, also sagten sie mir einfach, ich solle mich aus ihrem Glauben heraushalten. Man sagte mir, solange ich meinen Glauben für mich behielte und ihnen den ihren ließe, wäre es okay, als Familie zusammenzuleben. Für mich war das ein Durchbruch. Ich musste nur für sie beten und die Liebe Jeschuas durch meine Taten und meinen Lebensstil mit ihnen teilen.

Kurz nachdem ich Jeschua kennen gelernt hatte und Ihm mein Leben gegeben hatte, erhielt ich eine starke Last, für Israel zu beten, und ich sehnte mich danach, in das Land meiner Vorfahren zurückzukehren. Meine Eltern und alle meine Vorfahren haben mit allen anderen Juden in Äthiopien jahrelang dafür gebetet, dass Gott sie in ihr Land zurückbringt. Jedes Jahr ziehen Tausende von Juden in Äthiopien in die Berge, um für die *Alijah* zu beten und zu fasten. Ich erinnere mich deutlich an ihre Gebete. „Nächstes Jahr bring uns bitte nach Jerusalem." Zu Hause hörte ich so oft, wie Eltern und Älteste sagten: „Nächstes Jahr um diese Zeit werden wir in Jerusalem sein." Es war ein Traum, eine Vision und eine tiefe Sehnsucht eines Juden in einem fremden Land! Nachdem ich den Herrn kennen lernte, erhielt dieser Wunsch Bedeutung. Er säte eine tiefe Liebe zu Israel in mein Herz, viel mehr als nur ein Wunsch, im Land meiner Vorfahren leben zu können. Er gab mir eine Berufung und einen Plan für mich hier im Land.

Es brauchte mancherlei übernatürliches Eingreifen Gottes, um unseren Weg zu ebnen, damit wir kommen konnten. Vor unserer Ankunft in Israel waren einige äthiopische Juden bereits nach einem Fußmarsch durch Äthiopien, Sudan und Ägypten im Land angekommen. Als ich hörte, dass Tausende von Juden im Norden Äthiopiens begonnen hatten, zu Fuß nach Israel zu gehen, wurde ich sehr unruhig. Sie waren überzeugt, dass dies der einzige Weg war, und dass es andernfalls nie geschehen würde, wenn sie es nicht auf diese Weise tun würden. Sie beteten nun schon seit 2.000 Jahren und jetzt war die Zeit für sie gekommen, sich in Bewegung zu setzen. Dies war 1983-84. Wir erhielten Nachricht, dass viele von ihnen an Malaria und allen möglichen Krankheiten starben. Sie gingen auch nachts zu Fuß durch die Wüste, ohne angemessene Nahrung und Wasser. Es waren insgesamt Tausende – auch Kinder und ältere Menschen. Ihr Ziel war Jerusalem. Sie nahmen allen Mut und die Visionen der Propheten aus der Thora zusammen. Jene von uns, die nicht mit ihnen gingen, versuchten jüdische Organisationen in aller Welt zu kontaktieren, und versuchten alles, was wir konnten, um Verbindung mit diesen Menschen aufzunehmen, die in der Wüste Sudans unterwegs waren. Ein Jahr später hörte ich, dass einige Juden in Jerusalem angekommen seien. Ich war so ermutigt und angerührt. Ich überlegte sogar selbst, mit meiner Familie zusammen die Reise auf mich zu nehmen. Aber in jener Zeit waren meine vier Kinder alle noch sehr klein und meine Frau konnte sich nicht vorstellen, dass wir die Strapazen bewältigen könnten. Wir beteten weiter, dass Gottes Vorsehung eintreffen würde.

1985 erhielt ich ein Stipendium, mit meiner Familie nach Amerika zu gehen und dort zu studieren. Also verließen wir Äthiopien in Richtung Vereinigte Staaten, aber als wir in Kairo zwischenlandeten, beschlossen wir, das Reiseziel zu ändern und nahmen ein Flugzeug nach Israel. Alles lief glatt. Wir kamen in Jerusalem an, anstatt in Chicago, USA, zu landen. Das war der glücklichste Tag unseres Lebens. Unser Traum war endlich wahr geworden. **„Von jenseits der Ströme Kusch werden sie mir meine Anbeter, meine zerstreute Schar als Opfergabe darbringen“** (Zefanja 3,10). Nach fünf oder sechs Jahren folgten uns auch meine Eltern und andere Familienmitglieder.

Ich führte mit meiner Frau und unseren vier Kindern die *Alijah* durch. Der erste Ort, an dem wir wohnten, war ein Wohnmobil in Aschkelon. Wir wussten nicht, dass es messianische Juden im Land gab. Es gab einen anderen äthiopischen Bruder, der gläubig war, und wir beide beteten jeden Tag in unserem Zuhause und baten Gott, uns die nächsten

Schritte zu zeigen, die wir tun sollten. Während wir warteten, segnete Gott uns mit einem weiteren Kind hier im Land. Viele Jahre lang feierten wir zu Hause als Hauskreis Gottesdienst. Nach monatelangem Beten und Fasten führte der Herr uns mit anderen Gläubigen im Land zusammen.

Unsere Gemeinde begann mit drei Brüdern und der Herr fügte jedes Jahr Menschen hinzu. Es gibt gegenwärtig etwa 700 bis 800 äthiopische messianische Juden hier im Land. Wir erleben eine große Erweckung in unseren Gemeinden, Hauskreisen und Gemeinschaften. Wir haben so viele Wunder erlebt. Die Menschen werden von Krankheiten geheilt und viele von Drogenabhängigkeit und allen möglichen Bindungen befreit. Preis dem Herrn!

Unsere Gemeinde heißt Gideons Fackel. Wir glauben, dass Gott uns hierher nach Israel gebracht hat, um als Licht Gottes zu leuchten. Unsere Vision ist, das Wort Gottes an das Volk Israel und an die Juden auszuteilen. Wir sollen die Welt mit Gottes Wort erleuchten.

In Äthiopien hatten wir jemenitische Araber in den Schulen und wir hatten einen recht freundlichen Umgang miteinander, aber unsere Gefühle zueinander waren nicht immer gesund. Wir Juden und Araber haben seit Jahrtausenden Schwierigkeiten in unserer Beziehung zueinander, ja sogar seit der Zeit des Alten Testaments. Seit ich viel über den Sechs-Tage-Krieg und andere Kriege, die wir mit ihnen geführt haben, gelesen habe, hat das Misstrauen und der Hass ihnen gegenüber in meinem Herzen zugenommen. Ich fand es schwierig, sie zu lieben und ihnen zu vertrauen. Jahrelang haben wir Juden sie als Feinde betrachtet, aber als ich Jeschua als meinen Erlöser annahm, veränderte Er mein Herz ihnen gegenüber. Ich tat Buße über meine negativen Gefühle ihnen gegenüber. Durch Vergebung kam Heilung in mein Herz. Gott schenkte mir eine große Liebe für sie. Heute gehen wir durch Gottes Gnade gemeinsam im Herrn.

Es war im *Jerusalem House of Prayer*, wo ein arabischer Bruder, Nizar Touma, mir die Füße wusch. Ich war so angerührt, dass ich viele Stunden lang weinte. Ich halte immer noch Kontakt mit diesem Bruder und wir bleiben echte Freunde als wahre Brüder im Herrn. Dieser Akt der Demut von seiner Seite zerbrach etwas in meinem Herzen. Lob sei Gott! Durch meine Verbindung zu Bruder Tom Hess und der *All Nations Konferenz Jerusalem* kam ich zu vielen jüdisch-arabischen Konferenzen in Israel und dem Nahen Osten. Ich habe bezeugt, wie viele Juden und Araber völlige Heilung in ihren Herzen erleben. Wenn Juden und Araber einander vergeben und Schritte der Versöhnung gehen, dann setzt Gott Seine Pläne und Segnungen frei.

In Ägypten war ich während einer *Nahost Gesamtkonferenz* so berührt, meine jordanischen Geschwister zu sehen, die so voller Liebe Jeschuas für Israel und das jüdische Volk waren. Ich bin immer tief berührt und bekomme Tränen in den Augen, wenn ich die Zeugnisse meiner arabischen Brüder höre. Wenn wir uns treffen und unsere Lebensgeschichten erzählen und füreinander beten, entstehen neue Ideen, eine neue Vision wird geboren, und wir finden neue Wegweisung, wie wir weitergehen können. Eine sehr tiefe Liebe füreinander wird freigesetzt. Unsere äthiopische messianisch-jüdische Gemeinde in Ramle kommt in dem Gebäude der arabisch-christlichen Gemeinde von Edward Tannus zusammen. Wir schätzen ihre Gastfreundschaft, mit der sie uns willkommen geheißen haben, sehr.

Hier in Jerusalem fasten und beten wir jeden Monat mit arabischen Pastoren. Wir beten gemeinsam für Juden und Araber hier im Land, für Armenier, für Moslems in der Welt und für all die verschiedenen ethnischen Gruppen in Israel. Wie ein modernes Erlebnis aus der Apostelgeschichte hat Jeschua kürzlich das Herz eines unserer Gemeindemitglieder berührt: sie war gelähmt gewesen – sie konnte nicht sprechen, nicht gehen, sich nicht bewegen – und die Ärzte hatten sie aufgegeben. Nach zwei Monaten des Betens und Glaubens, dass sie geheilt wird, kam ich in ihr Haus und fand sie, wie sie herumhüpfte, herumrannte, laut rief und ihren Nachbarn von Gottes Güte erzählte. Wir verbrachten den Abend tanzend und Gott preisend.

Es ist nicht leicht für äthiopische Juden, an Jeschua zu glauben. Sie werden von den äthiopischen orthodoxen Juden verfolgt, die fanatischer sind als jede andere jüdische Gruppierung. Äthiopier hier in Israel haben keine angemessene Schulbildung – sie können nicht lesen, nicht schreiben, nur schlecht Hebräisch sprechen. Darum haben die meisten keine Arbeit und sind abhängig von der israelischen Regierung. Die meisten von ihnen können sich nicht artikulieren. Sie sind isoliert und werden oft diskriminiert. Darum ist es also keine Überraschung, dass viele Äthiopier sich nicht unter andere Bewohner des Landes mischen, geschweige denn mit Arabern verkehren! Ich versuche alles, um die Vision der Versöhnung zwischen Juden und Arabern unter den Äthiopiern weiterzugeben, besonders stark habe ich das 2002 in meiner Gemeinde getan. Dieses Jahr haben fast 100 Äthiopier an der 5. *All Nations Konferenz Jerusalem* teilgenommen und die Anbetungszeit in der Nacht von *Jom Kippur* geleitet, was etwas ganz Besonderes war. Wir hoffen, noch mehr Gelegenheiten in der Zukunft zu bekommen, solche Einsätze zu haben.

Ich bin sehr ermutigt von Bruder Toms Vision der Versöhnung von Juden und Arabern. Ich bin von Anfang an mit ihm und habe jedes Jahr gesehen, wie die Früchte seiner Vision sprießen. Die Vision wächst immer noch. Sie hat viele Menschenleben berührt und bringt Gottes Plan für dieses Land zur Vollendung. Ich bete, dass die Vision wächst. Echter Friede kann nur durch Versöhnung und Liebe kommen, die nur möglich ist durch Jeschua. Dieses fruchtbare Werk der Versöhnung wird wachsen und sich in andere Nationen ausbreiten.

## *Mokhtar Essid, tunesischer Araber*

**Eines möchte ich ganz klar sagen: Gott hat mein Leben verändert, indem er meine Beziehung zu den Juden wiederherstellte . . .**
**Wenn wir fortfahren, für diese Versöhnung zu beten, wird Gott unsere Nationen heilen und wiederherstellen.**

Im September 1994 nahm ich an einem besonderen Treffen von Repräsentanten aus allen Nationen in Jerusalem teil, wo sie für ihre Nation und für Israel beteten. Ich war eingeladen, Tunesien zu repräsentieren. Es war das erste Mal in meinem Leben, dass ich nach Israel ging, aber auch das erste Mal, dass ich mit jüdischen Geschwistern betete und tanzte. Es war meine erste Begegnung mit messianischen Juden. Ich hätte mir nie vorstellen können, dass Juden so liebevoll sein können. Es brach mir das Herz und es war als begänne ein Traum in meinem Leben, aus dem ich nie mehr aufgewacht bin. Wenn ich an dieses Treffen zurückdenke, füllt sich mein Herz immer noch mit Liebe.

Einige Monate später erhielt ich eine Einladung von Tom Hess zu einem Treffen ausschließlich für Juden und Araber. Das Treffen war außerhalb von Israel geplant. Sie baten mich, Nordafrika zu repräsentieren. Es berührte mich zutiefst zu wissen, dass Juden und Araber zusammen kamen, um Beziehungen zueinander aufzubauen. Ich entdeckte, dass es mein Herz tief berührt, wenn ein jüdischer Bruder das Wort mit mir teilt. Das war meine zweite Begegnung mit Juden. Als wir wieder gehen mussten und uns voneinander verabschiedeten, war das der schwierigste Augenblick für mich. Ich musste viel darüber nachdenken. Zu Hause beschlossen wir als Familie, die Bibel noch einmal ganz von vorne zu lesen, aber nicht so, wie wir es üblicherweise taten. Ich bin als Moslem in einer islamischen Nation aufgewachsen und war nicht anders als jeder andere Araber in irgendeiner arabischen Nation. Der einzige Unterschied war, dass ich mittlerweile wiedergeboren war und an Jesus glaubte. Ich diene der Gemeinde von ganzem Herzen. Juden zu treffen machte mich nachdenklich über die Rolle der Thora in unserem Leben. Als ich die Thora erneut las, tat ich Buße für meine ganze falsche Haltung der Thora und den Juden gegenüber, und für meine falschen Gedanken über Israel.

Im September 1996 besuchte ich in Jerusalem wieder die *All Nations Konferenz Jerusalem*. Ich wusste, dass ich eingeladen war, über die Sünden meines Volkes, Tunesien, Buße zu tun. Gott legte es mir schwer aufs Herz, aufzustehen und mich für den Hass der Nordafrikaner gegenüber den Juden zu demütigen. Der Augenblick kam, nach vorne zu gehen und um Gebet für Nordafrika als Repräsentant Nordafrikas zu bitten. Als ich dort stand, legte der Herr es mir aufs Herz, die Füße der messianischen Juden öffentlich zu waschen. Ich lud sie ein, nach vorne zu kommen und wir hatten eine lange Zeit der Tränen und des Gebets. In jenem Augenblick brach Gott die Mauer des Widerstandes in meinem Leben. Als wir zum Ende kamen, war es als würde ein kräftiger Hauch in mein Genick blasen. Ich ging nach Hause, um mich auf einen Monat Reisedienst durch Nordafrika vorzubereiten. Leider kam ich aus Israel krank zurück, und als ich auf Reisen war, wurde ich immer kränker. Ich war nicht fähig, in den Versammlungen zu sprechen, zu denen ich eingeladen worden war. Ich wurde immer schwächer. Zu Hause ging ich zum Arzt und wurde ins Krankenhaus eingeliefert. Ich war dort zwei Monate lang. Es war das Ende meines Lebens. Es gab keine Hoffnung, so schwach war ich bereits. Sie kamen alle 5 Minuten zu mir herein, um meine Körperfunktionen zu überprüfen. Sie sagten, ich könnte sterben...

Es war eine solch schwierige Zeit, aber es war eine Zeit der Wiederherstellung. Ich war so krank, aber geistlich war ich vollkommen lebendig und gesund. Ich weinte sehr viel und tat Buße. Wiederherstellung kam in mein Leben, weil es mein tiefer Wunsch war, dass meine Nation wiederhergestellt würde in Gerechtigkeit und dass mein Volk frei würde, Jeschua zu preisen und zu anbeten. Ich entdeckte, dass die Thora eine Offenbarung des Ewigen ist, und dass, wenn ich die Thora in meinem Leben anwende, ich den Messias selbst entdecken werde. Die Thora lehrt uns, die gesetzten Zeiten Gottes einzuhalten, beziehungsweise Seine Feste, inklusive den Sabbat, der ein erfülltes Leben bringt. Es war, als würde ich zum zweiten Mal wiedergeboren. Ich kam in meine Bestimmung.

Der Feind war so wütend auf mich, weil da nicht mehr länger eine Mauer des Hasses und der Eifersucht auf die Juden war. Gott sprach sehr deutlich zu uns durch Jesaja 42,22 und am Anfang dieses Kapitels heißt es, dass die Länder am Meer auf die Thora warten. Vor 1989 gab es etwa 20 Christen in ganz Tunesien, aber wir beteten und jetzt sind es mehr als 500. Im Dezember 2001 gab uns die Regierung die Erlaubnis, Versammlungen für tunesische Christen in einem Kirchengebäude abzuhalten.

Ich begann zu verstehen, dass Jesaja 19,23 sehr wichtig ist. Wir wollen eine Straße des Heils von Nordafrika bis nach Israel haben. Gott hat es mir deutlich aufs Herz gelegt, dass Versöhnung die Basis ist, um Gottes Werk in Nordafrika zu sehen. Jedes Jahr haben wir eine Lehrversammlung für nordafrikanische Christen. Unsere Versöhnung geschieht zuerst mit Gott, aber es bleibt eine Tatsache, dass Gott Ismael als den ältesten Bruder Isaaks wählte. Die Verheißung, die er in Jesaja 19,23 gibt, lautet: **„ Gesegnet sei Ägypten, mein Volk, und Assur, meiner Hände Werk, und Israel, mein Erbteil!"** Vielleicht ist es das erste Mal, dass Sie verstehen, dass Gott Seine Verheißung an Ismael nicht vergessen hat. Sie können die Geschichte von Sarah und Abraham im 1. Buch Mose nachlesen. Dort steht, wie Sarah Hagar und Ismael schließlich wegschickte, nachdem er die Liebe und Gunst seines Vaters 14 Jahre lang genossen hatte, und wie sein Vater ursprünglich dachte, dass dieser der verheißene Sohn sei.

Ist es verwunderlich, dass Ismael und seine Nachkommen eifersüchtig sind?

Jeschua ist der einzige, der durch das Kreuz Versöhnung zwischen den beiden Brüdern bringen kann. Die Erlösung ist nur möglich, wenn jüdische und arabische Geschwister im Leib zusammen sind. Sie haben *einen* Vater und *einen* Gott. Die Tatsache, dass der Koran nur 99 Namen für Gott hat, reicht zurück zu dieser Eifersucht. Ismael musste die Liebe seines Vaters aufgeben und verlor Abraham als Vater. Der Islam kennt diese beiden Namen für Gott nicht: Vater und Liebe.

Ich hoffe, Sie verstehen das Herz Ismaels.

Eine weitere Sache, die wir erkennen müssen, ist die Art, wie wir das Fernsehen aufnehmen. Was sagt es über die Situation im Nahen Osten? Hören wir auf Lügen? Das einzige, was wichtig für uns sein sollte, ist das Reich Gottes und wer immer dazu gehört: sei es Jude oder palästinensischer Araber.

An *Jom Kippur* erkannten wir auch, dass die Gemeinde dem Wort Gottes gehorchen und die „Enterbungstheologie" loswerden muss. Er erwählte Israel als Sein Erbteil und die Gemeinde wird dem gehorchen müssen, was Gott zu seinem Volk sagt: **„Du trägst nicht die Wurzel, sondern die Wurzel dich."** (Römer 11,18b)

Ja, ich schreibe dies als das Zeugnis eines Arabers aus Tunesien an Sie, jemand, der sowohl Araber als auch Israel liebt, an Sie, dessen Herz sich danach sehnt, dass der Bund Gottes sich ganz erfüllt. Sie haben die Gelegenheit, persönlich teilzunehmen an der Verkündigung der Guten Nachricht an das jüdische Volk. Wir wissen, dass solch eine Teilnahme dem Herrn sehr angenehm ist. Es bedeutet, Seinem Gebot gegenüber gehorsam zu sein!

Kürzlich kamen wir mit den nordafrikanischen Christen zusammen, um gemeinsam mit messianischen Juden einen Tag der Versöhnung zu feiern. Gott heilte viele derer, die dabei waren. Wir taten Buße über das Böse, das wir als Nordafrikaner in der Geschichte und in unserem eigenen Leben den Juden angetan haben. Es ist mein Traum, dass dies wieder geschehen kann, aber mit viel mehr nordafrikanischen Christen, dass wir unsere Schuld bekennen, und ich glaube, dass dies die Straße des Heils aufbauen wird. Das ist es, was Gott verheißen hat.

Der Herr sagte in Jesaja 42,19: **„Wer ist blind, wenn nicht mein Knecht [Israel]?"** Das heutige Israel hat keine Vorstellung davon, warum es eine Zielscheibe für die ständige Bedrohung des Bösen von innen und von außen ist. Wenn wir die

Propheten und das Alte Testament lesen, scheint das Wort Gottes so klar zu sein. Die Autoren erklären, als das Volk Israel Gott diente, beschützte Er ihre Nation vor fremden Armeen, vor Plagen und Hungersnot. Als Israel Gott den Rücken zukehrte, schnitten Israels Nachbarn Teile des verheißenen Landes ab und töteten Hunderttausende von Gottes erwähltem Volk. Große Menschenmassen wurden versklavt und die Städte Israels dezimiert. Das Böse schlug jedes Mal zu.

Wenn wir nur die Chronikbücher lesen, werden wir fast von Traurigkeit überwältigt, wenn wir die Torheit vieler religiöser und politischer Führer des jüdischen Volkes betrachten, die die Güte Gottes und das Leben in Fülle verlassen hatten, um in Finsternis, Krankheit, Niederlage, Trauer und Elend zu vegetieren.

> **Und sie zerstreuten sich, weil sie ohne Hirten waren, und wurden allen Tieren des Feldes zum Fraß (Hesekiel 34,5)**

Familien zerbrechen, Kinder werden missbraucht und die Lücke zwischen Reich und Arm ist eine der größten in den entwickelten Ländern. Unsere Führer verfolgen weiterhin von ganzem Herzen den Frieden. Aber es gibt keinen Frieden. Es gibt nur wenig Glück.

> **Glücklich der, dessen Hilfe der Gott Jakobs ist, dessen Hoffnung auf dem HERRN, seinem Gott, steht (Psalm 146,5).**

Lieber Bruder, wir haben die Antwort, nicht nur die Antwort auf Israels Unterdrückung und Gefühl der Hoffnungslosigkeit. Sie wissen es: Ich weiß es! Wir alle wünschen uns zu erleben, wie sich das Herz des Vaters Israel und der ganzen arabischen Welt offenbart. Der Apostel Paulus war so überwältigt von Traurigkeit über den Zustand des Volkes, dass er sagte: **„Ich habe gewünscht, verflucht zu sein von Christus weg für meine Brüder, meine Verwandten nach dem Fleisch“**

(Römer 9,3). Wenn der Tod die Erlösung bringen könnte, hätte Saul, der Israelit, seine eigene Seele als Opfer hingegeben.

Aber das hätte nichts gebracht. Nur der Sohn Gottes konnte dies tun! Trotzdem spielen wir eine absolut kritische Rolle in Israels Erlösung. Der Herr hat Ihnen und mir gesagt, welche Rolle das ist! Zunächst sollen wir das Evangelium zuerst den Juden bringen!!! Paulus sagte: **„Denn es ist Gottes Kraft zum Heil jedem Glaubenden“** (Römer 1,16b). Das galt in den Tagen von Paulus, und es gilt heute. Was aber ist mit dem zweiten Teil dieses Verses? Gilt heute immer noch, was auf die Zeit von Paulus zutraf? So geht es weiter:

> **... sowohl dem Juden zuerst als auch dem Griechen.**

Natürlich gibt es Völkerscharen rund um die Welt, die den Herrn und unsere Gebete brauchen. Gott hat bestimmt, dass das Evangelium Seinem Bundesvolk zuerst gepredigt wird. Er hat bestimmt, dass der Friedefürst Israel offenbart wird.

Lassen Sie uns zusammen dieses Licht jetzt zu Israel bringen!

> **Wie lieblich sind auf den Bergen die Füße dessen, der frohe Botschaft bringt, der Frieden verkündet, der gute Botschaft bringt, der Heil verkündet, der zu Zion spricht: Dein Gott herrscht als König! (Jesaja 52,7)**

> **Höre Israel: Der HERR ist unser Gott, der HERR allein! (5. Mose 6,4)**

> **So spricht der HERR; der König Israels und sein Erlöser, der HERR der Heerscharen: Ich bin der Erste und bin der Letzte, und außer mir gibt es keinen Gott. (Jesaja 44,6)**

> **Ich und der Vater sind eins. (Johannes 10,30)**

**Und die Herrlichkeit, die du mir gegeben hast, habe ich ihnen gegeben, dass sie eins seien, wie *wir* eins sind. (Johannes 17,22)**

**Denn *einer* ist Gott, und *einer* ist Mittler zwischen Gott und Menschen, der Mensch Christus Jesus. (1. Timotheus 2,5)**

Denken Sie daran, wäre es nicht um der Juden willen, dann hätten wir keinen Erlöser. Denn dies ist die Gruppe von Menschen, die Gott auswählte, um durch sie die ganze Menschheit zu retten. Wie Ruth, die Moabiterin zu Naomi sagte: „Dein Volk ist mein Volk, und dein Gott ist mein Gott." Ruth verließ ihr Volk und ihren alten Lebenswandel und schloss sich Naomi und Gottes Wegen an. Sie machte sich die Thora zu eigen und befolgte sie. Sie ist auch die Urgroßmutter König Davids und im Stammbaum des Messias Jeschua vertreten. Sie sollte unser größtes Vorbild als Person sein, die ihr altes Leben verlässt, um ein neues mit Israel und Israels Gott und Gottes Thora zu führen.

In diesen wundererfüllten Tagen stellt *Abba* Seine Wahrheit in Seinem Volk wieder her und wir sehen, wie die beiden im Messias eins werden. Wir sollen *ein* Volk werden, *ein* Leib und *ein* Glaube. Wenn Thora und Gnade in vollkommener Balance sind, offenbaren sie die Regeln David, des Sohnes Davids, der unser Messias und König ist.

Am 19. Mai 2002 kamen wir als nordafrikanische Christen zusammen, um einen Tag der Versöhnung mit den messianischen Juden in Frankreich und Brüssel zu haben. Gott heilte viele derer, die dabei waren. Wir taten Buße über das Böse, das wir als Nordafrikaner in der Geschichte und in unserem eigenen Leben den Juden angetan hatten. Es ist mein Traum, dass dies wieder passieren wird mit viel mehr nordafrikanischen Christen, die kommen, um unsere Schuld zu bekennen, und ich glaube, dass dies die Straße bauen wird. Gott hat es verheißen.

Eines möchte ich ganz klar sagen: Gott hat mein Leben verändert, indem er meine Beziehung zu den Juden durch spezifische und von Herzen kommende Gebete um Versöhnung wiederherstellte. Wenn wir fortfahren, dafür zu beten, wird Gott unsere Nationen heilen und wiederherstellen.

## *Rachel Netanel, in Israel geborene marokkanisch-stämmige Jüdin*

### Juden und Araber unter dem Schirm ihres Messias zusammen zu bringen, ist der einzige Weg zum Frieden.

Ich wurde in einem traditionell religiösen marokkanischen Zuhause in Talpiot, einem Stadtteil Jerusalems geboren. Als Kind war ich fasziniert von der Schöpfung und dachte oft darüber nach, wer wohl verantwortlich war für so viel Schönheit um uns her. Ich begann, nach Gott zu suchen und sog die biblischen Geschichten in der Schule in mich auf.

Nach meinem Schulabschluss heiratete ich einen Marokkaner und gebar zwei Söhne. Ich wusste damals nicht, dass diese Ehe von Anfang an zum Scheitern verurteilt war. Wir ließen uns bald scheiden und ich musste meine Kinder allein aufziehen. Ich wusste nichts davon, dass ein wahrer Mann Gottes mich nicht verlassen hätte. Dies war eine sehr schwierige und traurige Zeit in meinem Leben.

In jener Zeit verdiente ich meinen Unterhalt als Polizistin. Dieser Beruf gab mir einen tiefen Einblick in die Mentalität und Gebräuche meines Volkes in Jerusalem. Ich fand mich gut auf der Straße zurecht und begegnete vielen Menschen.

Nach zehn Jahren bei der Polizei beschloss ich, dass es nun Zeit war, eine andere Laufbahn einzuschlagen, also studierte ich, um abends als Modeberaterin tätig zu sein. Tagsüber arbeitete ich als Teppichhändlerin für persische Waren. In dieser Zeit hatte ich einen überraschenden Besuch vom Herrn. Er sandte zwei Seiner Botschafter in meinen Laden. Da waren also zwei Leute, die behaupteten, sie seien auf der Suche nach einem Teppich für ihren Gebetsraum, der sich *Das Haus Gottes* nannte. Ich war überrascht, als ich den Mann ansah. Er trug nicht einmal eine *Kippah*! Ich verstand nicht, wie ein sephardischer Jude solch eine Leidenschaft für seinen Gott haben konnte, ohne die traditionelle orthodoxe Kleidung zu tragen. Ich stellte ihm viele Fragen und wollte wissen, an welchen Gott er glaubte.

Er erzählte mir von seinem Glauben an Jeschua *HaMaschiach*. Ich schrie ihn an und sagte: „Sage diesen Namen nicht, das ist verboten!“ Trotz meiner Reaktion fuhr er fort zu erklären und etwas in mir begann, sich tief festzusetzen. Nachdem er mir viele Fragen beantwortet hatte, wurde ich gläubig.

Dies eröffnete mir ein ganz neues Bibelverständnis. Ich stürzte mich auf die Schrift und suchte nach Hinweisen auf den Messias. Ich wusste nicht, dass Jesus jüdisch war und dass Er die Erfüllung der alttestamentlichen Prophetie war. Die Geschichten der Fest- und Feiertage, die ich in meiner Kindheit gehört hatte, wurden plötzlich lebendig. Ich hatte so lange gedacht, dass Gott ein Gott des Gerichtes und der Strafe und eine ferne und schreckliche Macht sei. Ich lernte Seine Vergebung, Barmherzigkeit und Liebe kennen. Das Feuer der Wahrheit begann, in mir zu brennen.

Ich wollte diese neu gefundene Wahrheit jedem um mich herum mitteilen, inklusive meiner Familie, aber sie wollten sie nicht annehmen. Auch die Beziehung zu meinem Ex-Ehemann wurde immer schwieriger. Jeder dachte, ich sei verrückt geworden. Sie sagten immer wieder: „Auch das wird vorbei gehen.“ Aber für mich war es erst der Anfang.

Ich stand beruflich an einem Scheideweg aufgrund dieser Veränderung in mir. Ich hatte ziemlich viel Erfolg als Modeberaterin für die Fernsehindustrie. Ich hatte den Platz erreicht, von dem ich immer geträumt hatte, aber plötzlich war das nicht mehr genug. Mein Herz brannte dafür, alles zu verlassen, was ich bis dahin getan hatte und mich in einem vollzeitlichen Dienst meinem Volk zuzuwenden.

Ich begann mit einer Zusammenkunft Freitagabends, einer *Kabalat Schabat*. Es war ein informelles Treffen, bei dem wir über einer Mahlzeit Gemeinschaft miteinander pflegten und hinterher Lehre erhielten. Die Menschen sahen zunächst die Verbindung nicht, aber dort wurden Samen ausgestreut.

Bald wuchs die Anzahl der Menschen, die kamen, über die Kapazität meiner Wohnung hinaus. Wir waren auf über 50 Personen angewachsen. Dieselben Leute liebten den *Tanach* und den Mystizismus. Sie erhielten nun auf neue Art geistliche Nahrung. Es war ein Wunder zu erleben, wie beispielsweise am Unabhängigkeitstag, als überall Bomben hochgingen, sowohl Araber als auch Juden trotzdem in Einheit anbeteten.

Meine Vision ist, einen kreativen Weg für Gläubige aller Art im Heiligen Land zu unterstützen und eine Atmosphäre zu schaffen, wo die Menschen ihre Freude in Musik und Dichtung in einer Atmosphäre des Friedens und der Toleranz ausdrücken können. Wir müssen die Gelegenheit für einen östlich-orientalischen Ort der Musik und Kochkunst ergreifen, der Menschen verbindet und Frieden bringt durch Zeugnisse, die Menschen zu Jeschua ziehen. Araber und Juden kommen auf der Straße miteinander aus, aber unsere politischen Ziele und ihre stehen sich dabei im Weg.

Die Gute Nachricht in Jerusalem bekannt zu machen, bedeutet nicht nur zu reden, sondern zuerst mit den Menschen eine freundschaftliche Beziehung zu pflegen. Es dreht sich alles um Beziehung. Ich bleibe dauerhaft in Kontakt mit den Menschen, denen ich Zeugnis gebe. Israelis lieben es, Partys zu feiern und zu diskutieren. Um sie zu erreichen, musst du ihnen zuerst zu Essen geben und dann über bestimmte Themen diskutieren, die ihnen etwas bedeuten. Die Juden sind mein Volk und ich bin glücklich, dass ich ihnen dienen und jede Gelegenheit dazu benutzen kann. Juden und Araber unter dem Schirm ihres Messias zusammen zu bringen ist der einzige Weg, um zu Verständnis füreinander und zu Frieden zu kommen.

Ich organisiere spezielle Begegnungsabende für Juden und Araber. Ich kann meine Freude nicht beschreiben, wenn diese Menschen einander treffen. Eines Abends waren es über 50 Personen, von denen sich viele gar nicht kannten. Zunächst war ich besorgt, hatte sogar ein wenig Angst, wie sie alle reagieren würden, da es früher am Tag einen terroristischen Anschlag gegeben hatte. Die Atmosphäre war aber sehr warm. Wir sangen Lieder auf Arabisch und Hebräisch, bekamen etwas Lehre, hatten Gemeinschaft und teilten im Anschluss eine marokkanische Mahlzeit.

Die Araber dort fühlten sich angenommen und sichtlich wohl und stellten viele Fragen darüber, was wir glauben. Es war erstaunlich zu sehen, wer alles kam und was ihre Motive dafür gewesen waren. Eine Araberin, die jüdischen Kunden die Zukunft aus Kaffeesatz liest, bat um Gebet für sich selbst und ihren Haushalt. Ein ungläubiger Araber aus Hebron war der interessanteste Besucher, da er ohne meine Erlaubnis gekommen war! Er kam elegant gekleidet mit einem Freund zusammen. Er war so froh, in einem jüdischen Haus zu sein, dass er einen hübschen eisenbeschlagenen Spiegel mit brachte, der die hebräische Aufschrift *Schalom* trug. Die Gäste applaudierten, als er sein Geschenk präsentierte.

Meine Nachbarn, die ich zu einer marokkanischen Mahlzeit eingeladen hatte, kamen und drückten ihren Wunsch aus, uns noch einmal zu besuchen und Freunde mitzubringen. Die Schwiegermutter eines unserer Nachbarn bat um Kassetten und Videos, um etwas über Jeschua zu erfahren, und bat ebenfalls um Gebet. Ein religiöser orthodox-jüdischer Mann, der schon einmal bei mir zu Hause gewesen war, drückte seine Überraschung über diesen einzigartigen Abend aus. Andere fragten ihn, was er hier wolle. Eine behinderte Frau in einem Rollstuhl, Marcel, die seit einem halben Jahr regelmäßig zu uns kam, drückte ihren Wunsch aus, in der nächsten Woche getauft zu werden.

Kürzlich fand ein Arzt einen 5 mal 3 Zentimeter großen Abszess in meiner Gebärmutter, der mich zu einer Operation zwang. Wir beteten speziell dafür. Eine Woche später, als ich im Krankenhaus aufgenommen werden sollte, konnte der Arzt den Abszess nicht mehr finden. Er war verschwunden und tauchte nie wieder auf. Dies war ein großes Zeugnis für meine Familie und Freunde, weil Jeschua mich gesegnet hatte. Danach begannen meine Kinder, mich darum zu bitten, für ihre Nöte zu beten.

Ich war nicht die einzige, die kürzlich ein Wunder zur Ehre des Herrn empfing. Mein Ex-Ehemann wartete auf eine Herztransplantation im Krankenhaus. Meine Söhne baten mich, für ihn zu beten, sie glaubten, dass Jeschua ihm helfen könnte, dass er diese schwere Operation nicht benötigte. Nach zwei Monaten Gebet für sein Herz erhielt ich die Nachricht, dass er aus dem Krankenhaus ohne Operation entlassen worden war, weil die Ärzte ein erneuertes Herz in seiner Brust gefunden hatten. Wir beten weiter, dass Jeschua sein Herz auch geistlich in Jeschua erneuert!

## *Abu Boutros, marokkanischer Araber*

### Wenn dein Leben sich verändert, kehrt sich dein Herz von Hass zu Liebe um.

Ich wurde 1936 geboren und wuchs in einem muslimischen Zuhause in El Jadida im Königreich Marokko auf. Ich studierte und erwarb einen Abschluss in der arabischen Sprache und wurde ein Führer der muslimischen Gemeinschaft. Es gab mir aber keinen Frieden oder Freude in mein Herz, islamische Lehren zu unterrichten und als außergewöhnlicher Führer meines Volkes verehrt zu werden. Ich suchte immer nach einem tieferen Sinn und fühlte mich innerlich ständig sehr leer und verloren. Ich suchte verschiedene religiöse Wege, um mit dieser Leere fertig zu werden, fand aber keine Lösung.

1960 lud mich ein Bruder aus Großbritannien ein, ein Bibelstudium mit ihm zu machen. Das war meine erste Konfrontation mit der Guten Nachricht. Mein Herz begann zu schmelzen und ich fand viele Antworten auf meine Suche nach dem Sinn des Lebens. Eines Tages lasen wir das Evangelium in Johannes 3 und betrachteten die Geschichte von Nikodemus näher. Der Herr öffnete mein Herz und ich gab Ihm mein Leben und nahm Ihn als Herrn und Erlöser meines Lebens an. Ich habe seither niemals zurückgeschaut.

Vom Augenblick dieser Erfahrung an wurde ich ein neuer Mensch. Der Heilige Geist veränderte mein Leben völlig und begann, wunderbare und erstaunliche Dinge in meinem Leben zu tun. Meine ganze Haltung dem Leben gegenüber veränderte sich. Ich fand ein reales und sinnvolles Ziel im Leben, aber es gibt immer einen Preis, den man bezahlen muss. Ich war in jener Zeit selbständig. In dem Augenblick, als die Menschen erfuhren, dass ich Christ geworden war, hörten sie auf, in meinem Geschäft einzukaufen. Mein Laden erlitt schwere Verluste. Mehr als das, ich wurde von meiner Familie völlig abgelehnt und meine Gemeinschaft stieß mich aus. Ich musste viel Demütigung erleiden, wo immer ich auch hinging.

1966 heiratete ich meine Frau und der Herr segnete uns mit sechs wunderbaren Kindern, vier Söhnen und zwei Töchtern. Sie sind alle gläubig und lieben den Herrn.

1971 führte der Herr meine Familie und mich nach Spanien, um dort bei einer Mission zu arbeiten, und wir leben seither ununterbrochen dort. Ich begann meinen eigenen Dienst in Spanien 1983, er heißt „Ruf zur Erlösung". Der Dienst bietet Bibelkurse per Fernstudium und Internet an. Er veröffentlicht außerdem christliche Zeitschriften, verkündet das Evangelium durch Radioprogramme und führt Kurse für Leiterschaft, Jüngerschaft und Bühnenperformance durch. 2002 hatten wir mehr als 480 registrierte Studenten, viele von ihnen sind Pastoren, Älteste, Leiter und Evangelisten. Viele dieser Leute kommen aus Nordafrika. Halleluja, der Herr tut viel in Nordafrika! Dieser Dienst hat eine spezielle Berufung, unter muslimischen Konvertiten zu arbeiten. Wir bilden sie aus, in ihre eigenen Gemeinschaften zurückzukehren und das Evangelium ihrem eigenen Volk zu verkünden. Wir entwickeln außerdem Programme, die Christen helfen, besser zu verstehen, wie man Moslems evangelisiert und effektiver darin werden kann.

Bevor ich den Herrn kennen lernte, hasste ich die Juden und Israel. Es lebten viele Juden in Marokko und 1948 emigrierten viele von ihnen nach Israel und Frankreich. Jüdische Menschen arbeiten hart; sie sind äußerst erfolgreiche Geschäftsleute. Viele Angestellte in Banken und anderen Handelsbereichen in Marokko waren Juden. Sie hatten gut aufgebaute Gemeinschaften. Ich konnte sie nicht leiden.

Als ich zum Glauben an den Herrn Jesus kam, veränderte sich auch mein Herz gegenüber den Juden. Ich begann, sie als Kinder Gottes zu lieben und fing an, für ihre Erlösung zu beten. Ich war über 5 Mal in Israel, ich gehe nach Israel, um den Herrn mit Juden und Arabern zusammen anzubeten und das Evangelium zu verkündigen. Welch wunderbares Privileg ist es, diese Möglichkeit zu haben.!

Ich habe einige messianische Juden in Casablanca, Marokko, kennen gelernt und habe eine sehr gute Beziehung zu ihnen. Meine Liebe zu Juden und Israel ist grenzenlos. Wir lieben sie bedingungslos, ob sie sich nun dem Messias zuwenden oder nicht. Wir beten ständig für ihre Errettung. Sie sind ein Volk, das Gott, ihr Vater, zutiefst lieb hat. Als Moslem hasste ich die Juden, aber jetzt als ein Mensch, der an Jesus glaubt, liebe ich sie und möchte mit ihnen Beziehung haben als zu Kindern Gottes. Wir arbeiten ständig daran, Brücken zueinander zu bauen und Gläubige aus Ost und West zu Gemeinschaft und Gebet zusammen zu bringen. Wir teilen unseren Glauben einander auf tiefer Ebene mit und beten gemeinsam für echte Versöhnung zwischen Juden und Arabern, die nur durch den Messias geschehen kann. Je mehr wir zusammen kommen, um einander zuzuhören und zu erzählen, desto mehr Verständnis und Wertschätzung entwickeln wir füreinander.

Meine Familie und ich beten jeden Abend für Frieden in Israel zwischen Juden und Arabern, für Einheit im Leib Christi, dass das Evangelium jeden Haushalt in Israel erreicht, und für die Regierungen Israels und Palästinas. Wir beten auch für die verschiedenen ethnischen Gruppen in Israel – Äthiopier, Neueinwanderer, vor allem die Osteuropäer, argentinische Juden, Palästinenser und Araber mit israelischer Nationalität.

Ich leide unter den vielen Unruhen, dem Blutvergießen und dem vielen Schmerz, den es heute in Israel gibt. Aber ich habe volles Vertrauen, dass am Ende der Name des Herrn verherrlicht werden wird. Meine Erfahrung über viele Jahre sagt mir, dass es möglich ist, dass Araber und Juden zusammen leben. Und wenn Juden und Araber in Einheit im Messias zusammen kommen, dann werden sie ein Segen inmitten der Erde sein und es wird in der Tat große Freude in der Welt geben.

## *Barry Segal, israelischer Jude aus Amerika*

### Josef hat nicht nur die Nation Israel gerettet, sondern auch das Volk Ägyptens

Als ich zuschaute, wie die Ereignisse am 13. September 1993 sich entwickelten, stieg ein tiefes Gefühl der Besorgnis und Vorwarnung in mir auf, weil ich wusste, dass das Osloer Friedensabkommen, das auf dem Rasen vor dem Weißen Haus unterzeichnet wurde, zum Scheitern verurteilt war. Ich bin ein Optimist, was die Ewigkeit angeht, aber auch ein Realist, wenn es um Belange der Gegenwart geht, und so schrie mein Geist zum Herrn nach Weisheit und prophetischer Erkenntnis.

In den folgenden Tagen, Monaten und Jahren, begann mir das Wort Gottes, das er zweimal in einem Traum zum Pharao von Ägypten gesprochen hatte, und an das Gott mich erinnerte und durch das ich herausgefordert wurde, die Klarheit zu geben, die ich brauchte, nicht nur um zu verstehen, sondern auch in der Vision, die Er für mein Leben und meine Familie wollte, voranzukommen. Es brauchte einen Ägypter, der den Traum hatte, und einen jüdischen Propheten mit Namen Josef, der ihn auslegte, und eine zentrale Rolle in seiner Erfüllung spielte.

Und so war es, als gelte es für mein Leben, dass der Herr meinem Herzen dieses Wort bezeugte und in mich hineinlegte:

> *Von der Unterzeichnung des Friedensabkommens zwischen Jassir Arafat von der PLO und Jitzchak Rabin von Israel an wird es wieder sein wie in den Tagen Josefs; es wird sieben Jahre relativen Friedens und Wohlstandes geben, vor allem in den Nationen des Westens, es wird schnellere Kommunikationswege geben denn je, einen Austausch von Finanzmit-*

*teln im großen Stil, das Wissen wird zunehmen und der Wohlstand auf den Märkten wird überfließen, aber am Ende dieser sieben Jahre wird das Friedensabkommen scheitern und die Nationen werden erschüttert werden bis zur Wiederkunft des Messias.*

Was dann Mitte der 90er Jahre folgte war, dass ich das Verlangen bekam, Tag und Nacht Kapitel 41 aus dem 1. Buch Mose zu lesen. Das Ergebnis dieses Enthusiasmus war, dass ich unseren Dienst, der Joseph Storehouse heißt, aufbaute, ein humanitäres Hilfszentrum, das in den judäischen Hügeln Jerusalems gelegen ist.

Wir begannen mit der Erstellung unseres ersten Lagerhauses im Januar 1998, um uns auf die Zeiten vorzubereiten, die auf September 2000 folgen würden. Gottes Zeitplan war perfekt. Unsere ersten Anfänge und die erste humanitäre Verteilung von Hilfsgütern lehrten uns mehr über Gottes unendliche Wege der Liebe als unsere eigenen Gedanken als jüdische Gläubige an Jeschua den Messias.

Die erste Bitte um Hilfe erhielten wir in der Tat von der arabischen Beduinengemeinschaft, die sich hauptsächlich aus Moslems zusammensetzt. Wir waren zunächst reserviert, weil wir vor allem an die Tausende Neueinwanderer dachten, die nach Israel kamen. Dennoch konnten wir nicht jene verleugnen, zu denen der Herr uns auch gesandt hatte, nämlich zu den arabischen Kindern Abrahams.

Es war ein wenig seltsam und irgendwie amüsant, aber das Ergebnis brachte in unseren Herzen, und vor allem in meinem Herzen, eine Offenbarung dessen hervor, wie wir als jüdische Gläubige gebraucht werden konnten, die Arabisch sprechende Bevölkerung zu erreichen, ohne uns einschüchtern oder von unserem eigenen Denken oder unseren eigenen Grenzen limitieren zu lassen. Dann dämmerte mir, dass Josef nicht nur die Nation Israel bewahrte, sondern dass Gott ihn auch gebrauchte, um das Volk Ägyptens zu retten.

Seit 1998 war es uns möglich, Tausende arabischer Christen und Moslems mit Nahrungsmitteln und Kleidung zu versorgen. Bis heute führen wir diese Projekte durch. Stellen Sie sich eine Zeit vor, in der Tausende von Moslems ins Reich Gottes kommen. Möglicherweise sind wir, das Joseph Storehouse, ein Katalysator, der bewirken kann, dass dies geschieht, während wir auch noch dazu auf dem Erntefeld des Volkes Israel arbeiten.

Über die Feiertage letztes Jahr brachten wir humanitäre Hilfspakete zu über 330 Familien in Bethlehem und den umliegenden Städten, trotz der Ausgangssperre, die über der Stadt verhängt worden war. Ich erinnere mich an den Ausdruck der Freude und an das Lächeln in den Gesichtern vieler Väter, Mütter und Kinder, als wir mit Erlaubnis der israelischen Armee kamen, um Nahrungsmittel und Festtagsgeschenke zu verteilen. Trotz des Drucks islamischer Terrorgruppen, jeden Ausdruck der Freude in der arabisch-christlichen Gemeinschaft zu verhindern, blitzte die Dankbarkeit und Fröhlichkeit sogar in diesen schwierigen Zeiten durch.

Als wir als jüdische Gläubige in Bethlehem aus unseren Herzen zu den Menschen sprachen, werde ich nie die großen braunen Augen eines kleinen Kindes vergessen, das ganz bunt gekleidet war. Ich dachte sofort an das bunte Gewand, das Josef in der Geschichte im 1. Buch Mose trug, das mich all die Jahre motiviert hat. Ich dachte an die Nahrungsmittel und Gebrauchsgüter, die wir der Familie und dem Zuhause dieses Kindes brachten. Ich erinnerte mich an die Worte Jeschuas: **„Lasst die Kinder, und wehrt ihnen nicht, zu mir zu kommen! Denn solchen gehört das Reich der Himmel"** (Matthäus 19,14). Mein Gebet für diesen kleinen Jungen und viele wie ihn ist: „Herr, möge diese Kind dein Diener werden. Möge er Deine Salbung empfangen und eines Tages ein gerechter Führer seines Volkes werden".

Welch ein mächtiges Zeugnis von Gottes leidenschaftlicher Liebe, wenn wir erkennen, dass das Werk des Joseph Storehouse nicht nur ein Werkzeug in der Hand des Herrn ist, um Männer, Frauen und Kinder mit Gott und Jude mit Jude zu versöhnen, sondern auch zur Versöhnung zwischen Juden und Arabern.

**Und die Hungersnot war auf der ganzen Erde; und Josef öffnete alles, worin Getreide war, und verkaufte den Ägyptern Getreide; und die Hungersnot war stark im Land Ägypten. Und alle Welt kam nach Ägypten zu Josef, um Getreide zu kaufen; denn die Hungersnot war stark auf der ganzen Erde (1. Mose 41,56-57).**

## *Claude Ezagouri, israelischer Jude aus Algerien*

### Gott gab mir eine Liebe für die Christen, eine Liebe für die Araber, und eine Last für die Russen, die nach Israel zurückkehren.

Ich komme aus einem sephardisch-jüdischen Hintergrund. Ich wurde 1949 geboren und verbrachte die ersten 13 Jahre meiner Kindheit in Algerien und erlebte dort den Krieg von 1954-1962. Vor allem unter der französischsprachigen Bevölkerung herrschte viel Misstrauen und Argwohn gegenüber den Arabern. So wurden wir erzogen.

Ich wurde auch dazu erzogen, dieselben Gefühle gegenüber Christen zu hegen, aufgrund ihrer langen Geschichte der Judenverfolgungen. Die Rabbis sagten, das Ziel der Christen sei es, die Juden zum Christentum zu bekehren und sie zu Proselyten zu machen, worunter sie ausschließlich den Übertritt zum Katholizismus verstanden. Wir nahmen uns in Acht vor anti-jüdischen Arabern und genauso vor anti-jüdischen Christen. Ich wurde dazu erzogen, dieselben Gefühle den Russen gegenüber zu haben. Diese frühe Erziehung tritt in meiner Erinnerung deutlich hervor, wenn ich zurückblicke und sehe, was der Herr in meinem Leben und Dienst getan hat.

Im Juni 1962 verließen die 1 Million französischsprachigen Algerier das Land. Ein großer Exodus nach Frankreich fand statt. In Frankreich gehörte ich zu einer religiösen jüdischen Gemeinschaft, nahm an der Bar-Mitzva teil und besuchte regelmäßig die Synagoge. Als ich meine Frau heiratete, die eine nominelle Katholikin gewesen war, beschloss sie, unter orthodoxen Rabbis zum Judentum überzutreten. In der Zeit ihres Übertritts begannen wir, uns tiefer mit dem Judaismus zu beschäftigen. Ich besuchte häufig die Synagoge, studierte den Talmud, usw. Ich erinnere mich daran, wie die Rabbis unser Haus und unsere Glaubenspraxis zu Hause überprüften, um ihre Konvertierung zu besiegeln. Nach dem Übertritt folgte für uns die *Alijah* nach Israel.

Als wir 1975 nach Israel immigrierten, kamen wir mit einem anti-arabischen, anti-christlichen und anti-russischen Denken. Nach ein paar Jahren in einem Kibbuz in Galiläa meinte ich, wirklich etwas tun zu müssen, um den Judaismus zu schützen. Ich war ein Mitglied des Kibbuz und schlug dem Kibbuz vor, jedem Nichtjuden zu untersagen, in irgendeiner Weise Mitglied des Kibbuz werden zu können. Weil der Kibbuz nicht religiös war, wurde dieser Vorschlag natürlich zurückgewiesen, aber dies zeigte, welche Einstellung ich damals hatte.

In den frühen 80er Jahren kamen einige christliche Volontäre in den Kibbuz. Die Christen versuchten, mit mir über Jesus ins Gespräch zu kommen, aber ich lehnte das ab. Zu jener Zeit betete ich sogar jeden Morgen mit meiner Talit, den traditionellen Gebetsriemen und einem Gebetbuch. Ich begab mich auf eine geistliche Suche, weil ich spürte, dass mir etwas fehlte, etwas, das ich nicht verstand. Ich hatte das Gefühl, dass ich auf der Suche nach der Wahrheit war. Ich begann, mich bei anderen Religionen umzusehen. Ich interessierte mich für Buddhismus, dann für Hinduismus und schließlich für transzendentale Meditation.

Von 1980 – 83 praktizierte ich auch transzendentale Meditation und meditierte jeden Tag. Es war nicht gut für meine Familie. In der Zeit, die ich eigentlich mit meiner Familie verbringen sollte, beschäftigte ich mich mit transzendentaler Meditation. Ich tat gefährliche Dinge und betete beispielsweise den Mond an, fühlte die Energie des Mondes und praktizierte verschiedenste Arten von Zauberei. Ich dachte, ich fände die Wahrheit, nach der ich suchte, aber bekam nur einen faulen Frieden, den mir transzendentale Meditation und Yoga brachten.

1983 sah meine Frau ein Buch mit dem Titel *Die Kunst der Meditation*, verfasst von einem Guru. Sie dachte, das sei die Art Buch, das mir gefallen würde und für das ich mich interessieren könnte. Ich nahm es entgegen, weil ich dachte, es ginge um transzendentale Meditation, aber als ich es zu lesen begann, war ich überrascht, dass es um Meditation über Verse der Bibel ging. Ich weiß bis heute nicht, ob dieser Guru den Herrn angenommen hatte oder nicht, aber der Herr gebrauchte dieses Buch, um mein Herz zu berühren.

Als ich zu den Versen aus dem Neuen Testament kam, spürte ich, dass etwas in mir vorging. Es war meine erste Begegnung mit dem Neuen Testament und ich spürte, dass die Verse eine große Wirkung auf mich hatten, vor allem die Worte Jesu über Glauben. Sie waren sehr stark. Für mich als Juden hatten die Lehren Jesu eine große Wirkung, weil sie keine Rabbi-Geschichten waren. In der Bibel stand, dass Jesus mit Autorität sprach und so empfand ich das auch. Einen anderen Maßstab, den ich im Neuen Testament fand und im Judaismus nicht gefunden hatte, war Liebe. Ich war berührt von den Worten Jesu und begann, sie zu glauben, aber ich hielt es auch für verrückt. Ich dachte, ich ginge durch einen verrückten Prozess: Ich bin ein Jude und glaubte an den christlichen Messias. Ich konnte nicht einmal im Namen Jesu beten. Es war in den Lehren der Rabbis verboten, den Namen Jesus überhaupt auszusprechen. So legte ich das Buch zur Seite und sagte mir, ich sollte es einfach vergessen, aber der Herr sprach mich auf andere Weise an.

Zu jener Zeit hatte ich einen großen Weltempfänger als Hobby. Ich hörte Radioprogramme aus aller Welt. Jeden Abend suchte ich nach einer neuen Station. Eines Abends hörte ich eine Stimme auf Englisch, aber ich erkannte die Station nicht. Ich dachte, es sei eine neue Station oder eine weit entfernte Station von der anderen Seite der Erdkugel. Tatsächlich aber wurde die Sendung aus dem Südlibanon ausgestrahlt. Ein Prediger sprach über Jesus, wie er von Jesaja prophezeit worden war. Ich wusste, dass Jesaja in meiner jüdischen Bibel stand und dachte, das sei unmöglich. Er lud die

Hörer ein, ihm zu schreiben, also tat ich es. Er schickte mir 12 Kassetten über das Buch Jesaja.

Ich arbeitete in jener Zeit auf einer Bananenplantage, also hatte ich alle Zeit der Welt, die Kassetten zu hören, während ich arbeitete. Beim Hören schlug ich alle Verse in meiner jüdischen Bibel nach. Ich begriff, das ich dabei war, endlich die Wahrheit zu finden. Jesus wurde mir als der jüdische Messias offenbart. Ich fragte mich: „Was soll ich jetzt tun? Bin ich der einzige in Israel, der die Wahrheit kennt?“ Ich schloss, dass ich vielleicht ein Buch schreiben sollte, aber zuerst musste ich es meiner Frau sagen.

Ich ging nach Hause und überbrachte meiner Frau die wunderbare Nachricht. Sie nahm sie nicht so gut auf. Sie sagte: „Du bist derjenige, der sich für den Buddhismus interessiert hat, dann hast du den Hinduismus erforscht, dann bist du zur transzendentalen Meditation übergegangen, und jetzt erzählst du mir, dass Jesus der jüdische Messias ist. Bis du verrückt geworden?“ Sie wollte nichts davon oder von irgendetwas hören, was ich über die Bibel zu sagen hatte. Die nächsten 2 Jahre waren sehr schwierig, weil wir keine gemeinsame Sprache hatten. Ich wusste nicht, wie ich meinen Glauben verständlich machen konnte und beging viele Fehler. Wir beschlossen, uns scheiden zu lassen.

Als wir beschlossen, den Scheidungsprozess einzuleiten, arbeitete gerade eine christliche Volontärin mit meiner Frau zusammen. Als sie zu uns nach Hause kam, erzählte ich ihr, dass ich als Jude an Jesus glaubte und dass ich der einzige in Israel sein müsste. Sie sagte mir, dass ich nicht der einzige sei, sondern dass es andere gäbe, die wie ich glaubten, dass es sogar ganze Gemeinden von Gläubigen hier in Israel gäbe. Ich war sehr überrascht und wollte sie unbedingt treffen. Durch sie begegnete ich anderen jüdischen Gläubigen und erzählte ihnen, dass nachdem ich zu glauben begonnen hatte, meine Frau sich von mir scheiden lassen wollte. Sie sagten mir, dass dies kein Problem sei und ich jeden Tag für die Errettung meiner Frau beten solle.

So naiv es klingt, aber ich nahm mir dies als Aufgabe vor. Ich betete stur jeden Tag für die Errettung meiner Frau, obwohl wir nicht miteinander redeten. Nach ein paar Wochen im Gebet sah ich, wie meine Frau begann, jeden Tag von Morgens bis Abends in der Bibel zu lesen. Durch das Wort Gottes, Gebet und das Werk anderer Menschen tat der Herr ein schnelles Werk in ihrem Leben. So hat der Herr nicht nur meine Frau gerettet, sondern auch meine Ehe. Ich fand das wundervoll. Es war mein erstes Wunder: Ich betete für die Errettung meiner Frau und innerhalb weniger Wochen wurde sie errettet, obwohl sie so scharf gegen meinen Glauben eingestellt gewesen war. Da ich jetzt Glauben an die Macht des Gebets hatte, beschloss ich, für meine Kinder zu beten. Ich betete täglich für meine Kinder und sie empfingen den Herrn.

Gott hatte mir grünes Licht gegeben, einen jungen Mann zu adoptieren, der aus schwierigen Familienverhältnissen kam. Seine Familie und der Kibbuz warnten ihn, dass wir Missionare seien und wenn wir mit ihm über die Bibel sprechen wollten, er nicht zuhören solle. Er war sehr misstrauisch uns gegenüber, vor allem, wenn wir als Familie mit der Bibel zusammenkamen, um miteinander zu reden und zum Herrn zu beten. Ich begann, täglich für ihn zu beten, so wie ich es für meine Frau getan hatte. Nach einem Jahr glaubensvollen Gebetes kam er zu mir und sagte: „Etwas beunruhigt mein Herz, ich weiß nicht, was mit mir geschieht. Ich merke, dass ich mich von der Person Jesus angezogen fühle. Es ist unglaublich, jedes Mal, wenn ich eine Prüfung in der Schule habe und im Namen Jesu bete, dann schaffe ich sie." Er empfing den Herrn und wurde gläubig. Das war mein zweites Wunder und eine Bestätigung, dass der Herr meine Gebete hörte.

Ich beschloss, für meine Mutter zu beten. Ich wusste, dass dies eine schwere Aufgabe war, weil meine Mutter diejenige war, die ihre Familie zur Feindseligkeit gegenüber Arabern, Christen und Russen erzogen hatte. Ich begann, für sie täglich zu beten, wie ich es für meine Familie getan hatte. Nach einem Jahr kam meine Mutter nach Israel, und ich erzählte ihr von meinem Glauben. Sie wurde wütend und sagte, dass

Jesus nichts für die Juden sei. Sie reiste ab und kehrte nach Frankreich zurück.

Ich war nicht entmutigt und betete weiter für sie. Bald darauf reiste ich nach Frankreich, um sie zu besuchen. Dort erzählte ich ihr wiederum von meinem Glauben und ließ vor allem Bibelstellen aus dem Alten Testament mit einfließen, die bezeugten, dass Jesus der Messias der Juden ist. Sie antwortete: „Das ist unmöglich. Wenn das wahr wäre, dann hätten die Rabbis uns das gesagt. Ich werde das nur glauben, wenn du mir das in der Bibel meines Vaters zeigen kannst."

Mein Großvater war ein orthodoxer Jude, der seine Zeit mit Talmudstudien mit anderen Rabbis zusammen in der Synagoge verbracht hatte. Es war eine sehr alte Bibel aus dem Jahr 1906. Als sie mir die Bibel überreichte, war ich sehr überrascht, dass sie sowohl Altes als auch Neues Testament enthielt, es war also eine komplette Bibel! Es war nicht sehr schwierig, meiner Mutter in der Bibel ihres Vaters zu zeigen, dass Jesus der jüdische Messias war. Sie nahm ebenfalls den Herrn auf. Über die Jahre betete ich auch für die Errettung meiner drei Schwestern und sie alle empfingen ebenfalls den Herrn.

Gott hat praktisch meine ganze Familie durch Gebet errettet. Er gab mir eine Liebe für die Christen, eine Liebe für die Araber und eine Last für die Russen, die nach Israel zurückkehren.

Bevor ich nach Israel kam, hatte ich keinerlei Kontakt mit Arabern. Sogar in Algerien lebten wir in verschiedenen Vierteln und es gab nur spärliche Kontakte. Nachdem ich in Israel gläubig geworden war, veränderte sich meine Haltung den Arabern gegenüber. Ich veränderte mich sogar noch stärker, als ich zum ersten Mal arabische Gläubige in Israel traf. Zunächst besuchte ich Treffen im Norden Israels mit arabischen Gläubigen, und später, als ich in den Dienst einstieg, bekam ich noch mehr Kontakte. Es verblüffte mich, Araber zu sehen, die glaubten wie ich und die mit Gottes Liebe erfüllt worden waren. In meinem Denken waren Araber früher schlechte Menschen und Feinde gewesen. Obwohl es kein dramatisches Erlebnis gegeben hatte, durch das der Herr meine antiarabische Einstellung verändert hatte, war ich im Rückblick erstaunt zu sehen, was der Herr in meinem Herzen tat, als ich meine arabischen Geschwister in diesen Treffen kennen lernte.

In Galiläa haben wir sehr gute Langzeitbeziehungen mit unseren arabischen Geschwistern. Bevor ich in den Dienst ging, entwickelte ich eine besondere Beziehung mit Anis Barhoun in Galiläa. Wir besuchten ihn früher öfter und unsere Familien waren einander in besonderer Weise verbunden. Beziehungen zu anderen arabischen Leitern fanden auf ähnlich freundschaftliche Weise statt. Sie entwickelten sich weiter, nachdem ich Pastor geworden war, weil ich so auch in Gemeinschaft mit arabischen Leitern kam. Anis und Noel waren die ersten.

Bei mehreren Gelegenheiten, wenn jüdische Gemeinden und arabische Gemeinden zusammen kamen, diente ich mit arabischen Gläubigen und besuchte Treffen mit arabischen und jüdischen Leitern. Dabei gab es auch Treffen, die von Tom White initiiert wurden. Durch die gemeinsame Zeit, die wir jedes Jahr miteinander verbrachten, entwickelte der Herr sehr starke Beziehungen. Durch diese Freizeiten waren wir drei Tage lang zusammen, teilten die Mahlzeiten miteinander und tauschten uns über sehr tiefe und persönliche Dinge miteinander aus. Es gab keinen Unterschied zwischen Arabern und Juden. Wenn wir zusammen waren, vergaßen wir die Feindschaft zwischen unseren beiden Völkern.

Vor drei Jahren war ich zum ersten Mal mit einem arabischen Leiter, und zwar mit Nisar Touma, außerhalb des Landes. Seither haben wir das jedes Jahr getan. Mit demselben Zeugnis von Jesus gab es keinen Unterschied zwischen Jude und Araber. Mittlerweile stehen sich sogar meine Familie und Nisars Familie nahe. Wir fahren manchmal nach Nazareth zu Besuch zu ihnen.

Einmal, als ich zusammen mit N., einem arabischen Pastor aus einem der Golfstaaten, in Singapur war, wurde ich geistlich angegriffen und sehr krank. N. war eine ganz besondere Hilfe für mich. Am Tag war ich unter Menschen und bekam Hilfe von ihnen, aber Nachts hatte ich viele Probleme durch den Angriff. Ich musste N. manchmal um vier Uhr Morgens aufwecken und er versorgte mich, brachte mich sogar ins Krankenhaus. Eines Nachts multiplizierten sich die Angriffe. Ich fragte N., ob ich ihn aufwecken könnte, wenn die Angriffe mitten in der Nacht wieder auftreten. Er sagte, es sei kein Problem und dass ich es bitte tun solle.

Er tat mir leid, wenn ich ihn um vier Uhr Morgens aufweckte. Er kam und betete mit mir und wartete, bis ich wieder einschlief. In jener Nacht blieb er wach und betete den Rest der Nacht durch bis in den Morgen. Er war perfekt und ein Segen. Ich war erstaunt über diesen arabischen Bruder, der zu mir war, wie noch niemals jemand zuvor. Der Herr zeigte und sagte mir: „Dies ist dein arabischer Bruder, der bei dir ist und mit dir durch diese schwere Prüfung geht."

Am nächsten Morgen war er auf und referierte nach nur wenigen Stunden Schlaf. Ich war dem Herrn wirklich sehr dankbar für ihn. Gott gebrauchte diese Zeit, um sein Herz für das jüdische Volk wirklich in ganz tiefer Weise zu öffnen. Wenn ich zurückblicke, bin ich erstaunt zu sehen, was der Herr tat, um mein anti-arabisches Denken zu verändern.

## *Niam Khoury, Araber aus Bethlehem*

### Ich glaube dasselbe wie ein Jude, der Jeschua als Messias annimmt.

Ich wurde in der Altstadt Jerusalems in eine griechisch-orthodoxe Familie geboren und wuchs dort auf. Mein Großvater war ein griechisch-orthodoxer Priester und ich hatte elf Cousins, die ebenfalls Priester waren. Als ich zum ersten Mal das Evangelium hörte, wie Jesus Christus für mich am Kreuz gestorben war und Er Sein kostbares Blut vergossen hatte, ergriff der Heilige Geist mein Herz. Ich war unter der Überführung des Heiligen Geistes. Ich konnte jenen Ort nicht verlassen, ohne eine Entscheidung zu treffen, und ich bin froh darüber, dass ich es tat. Ich ging in dieser Veranstaltung nach vorn, um den Herrn Jesus Christus als meinen persönlichen Erlöser zu empfangen. Zum ersten Mal wusste ich, dass Jesus der einzige Erlöser ist. An jenem Abend wurde ich mit der Kraft Gottes erfüllt. Freude, Glück und Frieden erfüllten mein Herz, nicht aufgrund dessen, was ich getan hatte, sondern was Jesus Christus auf Golgatha für mich getan hatte. Ich bin so dankbar für diese Veränderung, die Gott in meinem Leben bewirkt hat.

Ich war sehr glücklich und freute mich riesig darüber, aber irgendwie hatte ich als jüngstes von zehn Kindern Angst davor, meiner Familie die Nachricht von meiner Bekehrung zu überbringen. Ich behielt sie eine Woche für mich, und der Geist des Herrn kam wieder auf mich und sagte: „Nein, du kannst es nicht geheim halten, du musst deiner ganzen Familie erzählen, was geschehen ist." Ich antwortete: „Herr, was immer du verlangst, ich bin bereit es zu tun." In der folgenden Woche begann ich zu erzählen, was mit mir geschehen war, wie Jesus Christus in mein Leben gekommen war und mein Leben verändert hatte und mir Frieden und Glück und Freude und Vergebung durch das Blut Jesu Christi gegeben hatte. Sie nahmen es nicht an. Als Menschen, die in einer traditionellen Kirche aufgewachsen und sehr stark mit dem Priesteramt verbunden waren, war es äußerst schwierig für sie zu begreifen und zu verstehen, was es bedeutet, wiedergeboren zu sein, was es bedeutet, ewiges Leben zu haben und zu wissen, dass die Sünden durch das Blut des Lammes vergeben sind. Ich konnte ihnen nur schwer erklären, dass im Wort selbst geschrieben steht, dass das Wort Gott ist.

Ich wuchs in einem religiösen Zuhause auf, und doch war ich verloren, weil ich nie die Chance oder Gelegenheit gehabt hatte, das Wort Gottes, die Bibel, zu öffnen, um sie zu lesen. Als ich anfing, täglich in der Bibel zu lesen, entdeckte ich so viele wertvolle Dinge, die in diesem wunderbaren Buch, dem Buch des Lebens, dem Buch Gottes geschrieben waren. Da meine Familie diese Dinge nicht verstand, erlebte ich harte Zeiten der Verfolgung. Ich musste viele harte Erfahrungen machen. Jedes Mal betete ich und schrie zu Gott: „Herr, wie lange soll das noch so gehen?" Der Geist des Herrn kam wieder auf mich und sagte: „Sohn, denke an das Versprechen, das ich dir gegeben habe, ich werde dich nie verlassen noch versäumen." Ich bin froh, dass inmitten all der Kämpfe und Schwierigkeiten der Herr mir beständig Frieden und Freude durch Seinen liebevollen Geist gab.

Nach sieben harten Jahren, die ich allein verbrachte, kam meine Mutter zum Herrn und empfing Jesus als ihren persönlichen Erlöser. Sie versuchte, mich zu trösten und sagte: „Ich wünschte, ich hätte das früher gewusst." Wir begannen, miteinander zu beten. Sie liebte wirklich den Herrn. Sie betete viel für mich. Jahr um Jahr habe ich erlebt, wie die meisten meiner Brüder und Schwestern Jesus als ihren persönlichen Erlöser annahmen. Es war nicht einfach, wie ich schon erwähnt habe, weil die Menschen in den traditionellen Gemeinden sehr verloren sind. Sie kennen die Bibel nicht wirklich. Ich werfe ihnen das nicht vor; Schuld sind vielmehr die Leiter. Sie öffnen nie die Bibel und sagen den Menschen, was in diesem wertvollen Buch geschrieben steht. Ich bin so dankbar zu sehen, dass nach so vielen Jahren des Gebets und der Verfolgung meine Brüder und Schwestern den Herrn Jesus Christus kennen lernen konnten.

Sechs Monate nach meiner Bekehrung berief mich der Herr, Sein Diener zu sein. Ich wusste, dass ich eine echte Berufung hatte, eine echte Berührung von oben, vom allmächtigen Gott, dass ich in Seinem Dienst sein sollte. Ich wollte Ihm dienen. Ich wollte den Menschen von Ihm erzählen. Ich wollte die Menschen über die wunderbare Liebe des Herrn Jesus Christus lehren. Also besuchte ich in den USA ein College. Als ich mit meinem Studium 1980 fertig war, kehrte ich nach Bethlehem zurück, weil ich sah und erkannte, dass die Stadt, in der Jesus geboren worden war, keinen Leuchtturm hatte. Ich spürte, dass der Herr mir ins Herz gab, in diese Richtung zu gehen, zur Stadt Davids, der Stadt Bethlehem, wo Jesus geboren wurde, um einen Leuchtturm für den Herrn Jesus Christus aufzubauen. Das war keine leichte Entscheidung, weil der Aufbau einer Gemeinde in Bethlehem große Anstrengungen mit sich brachte und wir ständig mit Schwierigkeiten konfrontiert waren und ich einiges an Kopfschmerzen auszuhalten hatte. Ich bin so dankbar, dass durch diese Anfänge Hunderte von Menschen den Herrn Jesus Christus als ihren persönlichen Erlöser kennen gelernt haben. Wir haben einen Samen gepflanzt und den Rest dem Herrn überlassen. Wir haben Hunderte von Menschen in ihren Häusern besucht, die immer so glücklich und froh waren, dass jemand kam, um ihnen vom Herrn Jesus Christus zu erzählen. Wir können ohne Übertreibung sagen: „Gott sei die Ehre für all das Große, das Er getan hat."

Heute haben wir über 200 Mitglieder in unserer Gemeinde und über 250 Kinder in der Sonntagsschule. Wir hatten auch schon eine Bibelschule, um die Ortsansässigen in der Gegend um Bethlehem, die wirklich daran interessiert waren, dem Herrn durch Sonntagsschule, Lehre oder Zeugnis zu dienen, auszubilden und zu schulen. Der Herr hat uns gebraucht.

Wir spürten die Berührung des Heiligen Geistes auf diesem Dienst vor allem während der letzten 2 bis 3 Jahre, während dieser äußerst angespannten Situation, dem Konflikt zwischen Israelis und Palästinensern: Die Arbeitslosigkeit, die Belagerungen, das Schließen der Grenzen, die Kämpfe, die Schießereien, die Morde und das Blutvergießen. In all diesen Unruhen berührt Gott viele Menschenleben. In diesen kritischen Zeiten haben wir erlebt, wie viele Menschen den Herrn Jesus Christus kennen lernen. In jeder einzelnen Woche hatten wir Menschen, die zum Herrn kamen und Ihn als Erlöser annahmen.

Die Frage, die Sie vielleicht stellen mögen ist: „Warum und wie?" Ich denke manchmal lernen Menschen durch Schwierigkeiten, Unruhen und Not, dass Er der Einzige ist, auf den man sich verlassen kann. Menschen, die durch hoffnungslose, sorgenvolle und schwierige Situationen gehen, fragen oft: „Was ist die Lösung für unser Problem?" Wenn sie Fragen stellen, geben wir ihnen einfache Antworten aus dem Wort Gottes, dass Jesus Christus die einzige Hoffung und die einzige Lösung für unsere Probleme ist. Sie erkennen, dass sie dieselbe Erfahrung brauchen, nämlich dass sie Jesus, dem Friedefürst, erlauben, in ihr Leben zu kommen. Auf diese Art haben wir viele Menschen gesehen, die sich an den Herrn wenden und von ihm eine Lösung für die vielen Herausforderungen in ihrem Leben suchen.

Wir haben einen herrlichen Gott. Wir haben einen Gott, der auf dem Thron sitzt. Er ist derselbe, gestern, heute und in alle Ewigkeit. Ehre sei Gott, Halleluja! Jene Menschen hegten Hass und Verbitterung gegen ihre Feinde in ihren Herzen. Wenn wir den Herrn Jesus Christus annehmen, dann haben wir nur *einen* Feind, und das ist Satan, der Teufel. Es sind nicht mehr länger die Juden unsere Feinde. Ich glaube, dass dasselbe für einen Juden gilt, der Jeschua, den Messias, den Herrn Jesus Christus, annimmt. Für ihn sind die Feinde nicht mehr länger die Araber und Palästinenser, sondern der Teufel, Satan. Unser Herr Jesus Christus kann uns durch Seine wunderbare Liebe und die Kraft des Heiligen Geistes miteinander verbinden, auf dass wir einander lieben. Wir sollten Liebe zueinander haben; wir sollten Liebe für unsere sogenannten „Feinde“ haben.

Ich glaube nicht, dass ich als wiedergeborener Christ Feinde habe außer Satan. Darum haben wir eine besondere Liebe in unseren Herzen für unsere jüdischen Geschwister und für unser eigenen Volk, die Palästinenser-Araber. Wir haben sogar eine besondere Liebe für die Moslems. Gott liebt jeden. Gott will nicht, dass irgendjemand verloren und in die Hölle geht. Gott will, dass die Menschen auf ihn sehen und ihn in ihrem eigenen Leben suchen. Es ist wunderbar zu wissen, dass Gott Herzen verändern kann. Darum müssen wir seine Botschaft weitertragen, solange wir leben. Wir müssen die Botschaft des Friedens, die Botschaft der Versöhnung weitertragen, damit die Menschen erfahren, dass Jesus die einzige Hoffnung ist. Jesus ist die einzige Antwort für einen Menschen und für die Schwierigkeiten und Probleme der Menschheit. Ich bin so dankbar, dass ich heute sagen kann, dass trotz allem, was geschieht, der Herr uns dazu geführt hat, jüdischen Menschen Zeugnis zu geben. Wir verteilen christliche Bücher und Traktate, die auf Hebräisch geschrieben sind. Als Diener Gottes hat Er mich auf vielerlei Weise gebraucht, sie zu erreichen.

Wir müssen gemeinsam zum allmächtigen Gott beten, dass Gott Satan und seine Aktivitäten bindet, dass Gott durch die Kraft des Heiligen Geistes und die Kraft des Blutes des Lammes Satan heute im Nahen Osten bindet. Wir leben in den letzten Tagen. Jesus kehrt bald wieder. Alles, was jetzt geschieht, ist kein Witz. Es ist nicht nur Geschichte. Jesus ist echte Realität.

Es ist echt, dass wir in den letzten Tagen leben und die Erfüllung so vieler Prophetien im Wort Gottes sehen können. Wir sehen die Erfüllung mit eigenen Augen an jedem einzelnen Tag und wissen, dass unser König der Messias, der Herr Jesus Christus, bald wiederkehrt. Er kommt, um Sein Volk heimzuführen, um Seine Gemeinde nach Hause zu bringen. Wir freuen uns auf jenes gesegnete Haus. Aber bevor der Herr wiederkommt, müssen wir so viel wir können dazu tun, dass wir viele Menschen mit uns in Gottes Reich bringen.

Möge Gott uns allen helfen, für den Frieden Jerusalems und für die Herzen der Menschen, die in diesem Land leben, seien es palästinensische Araber oder Juden, zu beten. Möge Gott uns helfen zu verstehen, dass Jesus die einzige Hoffnung für sie ist. Wir müssen für sie beten. Betet für uns, wenn wir in diesem Land dienen. Es ist nicht einfach und doch hat Paulus gesagt: **„Alles vermag ich in dem, der mich kräftigt"** (Philipper 4,13). Unsere Kraft kommt vom Herrn: Er ist der einzige, der Kraft und Stärke gibt.

Durch meine Verbindung mit dem *Jerusalem House of Prayer* und mit Bruder Tom Hess haben wir so viele jüdische Gläubige kennen gelernt, die den Herrn lieben. Wir haben auch Kontakt mit so vielen palästinensischen und arabischen Gläubigen bekommen. Durch diese Treffen und Konferenzen haben wir unsere Herzen und Lasten miteinander geteilt, was uns befähigt, einander näher zu kommen, einander besser zu verstehen und füreinander zu beten. Es ist so schön zu wissen, dass durch sie Gott eine besondere Liebe für das jüdische Volk in mein Herz gegeben hat. Gott hat mir auch eine besondere Liebe für mein Volk ins Herz gelegt. Das ist der Schlüssel zur Versöhnung.

Das geschieht, wenn wir unsere Differenzen beiseite legen und das Wort Gottes vor uns legen und sehen, was Gott über Sein Wort, Seine Verheißungen zu sagen hat, und was Er über Sein Volk, das Volk der Bibel in Seinem Wort zu sagen hat.

Bevor irgendjemand für irgendjemanden anders Partei ergreift, lass ihn zuerst auf das sehen, was die Bibel über diese Dinge zu sagen hat und sie mit seiner eigenen Philosophie vergleichen. Ich glaube, wenn wir einfach auf unsere eigene Philosophie schauen und hören und ignorieren, was Gott über Seine Verheißungen zu sagen hat, dann werden wir nie die Liebe und Vision haben, versöhnt zu werden. Es sei denn, dass wir Gottes Wort an die erste Stelle in unserem Leben setzen, sonst werden wir nie verstehen, was Versöhnung ist.

Ich glaube nicht an die Enterbungstheologie, weil Gott Sein Wort nie geändert hat. Seine Verheißungen sind dieselben gestern, heute und in alle Ewigkeit. Jene, die an die Enterbungstheologie glauben, werden nicht wirklich durch die Kraft des Heiligen Geistes in ihrem Leben geleitet. Sie bewegen sich stärker auf einer politischen Ebene als auf einer geistlichen Ebene. Die Enterbungstheologie wird uns zur Zerstörung führen und bringt uns dazu, die Verheißungen in Gottes Wort und ihren Wahrheitsgehalt und ihre Realität zu ignorieren. Der Mensch lügt, aber Gottes Wort ist die Wahrheit. Darum glaube ich nicht an die Enterbungstheologie. Ich bin ein Dispensationalist. Ich glaube, dass Gottes Wort, so wie es ist, gestern, heute und in Ewigkeit gilt.

Für den Frieden Jerusalems zu beten hat eine viel tiefere Bedeutung. Es bedeutet, dass wir, weil Menschen in Jerusalem leben werden, für jede einzelne Person dort beten. Heute werden in Jerusalem jeden Tag über 100 Sprachen gesprochen, wenn wir also sagen: „Bete für den Frieden Jerusalems", dann müssen wir für all die Menschen, Nationen und Sprachen beten. Da seine Einwohner aus aller Welt kommen ist Jerusalem geistlich gesehen größer als die ganze physische Welt. Wir müssen für sie beten, dass der Friede Jeschuas, des Herrn Jesus Christus, in ihre Herzen kommt und ihre Leben berührt und verwandelt. Wir sehen, wie an jedem einzelnen Tag Wunder in Jerusalem geschehen. Von Jerusalem aus gehen Menschen um die ganze Welt und erzählen Menschen von Jesus, dem Messias.

Ich hatte das Privileg, eine ganz wundervolle Gemeinde in die Altstadt Jerusalems zu bringen. Wir haben nahezu 50 oder 60 Leute dort und wir sind so dankbar zu sehen, dass Gottes Hände so viele Leben berühren. Ihre Liebe zum Herrn wird jeden Tag immer realer.

Viele der jüdischen Geschwister waren ein Segen für mich und ein Segen für unseren Dienst, vor allem in den letzten beiden Jahren, als unser Volk stark zu leiden hatte ohne Arbeit. Wir empfingen wunderbare Hilfe von unseren jüdischen Geschwistern, die wirklich ihre Herzen nicht nur im Gebet öffnen, sondern auch indem sie ihre gebenden Hände ausstreckten, um unserem Volk zu helfen. Viele von ihnen sind ein echter Segen für uns in Bethlehem und Jerusalem in diesen schwierigen Zeiten geworden.

Durch den diplomatischen Pass, den ich besitze, hatte ich die Gelegenheit, einigen ehemaligen Premierministern das Evangelium weiterzugeben, und auch Führern aus dem israelischen Kabinett und anderen Führern aus der ganzen Welt. Weil Jerusalem das Zentrum von drei Religionen in diesem Land ist, gibt der Titel und Status eines Menschen ihm die Gelegenheit und das Privileg, das Evangelium weiterzugeben. Ich bin dankbar, einen diplomatischen Status zu haben, um das Evangelium noch mehr Menschen aus allen Nationen bekannt zu machen.

## *Daniel Yahav, gebürtiger israelischer Jude*

### Wir können vereint werden zu dem Einen Neuen Menschen, um in Frieden, Vergebungsbereitschaft und Liebe durch Ihn zu leben.

Ich wurde als drittes Kind einer semi-traditionellen jüdischen Familie in Israel geboren. Mein Vater ist Holocaust-Überlebender. Er verlor seine ganze Familie in Auschwitz. Er selbst war in mehreren Konzentrationslagern, das bekannteste unter ihnen ist Auschwitz in Polen, wo über eine Million Juden ihr Leben verloren. Durch Gottes Gnade überlebte er den Holocaust und kam nach Israel. Er kam als Zionist ins Land und kämpfte 1948 im Unabhängigkeitskrieg. Mein Vater zog meine beiden Schwestern und mich als Juden, als Zionisten und als Israelis auf. Ich erinnere mich, wie ich mit dem Feiern der jüdischen Fest- und Feiertage aufwuchs. Im Alter von 13 Jahren hatte ich meine Bar Mitzva in der Hauptsynagoge in Jaffa, der Stadt, in der ich geboren worden war.

Durch die Gnade Gottes zog mich Gott der Vater im Alter von 13 Jahren durch den Heiligen Geist zu sich und ich nahm Jeschua als meinen persönlichen Messias an. Seitdem, in den letzten 28 Jahren, bin ich mit Ihm gegangen. Er ist in der Tat ein treuer und liebender Gott. Die erste Gemeinschaft, der ich angehörte, war eine messianisch-jüdische Gemeinde in der Nähe von Tel Aviv.

Im Alter von 18 Jahren ging ich für 4 Jahre zur israelischen Armee und wurde dort Offizier. Danach arbeitete ich für Galtronics, wo ich zwischen 1984 und 1992 Geschäftsführer war. Als ich die Armee verließ, führte mich der Herr so, dass ich in Nordisrael in Tiberias, am See Genezareth, blieb. In dieser Zeit brachte Gott Gläubige, Juden und Nichtjuden zusammen, um als eine einzige Gemeinde, die „Pniel“ -Gemeinde von Tiberias, zusammen zu kommen.

Diese Gemeinde begann als Hauskreis. Später, 1983, wurden wir eine Gemeinde, indem wir Älteste einberiefen und einen Haushalt Gottes nach den Prinzipien, die wir im Wort Gottes finden, einrichteten. Sobald dies geschah, ließ der Herr zu, dass wir durch eine Feuertaufe gingen. Verfolgung brach aus. Dies war eine Zeit großer Bedrängnis und doch war es auch eine Zeit der tiefen Reinigung. Zu jener Zeit hatten wir unsere wöchentlichen Treffen am Samstagabend in einem alten Gebäude, das einmal ein Hotel gewesen war. Wir mieteten die Räumlichkeiten und hielten unsere Versammlungen im Erdgeschoss ab, das ringsum eine Glasfront hatte. Eines Abends als wir eine Abendmahlsfeier hielten, hörten wir laute Stimmen draußen, diese Stimmen schwollen immer lauter an zu einem gewalttätigen und wütenden Angriff. Es war eine Gruppe militanter orthodoxer Juden, die kamen, um uns anzugreifen. Sie warfen Steine auf die großen Glasfenster, die nach innen in unseren Versammlungssaal zerbarsten, der voller Menschen war. Sie rissen die Vorhänge nieder und warfen weiter Steine auf die Menge. Durch Gottes Gnade wurde niemand ernsthaft verletzt, einzig eine Schwester fiel von einem Stein getroffen zu Boden, ohne sich zu verletzen. Es war ein echtes Wunder. Wir fuhren inmitten all dieser Schreie, Flüche und dem Spucken fort mit unserem Abendmahl. Die Polizei kam später und jene Leute zerstreuten sich. In der folgenden Woche reparierten wir die Fenster. Am nächsten Samstag kamen sie erneut und wiederholten ihr Vorgehen auch in den nächsten Wochen immer wieder. Nach etwa 4 Wochen spürten wir, wie der Herr uns drängte, auszuziehen und so taten wir es. Wir nahmen all unsere Habseligkeiten und gingen. Ohne zu wissen, dass wir die Räumlichkeiten verlassen hatten, kamen sie und setzten den Ort in Brand. So wurden wir für ein paar Jahre heimatlos.

Das erste Treffen nach unserem Auszug aus diesen Räumen war auf einem Boot auf dem See Genezareth. Es war ein wunderbarer morgendlicher Gottesdienst. Natürlich konnten wir uns dies nicht jede Woche leisten, weil es zu teuer war. So fingen wir einfach an, im Freien anzubeten, in Obstpflanzungen, unter Bäumen oder unter der heißen Sonne auf dem offenen Feld. Im Winter und über die Regenzeit mussten wir nach einem Dach über unserem Kopf suchen. So ging es die nächsten zweieinhalb Jahre weiter. Es war wirklich eine besondere Erfahrung. Es erinnerte uns daran, was unser Messias Jeschua gesagt hatte: **„Die Füchse haben Höhlen und die Vögel des Himmels Nester, aber der Sohn des Menschen hat nicht, wo er das Haupt hinlege!“** (Matthäus 8,20)

In einem Winter in diese Zeit rief uns ein arabischer Pastor, der in einem nahegelegenen Dorf lebte, an und sagte: „Ich habe gehört, dass ihr einen Ort für eure Gottesdienste braucht. Ihr seid meine Geschwister. Bitte kommt und benutzt unser Gemeindegebäude für eure Treffen. Nutzt es, sooft ihr es braucht.“ Es war eine angenehme Überraschung und eine große Hilfe, da wir Probleme hatten, einen vor dem Regen geschützten Ort zu finden. So nahmen wir dieses freundliche Angebot an und benutzten die Räumlichkeiten einige Male für unsere Zusammenkünfte. Es war ein mutiger und kein sehr leichter Zug seinerseits. Wir erfuhren, dass er sehr mit Bitterkeit und Verletzungen in seinem Herzen dem Staat Israel gegenüber zu kämpfen hatte. Seine Familie hatte Grundstücke und Häuser während des Unabhängigkeitskrieges verloren und es gab einen Grad der Ablehnung in seinem Herzen, mit dem er erst zurecht kommen musste, sogar während er uns diese freundliche Geste zeigte. Der Herr half ihm, mit all diesen Dingen in seinem Herzen in jener Zeit fertig zu werden, und sein Weg, auf Gottes Aufforderung zur Vergebung und Liebe zu antworten, war das Angebot an uns messianische Juden, sein Gebäude zu nutzen. Dieser Akt der Freundlichkeit wurde eine Tür für viele Segnungen für ihn und auch für uns. Er erinnert sich und andere immer noch daran und erzählt freudig, wie der Herr seinen Dienst in jenem Jahr reichlich gesegnet hat und wie mehrere Menschen im Dorf zum Glauben kamen. Dies war definitiv ein Wendepunkt in seinem Dienst. Es war auch der Anfang einer langen und dauerhaften Beziehung mit unseren arabischen Geschwistern. Seit jener Zeit haben wir die Tradition, uns in einem Waldstück in Galiläa zu treffen, wozu wir alle jüdischen und arabischen Gemeinden gemeinsam einladen, um den Gott Abrahams, Isaaks und Jakobs im Namen Jeschuas, unseres Herrn und Erlösers, zu anbeten. 2002 fand das 19. Treffen statt und über 500 Personen nahmen teil. Dies ist in der Tat nur möglich durch Jeschua.

Nur in Ihm, Jeschua, unserem Friedefürst, werden wir vereint zu dem Einen Neuen Menschen, fähig, in Frieden, Liebe und Vergebung ohne Bitterkeit zu leben, geheilt von allen Wunden der Vergangenheit. So viele Politiker versuchen, Frieden auf menschlicher Ebene zu erreichen, aber das ist unmöglich. Es ist nur möglich wenn wir unsere Herzen Gott zuwenden und ihm erlauben, all den Hass wegzunehmen und uns Liebe schenken zu lassen, die auf der Wahrheit Seines Wortes und Bundes mit uns als Einzelnen, mit Israel als Nation und allen Völkern der Erde basiert.

Heute diene ich dem Herrn als Pastor der „Pniel" -Gemeinde in Tiberias. Es ist ein wunderbares Privileg und eine große Ehre, Sein Diener zu sein. Ich bete, dass dieses Zeugnis gebraucht wird, um den Namen des Herrn zu verherrlichen, weil nur in Ihm echte Versöhnung zwischen Arabern und Juden möglich ist. Betet für den Frieden Jerusalems. Betet für die baldige Wiederkunft unseres Herrn. Preist Seinen heiligen Namen.

## *George Kazoura, israelischer Araber*

**Das jüdische Volk ist nicht länger mein Feind, es ist mein geliebtes Volk. Dies war eine große Lektion in meinem Leben: mich zu versöhnen, zu vergeben und zu vergessen.**

Ich wurde in Israel geboren und wuchs als Kind in Haifa in einer fanatischen katholisch-arabischen Familie auf. 1948, während dem Unabhängigkeitskrieg, wurden wir Flüchtlinge. Niemand vertrieb uns aus unserem Haus, aber wir flohen aus Angst vor Krieg. Nach einem Monat kamen wir zu unserem Haus zurück und fanden eine jüdische Familie, die in unserem Haus lebte. Wir versuchten, ihnen zu erklären, dass dies unser Haus war, aber sie glaubten uns nicht und hatten all unseren Besitz verbrannt. So ließen sie uns ohne irgendetwas zurück, das unseren Besitzanspruch auf das Haus beweisen könnte, und wir besaßen überhaupt nichts mehr!

Wir waren heimatlos und standen auf der Straße. Wir hatten nichts. Als Kind konnte ich nicht verstehen, wie Gott ein Volk lieben konnte und das andere auf die Straße setzte. Ich lehnte mich gegen Gott und gegen das jüdische Volk auf. Ich wurde der größte Feind Gottes und des jüdischen Volkes. Wir zogen nach Nazareth zu Verwandten und bauten uns dort einen Raum aus, 25 Quadratmeter. Dieser Raum war unser Wohnzimmer, Schlafzimmer, Esszimmer und Dusche für 8 Personen. Können Sie sich die schlechten, primitiven Umstände vorstellen, unter denen wir lebten? Diese Situation verhärtete mein Herz noch mehr gegen Gott und das jüdische Volk.

Als Teenager besuchte ich einmal einen Freund in Nazareth. Bei ihm fand ich vier muslimische Freunde und drei nominell christliche Freunde. Wir gingen zusammen zur kommunistischen Partei und lernten den Kommunismus und Atheismus kennen. Das verhärtete mein Herz noch mehr gegen Gott und die Juden.

Ich blieb lange in diesem Zustand, bis zum 10. Oktober 1962. In jener Zeit fand eine Erweckungsveranstaltung in Nazareth statt und ich war zu diesen Treffen eingeladen worden. Ich versprach immer, dass ich kommen würde, aber ich ging nie hin. Am 10. Oktober, einem Samstag, überredete mein Vater mich, doch noch hinzugehen. Nach einer langen Diskussion sagte ich ihm, dass ich kein Idiot sein wollte wie all die Gläubigen, die an Gott glauben, die Juden liebten und die Araber hassten. Dies war das erste Mal für mich, dass ich so etwas Hartes zu meinem Vater sagte, der zusammen mit meiner Mutter 1952 gläubig geworden war. Ich verließ das Haus, um meine Freunde zu sehen. Wir besprachen, dass wir das Treffen stören wollten. Am Anfang wollten meine Freunde nicht mitmachen, aber dann stimmten wir ab und die Mehrheit war dafür, das Treffen zu stören.

Als wir zur Erweckungsveranstaltung in Nazareth hinkamen, konnten wir vorne in der ersten Reihe keinen Platz mehr finden, nur noch in der letzten Reihe der Kirche. Wir fanden ein paar Bibeln auf den Stühlen und fingen an, mit ihnen herumzuspielen, Lärm zu machen und die Veranstaltung zu stören. Wir erwarteten, dass uns jemand bitten würde, leise zu sein, damit wir wütend werden, laut stören und das Treffen so zum vorzeitigen Ende bringen konnten, nur um dann die Kirche zu verlassen. 90 Minuten lang wies uns kein Mensch zurecht und ihr Schweigen rührte an mein Herz. 90 Minuten lang hörte ich nicht, was der Missionar sagte, aber in der 91. Minute begann der Missionar, einige Fragen zu stellen. Die erste war: „Hast du Frieden mit Gott?" Die zweite: „Hast du Frieden mit deiner Familie?" Und die dritte: „Wo wirst du die Ewigkeit verbringen?" Dann las er eine Bibelstelle vor. **„Denn was wird es einem Menschen nützen, wenn er die ganze Welt gewönne, aber sein Leben einbüßte?"** (Matthäus 16,26)

Zum ersten Mal stellte jemand solche Fragen, ohne dass sie bei mir zum einen Ohr rein und zum anderen gleich wieder hinaus gingen, sondern diesmal trafen sie direkt in mein Herz. In meinem Herzen kamen sie in Konflikt mit meinen kommunistischen und atheistischen Anschauungen. Ein großer Kampf tobte in mir. Der Missionar lud diejenigen, die ein neues Leben mit Jesus beginnen wollten, ein, nach vorne zu kommen oder eine Hand zu heben oder einfach an ihrem Platz stehen zu bleiben.

Ich spürte, wie eine große Kraft mich aus meinem Stuhl hob und mich drängte, nach vorne zu gehen, aber einen Augenblick später fühlte ich, wie mich jemand von hinten packte und mir zuflüsterte: „Glaube diese Dinge nicht. Das sind alles Lügen. Hast du vergessen, was die Juden dir angetan haben? Wie kannst du an Gott glauben, der dich auf die Straße gesetzt hat, so dass du jetzt ein mieses Leben führen musst." Der Konflikt in meinem Herzen war so groß, dass ich nicht an meinem Platz bleiben konnte, also verließ ich die Kirche mit meinen Freunden und ging nach Hause.

Als meine Mutter sah, dass ich früh nach Hause kam, etwa gegen 10 Uhr abends, fragte sie mich, was denn mit mir los sei, dass ich so früh nach Hause kam und warum ich so unglücklich aussah. Sie fragte: „Hast du dich mit jemandem geschlagen, oder hast du etwas Böses getan?" Ich antwortete: „Nein!" und stellte das Radio an, um laut Musik zu hören. Es war ungewöhnlich für mich, dass ich so laut Radio hörte. Meine Mutter kam noch einmal zu mir und sagte, ich würde lügen. Ohne darüber nachzudenken, was ich antwortete, sagte ich zu ihr: „Ich weiß nicht, ob dein Jesus mir helfen kann." Für meine Mutter war das der schönste Moment ihres Lebens, diese Worte aus meinem Mund zu hören. Sie setzte sich mit der Bibel in der Hand neben mich und bat mich, doch bitte diesen einen Abschnitt aus der Bibel zu lesen, und ich tat es. Als sie jung war, waren die Schulen nur für die Reichen da, so hatte sie nie gelernt zu lesen und zu schreiben, aber sie kannte viele Bibelstellen auswendig. Nach einem dreistündigen Gespräch brachte sie mich zum Alten Testament und sagte mir, ich solle Jesaja 1,18 lesen: **„Kommt denn und lasst**

**uns miteinander rechten! Spricht der HERR. Wenn eure Sünden rot wie Karmesin sind, wie Schnee sollen sie weiß werden. Wenn sie rot sind wie Purpur, wie Wolle sollen sie werden.“** Der zweite Vers war aus dem Neuen Testament aus 1. Johannes 1,9: **„Wenn wir unsere Sünden bekennen, ist er treu und gerecht, dass er uns die Sünden vergibt und uns reinigt von jeder Ungerechtigkeit.“** Als wir diese beiden Verse gelesen hatten, spürte ich, dass eine große Kraft mich von meinem Bett hob, ich kniete nieder und begann, alle meine Sünden zu bekennen, eine nach der anderen. Als ich „Amen“ sagte, fragte meine Mutter mich, ob ich wirklich George sei, und ich antwortete ihr: „Der George, den du kanntest, ist gestorben.“

Am nächsten Tag beschloss ich anzufangen, die Bibel zu lesen, und schätzte ab, wie viel Zeit ich brauchen würde, um die ganze Bibel durchzulesen. Wenn ich drei Kapitel täglich las, konnte ich in zehn Monaten die ganze Bibel schaffen, also tat ich es. Aber nachdem ich die ganze Bibel gelesen hatte, verstand ich immer noch nichts, weil ich sie immer als historisches Buch behandelt hatte. Ich fand in ihr keine Wahrheit, weil mein Gehirn vollgestopft mit atheistischem und kommunistischem Gedankengut war. Ich beschloss, die Bibel noch einmal zu lesen, um zu sehen, ob sie wirklich Gottes Wort war.

Nach vier Tagen Bibellesen kam ich zum 12. Kapitel in 1. Mose, wo Gott in Vers 3 zu Abraham sagt: **„Und ich will segnen, die dich segnen, und wer dir flucht, den werde ich verfluchen; und in dir sollen gesegnet werden alle Geschlechter der Erde!“** Ich begann zu lachen über das, was in diesen Versen geschrieben stand, und ich rief laut und sagte: „Welcher Segen kann von diesem Mann denn schon kommen, der vor Tausenden von Jahren gestorben ist?“ In den frühen Morgenstunden rief ich laut und sagte: „Wenn du wirklich Gott bist und diese Worte Deine Worte sind, dann offenbare dich mir und sage mir, welche Bedeutung sie für mich haben.“ Ich war ganz still und schwieg über eine halbe Stunde und dann spürte ich, wie jemand meine Schulter berührte. Ich schaute auf und dachte, es wäre meine Mutter, aber es war nicht meine Mutter. Ich spürte die Hand immer noch auf meiner Schulter und ich hörte eine Stimme, die zu mir sprach: „Ich bin Jesus Christus, der dem Fleisch nach aus dem Samen Abrahams gekommen ist. Ich bin Jesus, ein Jude, der für deine Sünden gestorben ist und ich vergab dir all deine Sünden und ich warf sie weit weg, damit ich mich nicht mehr an sie erinnere. Nun musst auch du deinen jüdischen Geschwistern vergeben, wie ich dir vergeben habe."

Ich beschloss, am gleichen Tag noch nach Haifa zu unserem alten Haus zu fahren, wo jetzt Juden lebten. Dort reichte ich ihnen meine Hand und sagte: „Gott segne diese Familie, ich brauche dieses Zuhause jetzt nicht mehr." Es war sehr hart für mich, dies zu tun, aber es hat meinem Herzen gut getan. Es hat allen Hass, alle Bitterkeit und Wut gegen die Juden weggenommen. Von diesem Augenblick an war das jüdische Volk nicht mehr länger mein Feind, sie sind mein geliebtes Volk. Dies war eine große Lektion in meinem Leben: mich zu versöhnen, zu vergeben und zu vergessen.

## *Karen Davis, israelische Jüdin aus Amerika*

### „... der Geist des Herrn kam in mein Herz, schmolz die Kälte, erweiterte und füllte es mit Seiner Liebe für das arabische Volk."

Ich wuchs in den USA in einer jüdischen Familie der oberen Mittelschicht auf. Obwohl wir an allen jüdischen Festtagen zur Synagoge gingen, war die wirkliche Religion in unserem Haus der Humanismus. Intellektuelle Leistung und Bildung wurden über alles andere gefeiert. Ich denke, dass keiner von uns, außer vielleicht meine Mutter, wirklich an den Gott Abrahams, Isaaks und Jakobs glaubte. Mein Vater war ein Automobilingenieur und meine Mutter starb vor vielen Jahren an Krebs. Einer meiner zwei Brüder starb an einer Überdosis Drogen, als er 19 Jahre alt war. Mein anderer Bruder ist ein Jazzmusiker / Psychiater in New York City. Zu meiner Erziehung gehörte eine Ausbildung in klassischer Musik und später studierte ich Malerei an einer Kunstschule in Philadelphia. Ich zog dann nach New York, um dort Anschluss an die „Künstlerszene" zu finden, wo ich meine musikalischen Fähigkeiten durch eine stimmliche Ausbildung und Workshops im Bereich Songwriting weiterentwickelte, während ich als Schuhmodell für die Haute-Couture-Firma Charles Jourdan arbeitete.

Jahrelang war ich auf der Suche nach ewiger Wahrheit gewesen. Ich glaubte für mich, dass „Gott" der „schöpferische Geist" hinter der Schönheit und Harmonie von Musik und Kunst war, die meine Seele so beflügelte. In meiner Sehnsucht, diese „Macht" anzuzapfen, tauchte ich tief ein in verschiedene Praktiken des New Age und Okkultismus. Aber nach vielen Jahren, in denen ich eine Technik nach der anderen ausprobiert hatte, spürte ich immer noch einen leeren Platz in meinem Herzen. Ich hatte versucht, diese Leere durch Liebesbeziehungen mit Männern zu füllen, aber stattdessen erlitt ich viele Enttäuschungen.

Schließlich erkannte ich eines Tages, dass ich am Ende war und keine Antworten mehr hatte, die mein Leben am Laufen halten konnten. Ich klopfte an die Tür einer Freundin, die auch in meinem Komplex wohnte, und dachte, sie hätte vielleicht einen Rat für mich. Camille öffnete die Tür und ich sagte: „Hast du ein paar Minuten Zeit? Ich brauche jemanden, mit dem ich reden kann." Sie und ich waren zwei Jahre lang beste Freundinnen gewesen, und sie schien immer alles „auf der Reihe" zu haben. Sie war eine Schauspielerin und Komödiantin, die in der berühmten Kindersendung „Sesamstraße" mitwirkte und schuf neue Charaktere für die „Muppet Show". Sie hatte einen Frieden, der sich von allen meinen anderen Freunden unterschied, die auf Meditationsübungen schworen und viel über „inneren Frieden" redeten. Manchmal sah ich, dass sie eine Bibel herumtrug, und fragte mich, wie jemand, der so gebildet und intelligent wie Camille war, sich so stark für dieses altmodische Buch interessieren konnte. Gelegentlich gab mir Camille Tickets für ein Gospel-Konzert. Ich ging dann hin und war immer tief berührt von der Musik und weinte, während sie vorne sangen. „Diese Menschen haben den Geist!" dachte ich. Dann gab es eine Einladung, Jesus zu empfangen, aber ich lief immer weg, weil ich mir sagte: „Ich bin Jüdin. Das hat mit mir überhaupt nichts zu tun."

Als ich an jenem Tag in Camilles Wohnung saß, schüttete ich meiner Freundin mein Herz aus, und sie hörte nur zu. Als ich fertig war, fragte ich sie, ob sie irgendeinen Rat für mich hätte. Sie antwortete: „Willst du beten?" Ich dachte einen Augenblick nach und antwortete: „Das habe ich noch nie getan. Warum nicht? Ich habe alles andere versucht, also kann ich das auch probieren". Camille leitete mich dann in einem kurzen Gebet an, bei dem ich ihre Worte nachsprach. Ich bat Gott, mir zu helfen, und ich gab zu, dass ich mich nicht selbst erlösen konnte. Ich bat Jesus auch, meine Sünden zu vergeben, obwohl ich gar nicht genau wusste, was Sünde war. Dann bat ich Jesus, in mein Herz zu kommen und dachte bei mir: „Vielleicht ist er einfach ein anderer Meister". Als ich das Gebet beendet hatte, drehte ich mich zu ihr hin und sagte: „Aber Camille, das kann doch nicht der einzige Weg sein!" Sie sah mich einfach an und sagte: „Aber er ist es." In diesem Moment durchbohrte der Geist der Wahrheit mein Herz wie mit einem Messer, schnitt durch all meine vorgefassten Meinungen und mir teuren Philosophien hindurch, nach denen ich gelebt hatte. Obwohl ich es nicht erklären konnte, wusste ich, dass ich die Wahrheit gehört hatte. „Fleisch und Blut" hatten mir das wahrlich nicht offenbart.

Plötzlich erinnerte ich mich an einen Traum, den ich in der Nacht zuvor gehabt hatte. In diesem Traum stand ich in einem Zimmer mit einem hellen Licht, aber nach einiger Zeit wurde das Licht immer schwächer. Dann sah ich einen anderen Raum mit einem hellen Licht, und ich ging hinein. Aber nach einer Weile geschah dort dasselbe. Ich ging von Zimmer zu Zimmer, immer mit dem gleichen Ergebnis. Schließlich kam ich auf ein offenes Feld mit strahlend hellem Sonnenschein. Dann veränderte sich die Szene zur ärmsten Gegend von Downtown New York, wo eine Gruppe von Kindern auf ihren Knien lag und um Brot bettelte. Als nächstes sah ich, dass ein Vorhang von oben nach unten zerriss, und ich wachte auf. Jetzt verstand ich, dass dies ein Bild für mein

Leben gewesen war, von meiner langen Suche nach Wahrheit bei den vielen Fälschungen, meine daraus resultierende geistliche Armut und schließlich **„das wahrhaftige Licht, das in die Welt kommend, jeden Menschen erleuchtet“** (Johannes 1,9).

Weil ich noch niemals zuvor das Neue Testament gelesen hatte, wusste ich nicht, dass Jesus gesagt hatte: **„Ich bin das Licht der Welt“** oder **„Ich bin das Brot des Lebens, das vom Himmel herab kommt“**, oder **„Wenn ihr nicht kommt wie ein kleines Kind, könnt ihr nicht in das Himmelreich eingehen“**. Ich wusste nicht, dass der Vorhang im Tempel von Jerusalem von oben nach unten zerrissen war, als Jesus während dem Passahfest am Kreuz starb, und dass niemand durch den Vorhang ins Allerheiligste gehen durfte außer dem Hohenpriester an *Jom Kippur,* dem Versöhnungstag. Jetzt verstand ich, dass Gott in Seiner großen Liebe und Barmherzigkeit zugelassen hatte, dass ich viele schwere Enttäuschungen erlebte, um mich ans Ende meiner selbst zu bringen, um mich zu demütigen und dazu zu bringen, dass ich mich an Ihn wand. Durch das erlösende Blut des Lammes Gottes, Jesus, wurde der Schleier von meinem jüdischen Herzen weggenommen. **„Und sucht ihr mich, so werdet ihr mich finden, ja fragt ihr mit eurem ganzen Herzen nach mir, so werde ich mich von euch finden lassen“** (Jeremia 29,13).

Bevor ich Camille an jenem Tag verließ, gab sie mir noch ein Neues Testament und versicherte mir, dass Gott mir beim Lesen viele meiner Fragen beantworten und mir bestätigen würde, wer dieser Jesus war. Ich kehrte in mein Apartment zurück und fing an, das Evangelium nach Matthäus zu lesen. Ich erkannte, dass alles ja so jüdisch war. Jesus war ein Jude und das galt auch für Seine ersten Jünger. Ich begann die Bibel zu verschlingen und in den kommenden Wochen sah ich, wie das Alte und das Neue Testament ein einziges Buch waren, weil die Verheißung des Messias im alten Bund im neuen Bund erfüllt wurde. Zum ersten Mal in meinem Leben begann ich zu erkennen, was es bedeutete, jüdisch zu sein, dass Gott ein Volk für Sich herausgerufen hatte, damit es

Ihn persönlich kennt, und um dem Rest der Menschheit von Ihm weiterzuerzählen und ein „Licht für die Heiden" zu sein.

Als ich weiter zum Messias Israels, Jeschua, betete, begann die Liebe Gottes in mein Herz zu strömen. Alte Wunden verblassten, als eine neue Freude und Frieden ihre Stelle einnahmen. Ich konnte nicht länger romantische Lieder über menschliche Liebe singen und eine Botschaft falscher Hoffnung an die Welt verkaufen. Jetzt war mein Verlangen, von der wahren Liebe meines Lebens zu singen, von dem Einen, dessen Liebe die tiefsten Tiefen meiner Seele berührt und geheilt hatte.

Zusammen mit dieser neuen unaussprechlichen Freude, die mein Leben überflutete, begann ich wie nie zuvor den tiefen Schmerz und die ungestillte Trauer so vieler in meinem eigenen Volk zu spüren, die immer noch vor der Tür zu der Liebe des Vaters und Seiner Heilung standen. Als ich anfing, im Gebet für sie zu Gott zu schreien, gab der Herr eine Verheißung in mein Herz, dass ich eines Tages im Land meines Erbteils leben und diese Gabe des Lebens mit meinem Volk teilen würde.

Dieser Tag kam 1989, als mein Mann David und ich nach Israel zogen und die Welt der Kunst in New York hinter uns ließen, mit einer Vision vom Herrn, den Drogenabhängigen durch die Kraft der Liebe Gottes zu helfen. Es war kein Zufall, dass wir zum ersten Mal durch eine Araberin in der Altstadt Jerusalems von der Drogenepidemie in Israel erfuhren. Es war ebenfalls kein Zufall, dass unsere erste Einladung, als Ehepaar in Israel zu dienen, von einem Pastor in Turan kam, einem arabischen Dorf in Galiläa. Als wir uns dem Dorf näherten, wo ich singen und David predigen würde, erkannte ich plötzlich, dass ich kein Mitgefühl für die Menschen hatte, denen wir demnächst dienen wollten. Ich fühlte keine Wut oder Feindseligkeit, aber ich erkannte, dass mein Herz ihnen gegenüber kalt war. War ich schließlich nicht nach Israel gekommen, um meinem eigenen Volk zu dienen – dem jüdischen Volk – das so verwundet und verloren war? Und waren die Araber nicht in der Tat unsere Feinde? Ich sagte meinem Mann, dass wir anhalten und beten müssten – dass ich mit dieser Herzenseinstellung nicht vor diesen Menschen stehen konnte. Als wir zu beten begannen, kamen die Worte Jesus aus Matthäus 5,46-48 mir plötzlich in den Sinn:

> **Denn wenn ihr liebt, die euch lieben, welchen Lohn habt ihr? Tun nicht auch die Zöllner dasselbe? Und wenn ihr allein eure Brüder grüßt, was tut ihr Besonderes? Tun nicht auch die von den Nationen dasselbe? Ihr nun sollt vollkommen sein, wie euer himmlischer Vater vollkommen ist.**

Ich wusste, dass der Herr mir sagen wollte, dass er das arabische Volk genauso liebt wie das jüdische Volk und dass Er mich in dieses Land berufen hatte, um zuallererst Sein Botschafter zu sein und Ihn und Seine Liebe hier auf Erden zu repräsentieren. Obwohl ich jetzt eine israelische Staatsbürgerin war, hatte ich meine wahre und tiefste Bürgerschaft im Reich der Himmel (Philipper 3,20). Er sagte mir, dass in allem, was ich hier in Israel tun würde, Er wollte, dass ich Sein Herz zu jeder Zeit zu beiden Volksgruppen brachte, zu Arabern und Juden. Ich begann zu weinen, als der Geist des Herrn in mein Herz kam und die Kälte zerschmolz, und als er es vergrößerte und mit Seiner Liebe für das arabische Volk füllte.

Wir ließen den Wagen wieder an und fuhren in das arabische Dorf hinein. Als wir die kleine Kirche betraten, begrüßten mich die arabischen Frauen mit offenen Armen und Küssen. Ich stand vor ihnen und sang eines meiner Lieblingslieder, *Siehe ich bin neu geworden in Jesus,* und dankte Gott, dass er mich befähigte, jene Worte „im Geist und in der Wahrheit“ zu singen.

Einige Monate später begannen wir, uns um Drogenabhängige in Haifa zu kümmern, und gründeten *Beth Nizachon* (Siegeshaus), ein Rehabilitationszentrum für Juden und Araber. Über ein Jahrzehnt haben wir das Wunder der lebensverändernden Kraft der Liebe Gottes bezeugt, mit der Er in den Herzen der betroffenen Männer wirkt, auf dass sie mit

Ihm versöhnt werden durch das Blut Jeschuas, und dann auch untereinander.

Der Herr hat das gute Werk, das Er in meinem Herzen an jenem Tag auf dem Weg nach Turan begonnen hatte, fortgesetzt. Einige Zeit lang fand ich es immer noch schwierig, den Klang der arabischen Sprache anzunehmen, weil ich sie normalerweise immer in Verbindung mit Zorn und lange Zeit auch in Verbindung mit Gewaltakten gegen das jüdische Volk vernommen hatte. Als ich jetzt Beziehungen mit meinen arabischen Brüdern und Schwestern im Herrn entwickelte und ihre Gebete und Anbetung auf Arabisch hörte, begann ich die wahre Schönheit der Sprache zu hören, als sie für mich zu einer Sprache der Liebe wurde. Ich suchte eine arabische Schwester, Ibtisam, in Haifa auf und bat sie, mir einige Anbetungslieder auf Arabisch beizubringen. Als Anbetungsleiterin von *Kehilat HaCarmel* (der Gemeinde auf dem Karmel, die parallel zu *Beth Nizachon* entstand) füge ich heute häufig ein arabisches Lied in unsere hauptsächlich hebräischsprachigen Anbetungsgottesdienste mit ein.

Der Herr hat uns als Juden und Nichtjuden – Juden und Araber – zu einem Leib berufen: **..., um die zwei – Frieden stiftend – in sich selbst zu *einem* neuen Menschen zu schaffen und die beiden in einem Leib mit Gott zu versöhnen durch das Kreuz, durch das er die Feindschaft getötet hat** (Epheser 2,15-16). Dies geschah, damit wir eine Wohnung Gottes würden, ein Raum für Seinen Geist. **In ihm zusammengefügt, wächst der ganze Bau zu einem heiligen Tempel im Herrn** (Epheser 2,21). Wir versuchen, in unserem Werk *Beth Nizachon* und *Kehilat HaCarmel* diese Einheit auszudrücken, in der Hoffnung, dass viele dadurch die Realität des Reiches Gottes erkennen – dass jene, die Seine Liebe nie gekannt haben, „schmecken und sehen“, dass Jeschua der „neue und lebendige Weg“ zu wahrem Frieden ist.

Ob eine politische Lösung für unsere Situation hier je gefunden werden wird oder nicht, wir können nur durch das erlösende Blut des Lammes Gottes befreit werden von der Feindseligkeit und dem Schmerz, die in unseren Herzen als Juden und Araber hier im Nahen Osten eingeschlossen sind.

## *Anonym, Araber aus dem Nahen Osten*

### Jude und Nichtjude, Araber und Jude sind berufen, die Inkarnation des himmlischen Jerusalem zu sein, das bereit ist, offenbart zu werden ... Oh, wie schön!!

Ich wurde als Kind katholischer palästinensischer Eltern in einem Nachbarland Israels geboren. Meine Eltern erzählten oft, wie sie 1948 um ihr Leben laufen mussten, unter Beschuss, in Schlafanzügen, und wie sie ihr Land, ihr Haus und alles, was sie besaßen, zurücklassen mussten. Meine ganze Kindheit hindurch hasste meine ganze Familie Israel und verfluchte es. Aufgrund meines Hintergrundes konnte ich mich auch nicht mit den politischen Werten meines neuen Heimatlandes identifizieren. Der Herr öffnete mir die Augen früh genug, um die Korrumpiertheit unserer Politiker zu erkennen, und ich beschloss von Kindheit an, mich von der Politik fern zu halten.

Nach einiger Zeit fand ich Arbeit in einem streng muslimischen arabischen Staat. Ich erinnere mich noch an den frechen Kommentar eines muslimischen Freundes über einen Bauarbeiter, der sehr schmachvoll behandelt wurde: „Warum tun sie das, ist er Jude?" (Damit wollte er sagen, dass nur ein Jude solch eine schlechte Behandlung verdiente). Im Laufe der Zeit offenbarte der Herr sich mir in einer internationalen Untergrundgemeinde und ich übergab Ihm mein ganzes Leben. Ein paar Jahre später wurde ich von einigen Fürbittern im Ausland eingeladen, und zwar zu einem geheimnisvollen Treffen auf Zypern, über das ich nicht viel erfahren konnte. In einem Land, wo man glaubt, es gebe einen Informanten in jedem Haus, gab es keine Möglichkeit, nach näheren Erläuterungen zu fragen. Ich betete, und der Herr bestätigte zweifellos Seinen Wunsch, dass ich hinginge.

Es war eine Riesenüberraschung für mich, als ich herausfand, dass es sich um ein Treffen zwischen jüdischen und arabischen Pastoren aus Israel und dem ganzen arabischen Nahen Osten handelte. Es war das erste Mal, dass ich jemals

Juden begegnete. Ich wunderte mich: „Oh, es gibt gläubige Juden?"

Ich war entzückt, Zeugnisse dessen zu hören, was Jesus in Israel tat, aber mehr als das, jüdische Brüder zu sehen und sie mit der Gnade Gottes sprechen zu hören, die so offensichtlich in ihrem Leben wirksam war. Ich fühlte mich ihnen näher als leiblichen Brüdern. Ich liebte sie einfach, vor allem diejenigen, die aus Jerusalem kamen.

Der Herr öffnete dann auf übernatürliche Weise einen Weg für mich, um nach Israel zur *All Nations Konferenz in Jerusalem* reisen zu können. Sie fand im Herbst statt während des Festes des Posaunenblasens, am Versöhnungstag und während des Laubhüttenfestes. Der Herr gebrauchte diese Zeiten, um meine Vision stark zu erweitern, die Schrift hinsichtlich der Zentralität Jerusalems und der Bedeutung der Feste des Herrn und ihrer Erfüllung in Bezug auf die Heilige Stadt besser zu verstehen. Der Heilige Geist freute sich darüber, Jerusalem für mich damals und bis heute zu einem Ort der Offenbarung zu machen.

Mein ganzes Leben begann, eine andere Richtung zu erhalten, sogar in meiner Ehe. Wann immer meine Frau und ich einen Streit hatten und Gott uns die Gnade gab, christusgemäß zu reagieren, gebrauchte Gott diese Gelegenheit, um zu mir über Araber und Juden zu sprechen! All das war Gottes Tun. Ich wurde einmal aufmerksam auf einen weltweiten Aufruf zum vierzigtägigen Fasten für Israel. Ich besuchte ein örtliches Treffen, das die Aktion näher erklärte, zögerte aber immer noch, daran teilzunehmen. Der Redner las aus Hesekiel 34,29 und 36,6 und 7 vor, die verheißen, dass Israel nicht länger die Schmach der Nationen tragen wird. Aber das, was er las, hörte ich im Licht der Offenbarung:

„Israel hat die Schmach und Ablehnung der Nationen getragen."

Mein Herz schrie: „Danke Israel!"

„Israel hat eine Verhärtung erfahren, damit die Erlösung zu den Heiden kommen konnte."

Mein Herz lief über vor Dank!

Ich spürte, dass der Herr MICH berief, vierzig Tage für Israel zu fasten, und Er gab mir auch die Gnade, sie zu überstehen, da ich wirklich auf die Zeit WARTETE, dass ich wieder essen konnte! Ein Sonntag oder zwei nachdem das Fasten geendet hatte, war ich in der Gemeinde. Während der Anbetungszeit fühlte ich, als würde ich durch den Geist in die Gegenwart Gottes in Fürbitte für Israel gebracht, und durch den Geist wurde ich erinnert an Seine Bündnisse mit Abraham, Isaak, Jakob, Mose, David und all den Vätern, die ausharrten und seine unfehlbaren und immerwährenden Verheißungen sicherten. Ich verstand zutiefst, dass Israel um der Väter willen geliebt ist – die Gaben und die Berufungen Gottes sind unwiderruflich. Ich hatte solche Zuversicht in Ihm, der das Ende von Anfang an kennt und der die Zeiten der Feste, die Er Israel zu feiern geboten hatte, als Zeichen für alle Generation festgesetzt hatte ... Sie sind ein Feigenbaum. Das Ende ist so sicher und von Anfang an von Gott vorherbestimmt!

Dann sagte Jesus zu mir: „Eure Zeit des Wartens ist fast vorüber (o Israel)" und ein damit verbundener Gedanke war: Der König des Universums wird bald kommen! Freue dich, o Erde, dein König kommt! Ich hatte einen ganz kleinen Vorgeschmack von dieser Freude, für einen ganz kurzen Augenblick. Es wird unbeschreiblich sein, wie „was kein Auge gesehen und kein Ohr je gehört hat". Ich dachte auch, dass dieses Wort etwas mit dem Laubhüttenfest zu tun hat, das, wie ich feststellte, drei Tage zuvor begonnen hatte.

Vielleicht ein Jahr später hörte ich bei einem unserer jüdisch-arabischen Pastorentreffen von einem jüdischen Bruder, der in Israel lebt, und der beschrieb, wie der Herr ihm eine echte Liebe für das palästinensische Volk gegeben hat. Während der Gebetszeit, die dann folgte, hörte ich wie der Geist durch mich um das palästinensische Volk seufzte:

Warum? Warum hat unser palästinensisches Volk den Geist der Philister angenommen anstatt des Geistes des lebendigen Gottes? Wie konnten wir in politische Täuschungen hinein manipuliert werden, so dass wir die Gerechtigkeit selbst in die Hand nahmen und einen Geist fanden, der unserer Sache nutzt, so dass wir am Ende unsere eigenen Feinde wurden? Vater, stelle das Erbe des palästinensischen Volkes in Dir wieder her, und hole uns aus der Gefangenschaft in die Freiheit Deiner Wahrheit! Vater, im Zeugnis dieses jüdischen Bruders hören wir von einem neuen Geist, der Leben gibt, und das schenkt uns Hoffnung. Was wird unsere Bindung an den Geist der Philister brechen und uns in unseren Segen und unser Erbe in Gott freisetzen, als allein dieser wahre christusgemäße Geist, den Gott auf die hebräischen Gemeinden ausgießen wird, damit sie uns dienen und lieben? (Die Liebe, die uns erwiesen werden wird, lässt unsere Identifikation mit den alten Philistern überflüssig werden, weil sie wenig mit unserer echten Genealogie zu tun hat). Warum sollte unserer Schlachtruf noch der der Philister sein, der historischen Feinde des Volkes Gottes? Vater, wer wird uns (palästinensisches Volk) von unserer Sklaverei unter solch einem bösen Geist erlösen?

Ich hörte das Seufzen des Geistes um das palästinensische Volk. Ich hatte Tränen in den Augen.

Um dieses kurze Zeugnis über meine Liebe für Israel zu Ende zu bringen, sollte ich erwähnen, dass ich eine Zeit lang das Buch Jesaja studierte. Durch dieses Studium spürte ich eine tiefe Leidenschaft des Geistes, dass Zion in ihrer Herrlichkeit hervortritt. Jesajas Vision beginnt mit dem historischen Jerusalem, das korrupt ist und unter Gottes Gericht (Jesaja 1,8), und sie endet mit der endzeitlichen Stadt Gottes, dem Neuen Jerusalem, der Freude und Lust der ganzen Erde (65,17-19). Ihre Erlösung wird die Neuschöpfung des Universums bewirken, und Jerusalem wird ihr Meisterstück sein!

Was aber wird diese Verwandlung auslösen? Jerusalems Erlösung wird im ganzen Buch Jesaja durch eine tiefe Reinigung durch viele Leiden, die es erdulden muss, bewirkt. Aber die besondere Art und Weise, wie Gottes Verheißung der Erlösung Israels, die Er in Jesaja offenbart hat, schließlich zustande kommt, findet ihren Ausdruck in der zentralen Figur des leidenden Gottesknechtes. Gott verrät uns das Geheimnis, WIE Er Seine Absichten auf göttlichem Wege erreicht. Er tut dies durch die völlige Identifikation und Verkörperung der Realität Israels durch den Gottesknecht, und Er wird der Garant dafür, dass es die Erfüllung der Verheißungen erlebt. In Jesaja 53 verkörpert Jesus das Geheimnis Israels, indem er die volle Strafe seiner Sünde am Kreuz trägt, so dass in Gottes Weisheit diese Identifikation genau das Instrument wird, durch das Gott die Erlösung und Befreiung aller Menschen bewirkt.

Der Herr berief mich, noch einmal vierzig Tage für die „Freilassung des jüdischen Überrestes" zu fasten. Ich spürte, dass der Heilige Geist uns, die von oben her aus Zion geboren sind, beruft, uns mit dem irdischen Jerusalem zu identifizieren, das mit seinen Kindern immer noch in Sklaverei lebt (Galater 4,25), und um ihretwillen Gottes Verheißungen für sie zu tragen, dass Gott Seine Absichten für Israel und Jerusalem durch die Verwirklichung Seines universalen Reiches zum Ziel bringt.

Dann zeigte der Herr mir, dass Israel wie jemand ist, der 2000 Jahre lang ein endloses Fasten erlebt hat, dessen Fleisch ausgemergelt ist, das (geistlich) geschwächt ist, ja sogar der Ohnmacht nahe, und auf das Brot des Himmels WARTET, aber es wurde ihm vorenthalten. Israel versucht mit Gewalt sich aus diesem aufgezwungenen Fasten zu befreien, weil es schrecklich erschöpft ist, müde und doch unfähig in die Sabbatruhe einzutreten.

Dies war eine Aufforderung des Herrn zum Fasten, um mich auf diese Weise mit Israel zu identifizieren und durch das Fasten in die Lebenserfahrung dieses Volkes einzutreten. Mein körperliches Fasten und mein Hunger nach natürlichem Brot ließ mich körperlich eintreten in das geistliche Fasten und die Sehnsucht nach dem Brot des Himmels. Mein schmerzender Leib, müde und doch unfähig, zur Ruhe zu kommen, ließ mich eintreten in Israels Erschöpfung von seinem erzwungenen Fasten, durch das es nicht in die Sabbatruhe eingehen konnte.

Durch meine Identifikation mit der Schwachheit Israels, die durch das Fasten entstanden ist, trage ich mein Teil dazu bei, Gottes Verheißungen für Israel um seinetwillen vor Gott zu bringen. Aber dies ist der Unterschied: Israel ist ohne Hoffnung, aber ich trage in mir ihre Hoffnung auf Auferstehung im Glauben. Dadurch kann Gott Seine Absichten für Sein Volk in der Verwirklichung seines universalen Königreiches bewirken.

Wie oft wollte ich aufhören! Manchmal fühlte ich mich wie verschwendet! Meine Atmung war sehr schwach. Aber als ich das Fasten bis zum Ende durchhielt, als ich den guten Kampf durch viele Schwierigkeiten hindurch aufrecht erhielt, erfüllte ich für Jerusalem die Berufung, den guten Kampf bis ans Ende zu kämpfen und im Geist zur Geburt zu bringen, was Gott für es bestimmt hat. Ich spürte, dass es von allergrößter Bedeutung war, weiter zu machen und den Schwangerschaftsprozess nicht zu unterbrechen, bevor die Zeit reif war.

Als ich verzweifelte, wie Jerusalem verzweifelt, erinnerte ich mich an Gottes Verheißungen – Mein Leben ist verborgen in Ihm; Er ist mein Schöpfer; Er schuf Israel aus einem einzigen Menschen und machte es zu einem unzählbar großen Volk. Ob ich lebe oder sterbe, ich lebe oder sterbe in Gottes Liebe, dessen Pläne sind, uns Hoffnung und Zukunft und ewiges Leben zu geben. Dies beanspruchte ich für mich genauso stark wie ich es auch auf Jerusalem anwandte und ihm Hoffnung im Geist gab.

Der Herr erlaubte mir auch, in diesem Identifikationsprozess verschieden starke Lasten zu tragen. In der Anfangsphase achtete ich stark auf den jüdischen Überrest. Aber danach kam ein Tag, an dem die Last einfach weg war, und an dem ich eine bestimmte Manifestation der Freisetzung in meinem Leib erfuhr, aber zunächst brachte ich diese beiden Dinge nicht in Verbindung miteinander.

Kurz darauf merkte ich, dass mein Gebet eine andere Richtung erhielt. Gott wirkte nun durch mich, um den Islam über Jerusalem und im Denken der arabischen Bevölkerung zu konfrontieren. Dabei geht es auch noch stark um Jerusalem, aber während die Schlacht bis dahin um die Juden geschlagen wurde, fand dieser Teil des Kampfes auf der arabischen Seite statt. Dieser Konflikt wird im Geist über der

Identitätsfrage der arabischen Einwohner ausgetragen. Als ich um ihretwillen in der Anbetung des wahren Gottes für sie eintrat, beeinflusste dies Jerusalem im Geist durch eine Schwächung des falschen Nationalismus und Islam über ihr. So erlaubte der Herr mir, im Geist zu sein und als arabischer Christ von der Altstadt Jerusalems aus ein Gebet mit den folgenden Worten zu sprechen:

> *Vater, Jesus ist meine Identität; Er ist alles, was ich bin und alles, was ich jemals sein will. Er ist mein Erbteil, nicht durch nationalistische oder rivalisierende Identitäten. Lass meine Kultur durchdrungen werden von Seinem Geist. Er allein ist meine völlige Identität.*
>
> *Du (Jesus), bist der Heilige Israels, den wir anbeten und respektieren und ehren. Auch wir sind deine Braut. Wir glauben es, wir glauben es, wir glauben es. Wir werden uns nicht minderwertig fühlen oder als wären wir im Vergleich zu den Juden geringere Bürger Deines Reiches. Unsere einzige Antwort ist in Dir, nicht im Nationalismus, sondern in Dir, Jesus, der Heilige Israels, ja, Jesus, Schechina des Gottes der ganzen Menschheit. Jesus, du bist unsere Hoffnung, wenn alles hoffnungslos erscheint. Jesus, ich gebe alle politische Manipulation auf. Unser ganzes Erbe ist in DIR!!!*
>
> *Rette uns, rette uns, rette uns, rette uns, rette uns ...*
> *Ich weise den Islam zurück, ich weise den Islam zurück, ich weise den Islam zurück, ich weise den Islam zurück, ich weise den Islam zurück, ich weise den Islam zurück, ich weise den Islam zurück, ich weise den Islam zurück ...*
> *Jesus, ich wähle DICH!!!*

An einem anderen Tag entschied sich der Heilige Geist, mir die Sünden Israels gegen seine arabische Bevölkerung bewusst zu machen, seine Unterdrückungspolitik auf Verwaltungsebene, dass man sich stundenlang anstellen muss, um ein einfaches Schriftstück oder eine einfache Verlängerung zu bekommen, dass unter keinen Umständen Baugenehmigungen erteilt werden, und wenn illegal gebaut wird, kommen die

Behörden umgehend und reißen alles wieder ein. Ich konnte die Last dieser Sünde spüren, wie sie den Weg blockierte, Gottes Segen in Empfang nehmen zu können. Ich war sogar in der Lage mir zu wünschen, selbst die Strafe für die Sünden der israelischen Behörden zu erleiden, damit sie ihren Segen empfangen können! Oh Herr, was kann ich tun? Wie kannst du diese Last wegnehmen? Was kann ich möglicherweise um ihretwillen tun, damit du ihnen vielleicht vergibst?

Aber dann, inmitten dieser Ohnmacht, Bedrückung und tiefer Verzweiflung, in der ich mir fast wünschte, sie loswerden zu können, mitten in der Nacht, hatte ich wieder diese bestimmte körperliche Erfahrung der Freisetzung. Aber was bedeutete sie dieses Mal? Ich sollte es erst später erfahren. Ich hatte Gott tagelang nach der Rolle der arabischen Kirche in Israel gefragt. Manche haben Wurzeln, die weiter zurückreichen als die arabisch / muslimischen Eroberungen des 7. Jahrhunderts, sogar bis in die Zeit Jesu. Nach jener körperlichen Manifestation erkannte ich, dass Gott die arabische Kirche berufen hatte, die Zeichen der Zeit zu erkennen und die Juden in ihrem Land wieder willkommen zu heißen, da die Rückkehr die Erfüllung Seiner Verheißungen an sie war und um der Absichten Seines ewigen Reiches willen geschah.

Israel ist ein Volk der Inkarnation und es besteht eine enge Verbindung zwischen ihrer Rückkehr ins Land und der Wiederkunft des Herrn. Bibelgelehrte haben gezeigt, dass Prophetien über die Ausgießung des Geistes, vor allem in Hesekiel und Jeremia, immer im Zusammenhang mit der Rückkehr der Juden ins Land stehen.

Ich verstand, dass DIES die prophetische Rolle der arabischen Kirche im Land war. Mir war auch bewusst, dass dies erforderlich machte, gegen die Mehrheit des eigenen Volkes einen eigenen Standpunkt zu beziehen. Es würde bedeuten, dass wir mit der Zeit zahlenmäßig von den Juden übertroffen würden, die Souveränität über das Land verlieren und schließlich unter jüdischer Herrschaft leben würden. Aber dies war der Weg des Gehorsams gegenüber dem Geist, der solche Prophetien erfüllt wie: **„Und sie werden deine Söhne**

**auf den Armen bringen, und deine Töchter werden auf der Schulter getragen werden“** (Jesaja 49,22).

Traurigerweise hatte die arabische Kirche des Landes diese Offenbarung nicht empfangen, noch kam sie mit der Realität zurecht, dass Gott sich ein Volk erwählt hatte, das noch unerlöst war. So ist sie zuerst unter die Räder des arabischen Nationalismus (der Kultur und Sprache) gekommen, und dann haben sie sich der Rückkehr der Juden widersetzt. Anschließend sind sie einem Philistergeist zum Opfer gefallen, der anscheinend für die Sache der Gemeinde Gottes kämpft!!! Beide Seiten haben in Reaktion auf die Sünde der anderen Seite selbst gesündigt, woraus Leid für alle resultierte: Die Enteignung von Grundstücken und Unterdrückung auf der einen Seite, Terrorismus auf der anderen.

Ich verstand, dass die erste körperliche Freisetzung, die ich erlebt hatte, der jüdischen Seite der Jerusalemer Gemeinde galt, dass sie frei würde vom Zionismus und der ausschließlich jüdischen Perspektive für die Stadt. Die zweite galt der Freisetzung der arabischen Gemeinde vom Geist der Philister und der Verzweiflung, die eine Verkörperung der Sünde war, Gottes Pläne nicht erkannt zu haben. Beide Freisetzungen waren wie ein Abschluss der Identifikation, in die mich der Geist in der vorangegangenen Phase geleitet hatte. Dies geschah, damit der eine Leib, der aus Juden und Nichtjuden besteht, aus Arabern und Juden, der eine Verkörperung des himmlischen Jerusalem sein soll, bereit wird, offenbart zu werden. In diesem Leib wird die weltweite Gemeinde ihre volle Identität finden. Dies ist das Kind, das am Ende schnell geboren werden wird!

Oh Herr, wie schön!!!

## *Howard Bass, israelischer Jude aus Amerika*

**Der Preis der Versöhnung ist das Blut Jeschuas. Jesus ist unser Friede; wir sind eins in Ihm; Er ist unsere Versöhnung.**

Es gibt wirklich nur *einen* Gott, den Schöpfer und Erlöser des Universums, und Er ist gut! Jesus ist wirklich der Messias, der Sohn des lebendigen Gottes! Jesus ist wirklich Herr! Gott der Vater liebt wirklich jeden, und will nicht dass irgendjemand verloren geht, sondern dass sie das ewige Leben erben!

Diese Realitäten haben mein Leben auf der Suche nach Frieden mit allen Menschen, egal von welcher Volksgruppe oder Nation, soweit es an mir liegt, geformt und geprägt – ein Jude, der inmitten von Christen in den USA aufwuchs; ein Weißer, der eine gesunde Einstellung Schwarzen gegenüber haben wollte; ein Mensch, der gleich viel Wert besitzt wie jeder andere Mensch; ein Jude mit seinen eigenen Gedanken über die Deutschen.

Es braucht Versöhnung mit Gott durch Buße und den rettenden Glauben an Jesus Christus (Jeschua den Messias), damit nicht nur die grundlegende, in der Versöhnung verkörperte Wahrheit bestätigt wird – ein Begriff, der die Komponenten Vergebung, Gerechtigkeit, Friede, Annahme zwischen ehemaligen Feinden oder verletzten Parteien einschließt – sondern auch, damit wir die einzig wahre Grundlage haben, auf der wir das Bedürfnis jeder Seite nach einer echten Lösung befriedigen können: Liebe anstelle von Eigennutz und Angst; Gerechtigkeit, die durch den Tod des Herrn am Kreuz und in Gottes eigener Gerechtigkeit hergestellt wird. Gnade und Barmherzigkeit erlösten uns beide. Mit Gnade und Erbarmen sollen wir anderen gemäß Gottes Wort begegnen.

Als ich am 13. Februar 1981 wiedergeboren wurde, war eine der Freuden, die ich erlebte, die Erkenntnis, dass jüdische und nichtjüdische Gläubige in Jesus gemeinsam den HERRN – den Gott Abrahams, Isaaks und Jakobs anbeten können. Als ich im September desselben Jahres nach Israel einwanderte, erwartete ich natürlich, dass jüdische und arabische Gläubige auch gemeinsam anbeten würden. Obwohl das nicht die Norm ist in Israels Gemeinden, wurde ich immer gesegnet, wenn es solche Gelegenheiten gab. Dies ist ein Zeugnis von der Wahrheit des Neuen Bundes in einem Land und unter Völkern, die miteinander im Krieg liegen, weil sie nicht mit JHWH und Seinem Gesalbten versöhnt sind.

In einer Zeit des persönlichen Gebets 1982 war mir gegeben, die Herrlichkeit des Vaters zu sehen, der jeden liebt und niemandem schaden möchte. Als ich aus Seiner Gegenwart kam, wurde die praktische Umsetzung dessen, was ich gesehen und verinnerlicht hatte, auf die Probe gestellt, nämlich durch eine Einberufung zum Militärdienst. Aus Gehorsam gegenüber dieser Offenbarung bat ich als Staatsbürger in aller Form darum, in den Israelischen Streitkräften dienen zu dürfen, aber ohne Waffen tragen zu müssen. Gott war mit mir in und durch dieses Ringen hindurch, sowohl mit den Zivil- als auch mit den Militärbehörden, und auch mit einigen Geschwistern im Leib des Messias, weil ich mit Ihm versöhnt war. Der Heilige Geist gab mir viele Gelegenheiten, Jeschua zu bezeugen, und es öffneten sich einige Türen für persönliche Besuche bei palästinensisch arabischen Christen.

Die messianische Gemeinde in Beerscheba war immer schon gesegnet durch die Anwesenheit einer arabischen Familie. Beerschebas Erbe enthält die besonderen Segnungen JHWHs sowohl gegenüber Ismael als auch gegenüber Isaak. Durch diese arabischen Familien haben wir unseren Kontakt und die Gemeinschaft mit anderen arabischen Gläubigen in Israel erweitert, und ihre Anwesenheit hilft uns auch, daran zu denken, dass Gott einen Plan sowohl für Juden als auch für Araber hier hat. Wir erheben den Namen Jesu, der Herr über uns alle ist. Unsere Gemeinde arbeitet partnerschaftlich mit einer Organisation zusammen, deren Dienst und Tätigkeit sich sowohl auf das jüdische als auch auf das arabische Volk erstreckt. Dieser Dienst spornt uns umso mehr an, miteinander um Jesu willen versöhnt zu werden.

Mein erster wirklicher Durchbruch in der Frucht der Einheit mit meinen arabischen Geschwistern kam 1984. Zwei arabische Gemeinden aus Galiläa (wir leben im Negev) luden mich ein, mit ihnen nach Ägypten zu reisen, weil ihre ägyptischen Geschwister nie einen israelischen jüdischen Menschen getroffen hatten, der auch an Jesus glaubt! Bis zu diesem Zeitpunkt hatte ich kein Interesse daran gehabt, „nach Ägypten zurückzugehen", aber Gott veränderte mein Denken um des Evangeliums willen. Ich zeigte den ägyptischen Geschwistern ein hebräisch-arabisches Neues Testament.

Meine Frau und ich haben persönliche Freundschaften mit einigen örtlichen Beduinen (nomadisch lebenden Arabern) bei Beerscheba geschlossen. Eine Frau wurde sogar gläubig durch die liebevollen Bemühungen einiger älterer Damen, die dem Herrn unter ihnen dienen. Sie und meine Frau wurden enge Freundinnen, wenn auch ihr Mann noch Moslem ist. Aber durch die Liebe Jesu und trotz tiefer kultureller Unterschiede sind wir eine Familie im Messias. Diese liebe Schwester und ihr Ehemann benannten ihr sechstes Kind (von bisher neun) nach meiner Frau Randi, eine Ehre, die uns nur staunen lässt.

Seit 1993 bin ich dankbar für die Gelegenheit, durch JHOPFAN an den *Nahost Gesamtkonferenzen* israelischer messianischer und arabischer Leiter aus allen umliegenden Ländern teilzunehmen. Ein Hauptschwerpunkt dieser Konferenzen ist die Versöhnung mit Gott, was Seine Pläne für Israel, Jerusalem und die arabischen Nationen angeht, dass sie JHWHs heiligem Namen Ehre bringen und die ganze Welt segnen. Es hat einige wundervolle Durchbrüche gegenseitiger Vertrauensbildung zwischen uns Teilnehmern gegeben, die doch eine Vergangenheit kriegerischer Auseinandersetzungen miteinander haben.

Von den frühen 90er Jahren an begann ich an Konferenzen und Wüstenreisen teilzunehmen, die durch *Musalaha* (Arabisch für Vergebung und Versöhnung) gesponsert wurden. Dieser Dienst konzentriert sich auf persönliche Beziehungen zwischen jüdischen / israelischen und arabischen / palästinensischen Gläubigen, die glauben, dass das primäre Werk des Evangeliums ist, Frieden zu stiften, den Jesus in unser Herz gibt und der es erst möglich macht, das Gebot zu erfüllen, Böses mit Gutem zu überwinden, die Feinde zu lieben, egal welche politischen oder eschatologischen Differenzen wir noch haben mögen. In meiner Funktion als Vorstandsmitglied versuchen wir die persönlichen und familiären Bande im Lichte des Kreuzes zu pflegen, während wir unsere persönlichen Differenzen nicht verbergen. Wir entscheiden uns, sie uns dienlich werden zu lassen, während Gott Sein Wort und Seine Absichten weiter erfüllt. In dem Maße wie ich lernte, meine palästinensischen Geschwister zu akzeptieren, hat Gott mir auch den Weg geebnet, um während der aktuellen *Intifada* abgeriegelte Gebiete zu besuchen. Es war ein Segen für sie, dass ich so etwas überhaupt tat. Alle Ehre gebührt Jesus!

Durch diese Jahre des Aufbaus von Vertrauen und Beziehungen bahnt Gott weiter Wege in unseren Herzen. 2002 führte die Gemeinde in Beerscheba einen gemeinsamen Lobpreisgottesdienst mit der Arabischen Allianzgemeinde der Altstadt in Jerusalem durch, der ein Abendmahl mit einschloss. Der arabische Pastor predigte auf Arabisch und ich auf Hebräisch. Übersetzer halfen beim gegenseitigen Verstehen. Obwohl es ein extrem heißer Junitag war, war es wirklich cool, zusammen zu sein und die Zeugnisse danach zu hören, wie der Herr die Mauern der Feindseligkeit durch diesen direkten Kontakt von Brüdern und Schwestern im Messias zerbrach.

Ich kam kürzlich von einer Regionalkonferenz in Jordanien zurück, wo ich das unglaubliche Privileg hatte, vor Mitgläubigen aus Deutschland, dem Libanon, Syrien, Irak, Ostjerusalem und anderen Nationen über Versöhnung zu sprechen. Der Herr befähigte mich, die Wahrheit Seines Wortes in Bezug auf Israel und die Israelis auszusprechen, wie ich sie derzeit verstehe, während ich ihnen gegenüber genauso die bedingungslose Liebe des Vaters, die ihnen gilt wie mir, demonstrieren konnte – Er nimmt uns alle in Christus an. Ich kann nur beten und vertrauen, dass sie mein Volk auch als ihr Volk annehmen, und meinen Gott und Erlöser auch als ihren Gott und Erlöser.

Der Herr Jesus betete, dass wir Gläubige eins sein sollen, wie Er und der Vater eins sind. Dieses Gebet wird in Zukunft, und bereits auch jetzt schon, zur vollen Befriedigung Gottes erhört werden. Geschwister werden in Einheit miteinander gehen und Zion wird den Segen des JHWH-Gottes sehen – Leben in Ewigkeit. In der Zwischenzeit beten wir für die Realisierung des Friedens im gegenwärtigen Jerusalem, wenn es endlich den segnen wird, der im Namen des Herrn kam und wiederkommen wird. Dann werden alle übrigen Nationen herauf kommen und den großen König und Hohepriester anbeten.

Der Preis der Versöhnung ist das Blut Jeschuas, das für uns vergossen wurde, und Sein Fleisch, das für uns gekreuzigt und durchbohrt wurde. Jesus ist unser Friede; wir sind eins in Ihm; Er ist unsere Versöhnung. Gott sei die Ehre!

# Teil IV

# Die Wiederherstellung Ägyptens, Israels und Assyriens, die gemeinsam Gott dienen

## Nordafrika findet zurück zur Thora
## Von Mokhtar Essid

Nordafrika zählt nahezu 100 Millionen Menschen von Tunesien bis nach Mauretanien. Für die Menschen des Nahen Ostens ist Nordafrika als „Maghreb" („der Westen") bekannt. Europäer haben die Region als die „barbarischen Länder" oder einfach die „Barbarei" bezeichnet, ein Name, der sich von den einheimischen Berbervölkern ableitet, die heute von den Arabern und arabisierten Berbern zahlenmäßig übertroffen werden.

Für den Rest der Welt ist Nordafrika einfach der nördliche Küstenrand Afrikas zum Mittelmeer hin, der sich vom Atlantik im Westen bis zur ägyptischen Wüste im Osten erstreckt. Er umfasst die Länder Mauretanien, Marokko, Algerien, Tunesien und Libyen. Für die Christen ist Nordafrika am besten bekannt als das „Land der versunkenen Kirchen". In diesen Ländern wurde die einst blühende christliche Kirche durch den Islam völlig liquidiert.

Die nordafrikanische Seele sucht Frieden zwischen widerstreitenden Polen – jahrhundertealte Traditionen und Modernisierung, Instinkt und Vernunft, Genuss und Askese. In den letzten Jahren finden mehr und mehr Nordafrikaner neuen Frieden im Evangelium Jesu Christi.

Vor einigen Jahren geschah es, dass alle Einwohner einer bestimmten Stadt in Algerien denselben Traum hatten, dass Jesus Gott ist und für ihre Sünde starb. Sie wachten auf und glaubten und vertrauten Jesus als ihrem Herrn und Erlöser. Beten Sie, dass solche Dinge auch weiterhin in ganz Nordafrika geschehen. Beten Sie weiter für göttliche Visitationen wie diese, sowie um weitere Arbeiter für die Ernte.

## Die Länder Nordafrikas
### Mauretanien

Am Atlantik und dem westlichen Ausläufer der Sahara gelegen, wird Mauretanien häufig vom Staub der Wüstensandstürme bedeckt. Häufige Dürren haben das Land in den vergangenen zwanzig Jahren ruiniert und verarmen lassen und verursachten eine Massenwanderung seiner Bevölkerung, die bisher einen nomadischen Lebensstil in der Wüste geführt hatte, in die Hauptstadt und andere größere Städte. Interethnische Gewalt brach um die begrenzten Wasservorräte und das bebaubare Land aus. Zahlreiche Militärputsche folgten der Unabhängigkeit von Frankreich im Jahr 1960. Die Wahl einer Zivilregierung 1992 brachte allerdings mehr Stabilität. In den vergangenen Jahren hat die Regierung diplomatische Beziehungen zu Israel aufgenommen. Israel hat jetzt eine Botschaft in Mauretanien und Mauretanien hat eine in Israel.

Es existiert keine Religionsfreiheit in Mauretanien. In den Augen des Gesetzes sind alle Bürger sunnitische Moslems, die dem Gesetz der *Scharia* unterliegen. Alle christlichen evangelistischen Bemühungen sind illegal, genauso der Übertritt zu einer anderen Religion. Die Bekehrung zum Christentum kann ein Todesurteil bedeuten. Trotzdem ist eine kleine Zahl von Mauretaniern zum Glauben an den Herrn Jesus gekommen. Heute gibt es weniger als 100 Christen in Mauretanien; sie zeichnen sich dadurch aus, dass sie geistliche Einsichten in ihre Nation haben und Verantwortung übernehmen. Gemeinschaft mit anderen Gläubigen zu finden ist jedoch eine große Herausforderung für sie.

## Marokko

Zwei Bergketten, das Er Rif entlang der Nordküste und das Atlasgebirge im Zentrum des Landes trennen Ostmarokko vom atlantischen Marokko im Westen. Dieses Land ist Heimat für ca. 30 Millionen Menschen. Der Staat Marokko und die in Algerien stationierte Polisario-Front stellen beide rechtliche Ansprüche auf die Westsahara, eine phosphatreiche Wüstenregion im äußersten Nordwesten Afrikas, die etwa drei Fünftel der weltweiten Phosphatvorkommen birgt. Eine hohe Arbeitslosenrate bedeutet für viele Familien immer noch eine große Einschränkung ihrer Ressourcen.

Als ehemaliges Protektorat Frankreichs und Spaniens wurde Marokko 1956 ein unabhängiges Königreich. Seit der Invasion arabischer Armeen, die den Islam im 7. Jahrhundert ins Land brachten, hat sich die Königsfamilie verpflichtet, den Islam als Religion aller Marokkaner zu bewahren. In den letzten dreißig Jahren sind einige Marokkaner zum Glauben an Jesus Christus gekommen.

Vor 1990 gab es etwa 300 einheimische Marokkaner, die einen aktiven Glauben praktizierten. Heute sind es mehr als 1000, die wöchentlich Gemeindeversammlungen besuchen. Weitere 1000 besuchen gelegentlich einen Gottesdienst. Bis heute erfahren sie Widerstand von ihren Familien und von den Behörden. Es gibt jetzt über 10.000 Menschen, die über verschiedene Organisationen an einem Bibelkorrespondenzkurs teilnehmen. Über 6000 hören das Evangelium über Radiosendungen und Satellitenfernsehen.

## Algerien

Nach einem bitteren Weg der Befreiung erlangte Algerien 1962 seine Unabhängigkeit von Frankreich und erhielt zunächst ein sozialistisches Einparteiensystem als Regierungsform. 1992 begann Algerien schließlich, sich in Richtung Demokratisierung zu bewegen. Es folgte ein fortwährender Kampf um die Kontrolle des Landes zwischen radikalen muslimischen Gruppen und der Armee. Der sieben Jahre anhaltende Bürgerkrieg forderte bis zu 80.000 Tote der etwa 30 Million Einwohner Algeriens. Die desolate wirtschaftliche Situation ist Ursache für die anhaltende Armut von Millionen von Menschen in Algerien. Trotz der Unruhen sind viele Menschen mitten in diesem Chaos zu Christus gekommen.

Vor dem siebenjährigen Bürgerkrieg gab es einige Hundert Christen in Algerien. Während dem Bürgerkrieg kamen viele zum Glauben an Jesus. Obwohl es in dieser Zeit keine Missionare in Algerien gab, übernahmen die algerischen Christen die Verantwortung und begannen, für ihre Nation zu beten, und Gott hat ihre Gebete erhört. Manche schätzen die Zahl der einheimischen Christen auf 30.000 und andere sagen, es seien 50.000. Als Saliha, eine algerische Schwester, die in Jerusalem ihre Sünde und die Sünde ihrer Nation vor Gott und den messianischen Juden bekannte und ihnen die Füße wusch, begann der Geist Gottes in Algerien zu wirken.

Gemeindegruppen sprießen aus dem Boden und verbreiten sich in Algerien, da gerade Berberstämme trotz siebenjährigem Bürgerkrieg das Evangelium aufnehmen. Etwa 25 Millionen Berber leben in mehreren nordafrikanischen Ländern. Christliche Mitarbeiter begannen in den frühen 90er Jahren, Gemeindewachstum unter ihnen zu sehen. Die neuen Gemeinden sind vielleicht eines der ersten Zeichen für eine Gemeindegründungsbewegung, die sich durch Nordafrika ausbreiten wird. Die Region ist Heimat vieler letzter unerreichter Volksgruppen, die keinen oder nur wenig Zugang zu der guten Nachricht von der Erlösung in Jesus Christus haben.

In einem Interview hat ein christlicher Mitarbeiter in Algerien kürzlich die Freude beschrieben, die ihn erfasste, als er zehn neue Gläubige bei einem seiner Besuche in einer Badewanne taufen konnte. „Wenn man jahrelang dafür gearbeitet hat, dass das Evangelium dieses Land erreicht, und jetzt kann man Menschen taufen...", seine Stimme überschlug sich fast vor Freude. „Und die größeren Gemeinden haben fast jede Woche Taufen," fuhr er fort. Er besuchte mehrere Gemeinden, die seit seinem letzten Besuch vor dem Bürgerkrieg beständig gewachsen sind. Er erzählte auch von einem wachsenden Netzwerk von Hauskirchen, die eine andere Facette des Wachstums verheißen.

Große Mengen an Bibeln, Evangelienteile und „Jesus" -Videos werden an viele Tausende Algerier verteilt, wenn sie jedes Jahr nach Europa reisen. Und Radioprogramme in der Berbersprache haben jahrelang das Evangelium verbreitet.

„Viele Menschen hören die Radioprogramme", erklärt der algerische Christ, „und die Ergebnisse sind sehr positiv. Es haben heute mehr Menschen das Neue Testament in ihrer Sprache zur Verfügung. Nicht so viele, wie wir wünschten, aber mehr denn je zuvor."

Arabisch ist die offizielle Landessprache Algeriens, aber es werden auch viele der nichtarabischen „Herzenssprachen" gesprochen. Die Bibel wurde in viele dieser Sprachen noch nicht übersetzt; in anderen gibt es Teilübersetzungen. Algerien erlaubt nicht, dass Bibeln in den Lokalsprachen importiert werden, also bleibt die Bibelübersetzung ein Hauptbedarf innerhalb des Landes.

## Tunesien

Geographisch grenzt sich Tunesiens nördliches und westliches Gebirge von der heißen, trockenen Zentralebene ab, während die Sahara den Süden des Landes bedeckt. Diese kleine Halbinsel, die den nördlichsten Punkt Afrikas formt und nur knapp 200 Kilometer von Italien entfernt liegt, ist seit über 2000 Jahren ein Zentrum von Einfluss und Aktivität im Mittelmeer. Dieselbe Küste, die jetzt als Spielplatz für europäische Touristen dient, übersät mit „Oben Ohne" -Stränden, beherbergte einst 200 v. Chr. das mächtige Reich Karthago. Seine vielfältige Wirtschaft umfasst die Bodenschätze Erdöl und Phosphat, Tourismus, Landwirtschaft und einen wachsenden Industriesektor. Oberflächlich betrachtet hat Tunesien alle Eigenschaften eines modernen, in die Zukunft gerichteten Staates und ist eine vergleichsweise pro-westliche Insel der Stabilität in der unruhigen nordafrikanisch-arabischen See. Tiefer betrachtet ist das Bild jedoch viel komplexer.

Bis 1956 wurde Tunesien von Frankreich verwaltet und heute ist der Islam Tunesiens Staatsreligion. Obwohl man Ausländern mit anderem Glaubensbekenntnis Toleranz entgegen bringt, erlebte das christliche Zeugnis zuweilen starken Widerstand. Die 9 Millionen Einwohner Tunesiens sind fast völlig unerreicht, und es gibt nur wenige evangelikale Gläubige.

Nach 100jähriger protestantischer Missionstätigkeit gibt es äußerst wenige einheimische Gläubige im gesamten Land. Die Erklärung dafür liegt vielleicht weniger darin, was heute im Land geschieht, als in seiner Vergangenheit. Vor „Awake Tunisia '99" konnte man die Zahl der Gläubigen an den Fingern beider Hände abzählen. Nach 1999 begannen Christen weltweit für Tunesien zu beten. Tunesische Christen wurden ermutigt, ihre Sünde und die Sünde ihrer Väter zu bekennen, wozu nicht nur eine Geschichte der Götzenanbetung im Land gehörte, sondern auch das Unrecht gegenüber den tunesischen Juden.

Heute gibt es über 400 aktive Christen und einige Hundert geben an, im Stillen Christen zu sein. Diese Menschen haben Probleme mit den Behörden und mit ihren Familien. Heute gibt es über 5000, die über verschiedene Organisationen in Europa einen Bibelkorrespondenzkurs belegen, und mehr als 30.000 hören regelmäßig das Evangelium durch Radiosendungen und Satellitenfernsehen.

## Libyen

Die Sahara bedeckt mehr als 90 Prozent Libyens und es ist mit reichen Ölreserven beschenkt. Viele der 5,6 Millionen Araber Libyens und der Berber leben in den Städten entlang der Mittelmeerküste.

Libyen wurde über die Jahrhunderte von einer Reihe fremder Reiche beherrscht. 1969 führte ein Staatsstreich zu der Errichtung eines Regimes, das von einem Volkskomitee und Oberst Moamar al-Gaddhafi angeführt wurde.

Die Nachfrage nach Fachkräften hat eine Reihe von Ausländern nach Libyen geführt, die in Erdöl- und Ingenieurprojekten beschäftigt sind, außerdem sind sie in anderen Fachgebieten und technischen Berufen tätig. Die meisten Libyer hatten noch keine Gelegenheit, das Evangelium von Jesus Christus zu hören und anzunehmen. Es gab ein paar einheimische Christen, aber sie flohen nach Europa oder in die Staaten. 2002 wurde ein Jahr der Fürbitte für Libyen ausgerufen, in dem Christen rund um die Welt für Libyen beteten. Heute gibt es ein paar Dutzend Christen, aber sie bleiben im Untergrund.

## Der Same der Gemeinde in Nordafrika

Die Gemeinde in Nordafrika wurde an genau dem Tag geboren, an dem die weltweite Gemeinde geboren wurde. Von dem Land aus, das jetzt Libyen genannt wird, verbreiteten die Menschen zuerst die Nachricht von Pfingsten (Apostelgeschichte 2,10). Es folgten ihnen bald andere, die noch länger in Jerusalem geblieben waren, um noch mehr Zeit in der Gegenwart der Apostel und der anderen Christen dort zu verbringen. **„Täglich verharrten sie einmütig im Tempel und brachen zu Hause das Brot, nahmen Speise mit Jubel und Schlichtheit des Herzens.“** (Apostelgeschichte 2,46)

Einige Zeit später erreichte die Nachricht die libysche Küste, dass Petrus einen römischen Zenturio besucht hatte und die Heiden in seinem Haus die Erlösung Gottes und die Gabe des Heiligen Geistes empfangen hatten, genau wie die Juden. Die Heiden Nordafrikas – Römer und Berber – hörten mit großem Interesse, dass die Apostel und Ältesten in Jerusalem auch Männer und Frauen wie sie in der Gemeinde Christi willkommen geheißen hatten. Dadurch wurde der Weg Christi und der Glaube an Ihn bekannt und liebgewonnen. Er wurde zu einem grundlegenden Teil des reichen nordafrikanischen Erbes.

Die Zahl der Gläubigen wuchs sehr langsam, aber stetig. Nordafrika war ein Zentrum der christlichen Aktivität. Einige der bemerkenswertesten Kirchenväter, wie Augustinus, Cyprianus und Tertullian verbrachten einige Zeit ihres Lebens in Karthago, der Hauptstadt des römischen Afrika. Auf dem

2. Konzil von Karthago 397 n. Chr. wurde das Neue Testament formal kanonisiert. Archäologische Überreste der frühen Kirchen, wie beispielsweise Katakomben, findet man immer noch in Nordafrika, und die römisch-katholische Kirche unterhält immer noch eine herrliche französische Kathedrale in der Hauptstadt, die nach St. Augustinus benannt ist.

300 Jahre lang hörten die Berber Gottes Wort und nahmen es auf, nicht wegen der römischen Herrschaft, sondern trotz dieser. Römische Gouverneure und Magistraten taten das Äußerste, um den Glauben zu unterdrücken, die Gemeindeleiter zu vernichten und die Gläubigen zurück in die heidnischen Tempel zu zwingen. Ein unaufhörlicher Strom strengster Gesetze, die auf höchster Ebene von einer Reihe tyrannischer Herrscher eingebracht wurden, waren dazu gedacht, das Christentum vom Angesicht der Erde zu tilgen.

Und doch blühten die Gemeinden Nordafrikas in jenen Jahren der Verfolgung. Tertullian, ein Kirchenführer des 4. Jahrhunderts, schrieb: „Trotz des schärfsten Widerstandes und den Schrecken härtester Verfolgung, haben die Christen unumstößlich an ihrem Glauben festgehalten, dass Christus auferstanden ist, dass alle Menschen am Ende der Zeiten auferstehen und ihr Leib ewig leben wird." Ihr Glaube war so fest und ihre missionarischen Aktivitäten so effektiv, dass im 3. Jahrhundert fast das ganze heutige Tunesien und ein großer Teil Algeriens christlich geworden war.

Die frühen Gläubigen erreichten diese wunderbaren Resultate durch ihr persönliches Zeugnis – ohne Radio- oder Satellitenprogramme, Korrespondenzkurse, Audio- oder Videokassetten oder schriftliche Literatur. Nordafrika hat viele gefeierte Märtyrer und einige der größten Theologen hervorgebracht.

Im 4. und 5. Jahrhundert erlebte dieses spektakuläre Wachstum unter den Christen einen genauso bemerkenswerten Zusammenbruch. Die Gemeinden, die das Evangelium eigentlich in Afrika verbreiten sollten, stolperten und fielen und verschwanden bald spurlos. Sie versagten völlig darin, aus der Freiheit Kapital zu schlagen, die ihnen durch das Edikt von Milan 313 n. Chr. angeboten wurde. Als die Vandalen und arabischen Invasoren im 5. und 7. Jahrhundert in Nordafrika eindrangen, waren die Gemeinden unfähig, Widerstand zu leisten oder gar die Einführung neuer Religionssysteme zu überstehen.

## Die Wiedergeburt der nordafrikanischen Gemeinde

Es vergingen Jahrhunderte mit nur wenig sichtbarer christlicher Präsenz. Heute jedoch erleben wir eine frische Bewegung des Heiligen Geistes quer durch Nordafrika. Christen rund um die Welt beten, dass die sogenannte „versunkene Kirche" in naher Zukunft eine sichtbare und siegreiche Gemeinde wird.

Die Gemeinde in Nordafrika ist ein Organismus und keine Organisation. Ihre Stärke sind ihre Beziehungen, nicht Strukturen oder Programme. Ihr Schwerpunkt ist geistlicher Art, und nicht politisch oder materiell. Die Not der Gemeinde in *einem* Bereich muss die Sorge der Gemeinde auf allen Gebieten sein. Gemeinden existieren in der kleinst möglichen Untereinheit des Organismus. Gemeindeorganismen sind evangelistisch; sie suchen nach neuen Jüngern und sorgen für sie innerhalb der Gruppe. In christlichen Gemeinschaften unterstützt man sich gegenseitig; alle fühlen sich voll involviert. Die Gemeinde baut auf den Dienst von Laien, nicht auf Vollzeitmitarbeiter. Die Gemeinde trifft sich normalerweise in Häusern oder auf dem freien Feld, nicht in Gebäuden, die für diesen Zweck bestimmt werden. Den Sakramenten, der Bibel und dem Gebet werden große Bedeutung beigemessen. Gläubige werden ermutigt, anderen Menschen phantasievoll und getragen von Gebet im Namen Jesu zu dienen. Verfolgung als Teil des Preises für die Nachfolge Jesu wird in Kauf genommen.

Ein Missionsleiter, der mehr als 20 Jahre im Nahen Osten gedient hat, sagt: „Der Geist Gottes bewegt sich in Wellen durch die muslimische Welt. Wir leben in Tagen der Schwangerschaft."

1991 hatten wir schon jahrelang dafür gearbeitet, dass eine Hauskirche in Nordafrika gegründet wird. Wir hatten bereits eine Hausgemeinde, aber jedes Mal, als wir eins geworden waren und darüber nachzudenken begannen, wie wir missionarisch werden und wachsen könnten, bekamen wir plötzlich Streit, normalerweise wegen irgendeiner theologischen Frage, und die Gruppe fiel daraufhin auseinander. Dann brauchte es Monate harter Arbeit, viele Tränen und ein starkes Ringen um Versöhnung. Wir fragten uns, was denn falsch lief, oder was wir falsch gemacht hatten. Die Bibel sagt: „Betet und ihr werdet empfangen", und „Er wird Seine Gemeinde bauen". In anderen Nationen sahen wir, dass Missionare hineinkamen und ein paar Jahre später gab es bereits Gemeindewachstum. In Nordafrika hatten wir über 100 Jahre Missionarstätigkeit, aber es wurde keine stabile Hauskirche aufgebaut oder konnte über die Jahre wachsen.

Weil wir wissen, dass Gott Wahrheit ist und dass Er tut, was Er sagt, beschlossen wir, alle Christen in Nordafrika von jeglicher Nationalität oder Kirchenhintergrund zusammenzurufen und eine Gebetsnacht einmal im Monat durchzuführen, um Gott zu bitten, Seine Gemeinde zu bauen. Wir trafen uns einmal erfolgreich, aber in der zweiten Gebetsnacht begann ein Streit über Leiterschaft. Wir beteten nicht die ganze Nacht hindurch, die Menschen wurden ärgerlich aufeinander und klagten sich gegenseitig an.

Wir wurden von der Gemeinschaft ausgeschlossen. Ein Ehepaar war zu dem Ergebnis gekommen, dass es der Böse war, der seine Hand im Spiel hatte, und beschloss, weiter mit uns zu beten, um Gott zu fragen, was denn falsch lief und warum wir keine Stabilität in der Gemeinde erlebten. Dadurch kam unser Leben und unsere Familien unter ernsthafte Angriffe des Bösen. Wir hatten Unfälle und überlebten nur um einen Hauch. Wir beteten weiter und Gott offenbarte uns, dass die Nation von einem bösen Geist gebunden war (Matthäus 12,29).

Wir wurden auf so ernstzunehmende Weise an Leib und Leben bedroht, dass wir beschlossen, das Land zu verlassen und in Europa zu leben. Wir verstanden nicht, warum Gott das alles zuließ. Wir hatten den Schlüssel zum Problem entdeckt... GEBET... aber all diese Opposition begann, als wir ernsthaft über die Ursache des Widerstandes in Nordafrika zu beten begannen.

In Europa beteten wir weiter und bauten ein Gebetsteam auf, um miteinander zu beten. Wir entdeckten, dass es im volkstümlichen Islam eine Göttin mit Namen Tinnit gab, die schon vor der Zeit der Islamisierung angebetet worden war, und dass ihr Abbild und Name auch heute noch im ganzen Land verbreitet ist.

Wir wollten mehr über diese Göttin und ihre Ursprünge erfahren. Wir baten Gott, alle Geheimnisse zu offenbaren. Bei unserem ersten Besuch in Jerusalem während der ersten *„All Nations" -Konferenz in Jerusalem* 1994, begegneten wir ihr. Wir fanden sie in der Altstadt-Zitadelle in Jerusalem, im Davidsturm. Zu unserem Schrecken entdeckten wir dort, wie viele Götzen Israel hat. Die Wahrheit wurde durch jahrelange Forschung aufgedeckt, nämlich dass Zehntausende von Kindern der Tinnit in Karthago und an anderen Orten ihrer Anbetung geopfert worden waren. Wir gingen mehrmals nach Nordafrika, speziell um diese Orte aufzusuchen und Buße zu tun für diese Anbetung. Andere Christen sind ebenfalls dorthin gegangen. Wir baten Gott, uns von diesen Ketten der Bindung zu befreien, die uns davon abgehalten hatten, den einzig wahren Gott zu erkennen.

Wir beteten weiter mit unserem Gebetsteam in Europa und entdeckten, dass alle nordafrikanischen Länder dieselbe Kultur, Geschichte und geistliche Problematik besaßen. Aufgrund dieser Offenbarung begannen wir für all diese Nationen zu beten. Viele Christen weltweit begannen mit uns zu beten, indem wir sie mit richtungsweisenden Hintergründen versorgten. Wir entdeckten, wie die Anbetung dieser falschen Götter und die Vermischung von all dem mit dem Christentum eine Öffnung für den Islam bewirkt hatte, durch die er Einlass fand und die Bevölkerung überrennen konnte. Diese Bindung legte sich über eine andere Bindung.

Als Christen und Gemeinden sind wir alle beeinflusst von Vermischungen von Humanismus mit der Bibel. Nachdem wir uns und unseren Verstand zu Göttern erhoben hatten, begannen wir die Bibel mit unserem eigenen Verstand zu lesen und begannen die Dinge auszulassen, die wir nicht verstehen konnten, oder fingen an sie auf eine Weise zu lesen, dass es uns westlich geprägten Menschen angenehm war. Wir machten sie zum Buch der Kirche und hatten unsere eigene Theologie, um die schwierigen Verse zu erklären. Wir vergaßen, zu den Ursprüngen der Bibel zurückzugehen.

Es brauchte eine Weile, bis wir unsere „Kirchenbrille" absetzen konnten und lasen, was dort tatsächlich steht. Nach ein paar Monaten stellten wir uns der Tatsache, dass die Bibel Gottes Wort ist, das dem jüdischen Volk offenbart wurde, und dass wir es deshalb mit den Augen der Juden interpretieren müssen. Auf diese Weise offenbarte uns Gott, dass die Thora die Grundlage des Reiches Gottes ist und dass die Thora Gnade ist, die der ganzen Menschheit offenbart wurde. Diese Offenbarung erhielten wir durch die unermessliche Liebe Gottes, die uns zeigt, wie wir so leben können, wie Er es sich für uns vorgestellt hat, damit wir völlige Erfüllung erfahren. Wir taten Buße über unser falsches Verständnis und unsere egozentrische Art der Interpretation der Schrift, und dass wir die Bibel mit einer fertigen Theologie zu noch unerreichten Nationen brachten.

Als wir begannen, so zu beten, geschah eine radikale Veränderung.

Sehr oft denken Moslems, dass sie Europäer oder Amerikaner werden müssen, um Christ zu werden. Sie vermischen das Christentum entweder mit ihren muslimischen religiösen Praktiken und stehen mit einem Fuß in Jesus und mit dem anderen Fuß in den Familientraditionen, oder sie werden wie Menschen des Westens, lösen sich von ihrer Kultur und sind fast nicht mehr fähig, in ihrer eigenen Nation fruchtbar zu sein. Die meiste Zeit wollen sie ihr Land verlassen und in einem westlichen Land leben, wo sie unfruchtbar werden.

Wenn wir jedoch die Bibel mit ihrem eigenen Hintergrund zu ihnen bringen, interpretiert mit den Augen der Juden und mit der Aussage, dass die Thora als Grundlage des Reiches Gottes Gnade ist, dann sind wir ihrer eigenen Kultur und ihrem Denken sehr nahe. Sie begreifen sehr schnell und finden den Messias, weil sie das Alte Testament lesen. Da sie ihre Identität in Abraham kennen, weil sie in Ismael Kinder Abrahams sind, finden sie ihre „Daseinsberechtigung" wieder und fangen an, sich wie wahre Kinder Abrahams zu verhalten. Sie fangen an, ihre Eifersucht auf die Kinder Isaaks zu entdecken und zu sehen, dass sie nicht eifersüchtig sein müssen. Sie können genau wie die Söhne Isaaks Zugang zur Gnade Gottes haben, weil sie wahre Kinder Abrahams sind und ihren Halbbruder lieben sollten. Wenn sie einmal einen messianischen Juden treffen, fallen alle Barrieren weg. Sie umarmen ihn und fangen an, ihn als lange verlorenen Bruder zu lieben.

Seit wir in Jesaja 42,4 lasen, dass **„die Inseln (arabisch Al Djazair = Algerien) warten auf seine Weisung (der Thora)"** und zu beten begannen, dass Gott die Thora offenbaren wird, werden Augen geöffnet und Bindungen gelöst, Hauskirchen blühen und wachsen in mehreren Städten in Nordafrika. Es ist der Anfang der kommenden Ernte.

2003 gibt es schätzungsweise 50.000 arabische und berberstämmige Gläubige in Nordafrika. Vor 15 Jahren waren es noch 1.500. Mit Sicherheit gibt es noch viel mehr heimliche Christen. Starker Druck und offene Verfolgung haben viele dazu getrieben nach Übersee zu fliehen. In vielerlei Hinsicht ist die schlichte Erhaltung der bestehenden Gemeinde schon ein großartiger Sieg. Aber könnte es nicht Hoffnung für mehr als Erhaltung geben?

Könnte dies die Zeit für eine Wiedergeburt der lebendigen Gemeinde des alten Nordafrika sein?

Der Inhalt von „Nordafrika findet zurück zur Thora" wurde beigesteuert von:

Mokhtar Essid,
Cornerstone Ministries,
Koperwiek 108, Soest,
Holland 3766.

# *Palästina / Israel*

## Von Jesus bis 1800 n. Chr.

Es ist bekannt, dass Jerusalem 70 n. Chr. zerstört wurde, nachdem es eine große Erweckung unter Juden, die Jesus nachfolgten, und anderen aus den Nationen, die im 1. Jahrhundert von Seinen Aposteln berührt wurden, gegeben hatte.

Der Koran sagt: Streitet euch nicht mit dem Volk des Buches, außer mit guten Mitteln. Als islamische Armeen Jerusalem um 600 n. Chr. herum belagerten und umringten, war die Gemeinde sehr schwach. Der Patriarch von Jerusalem sandte Botschafter zu Omar in Mekka, dass er die Schlüssel Jerusalems nur ihm allein übergeben würde. Omar kam auf einem einzigen Kamel mit einem einzigen Diener, um die Regierung zu übernehmen und schlief auf dem Boden Jerusalems ohne Wachen. Die Moslems zogen friedlich in Jerusalem ein. Als Omar mit dem Patriarchen Jerusalems betete, fragte er ihn, wo sie beten sollten. Von der Grabeskirche aus zeigte der Patriarch auf den Tempelberg, der damals eine Müllhalde war, als Ort, an dem die Juden beteten. Omar sagte, dass er eine Moschee bauen lassen würde, wo er betete, was er später auch tat (die Omar-Moschee).

Vom 9. bis zum 11. Jahrhundert beschädigten die Katholiken, die als Kreuzfahrer kamen, das Ansehen des Christentums im Nahen Osten erheblich, als sie das Kreuz auf schändliche Weise gebrauchten. Christus sagte zu Petrus: „Wer durch das Kreuz tötet, soll durch das Kreuz umkommen." Christliche Kreuzfahrer zerstörten die Brücken zwischen Christen und Moslems und Juden, als sie in die Omar-Moschee eindrangen und 30.000 Moslems töteten und Tausende von Juden in den Synagogen abschlachteten, indem sie noch dazu sangen: „Christus wir beten dich an!"

## 1800 – 2003

Das traditionelle Christentum wurde im Libanon und in Syrien geprüft, als evangelikale Leiter, hauptsächlich aus den

USA, 1873 erstmals die gesamte Bibel auf Arabisch druckten. Der Leiter des Projektes war Burtros Albustan, ein Konvertit vom maronitischen zum evangelikalen Glauben, der sieben Sprachen des Altertums fließend sprach. Sie druckten die Dike Bibel ähnlich wie die King James. Kurz darauf begannen Jesuiten mit ihrer eigenen Übersetzung der Bibel. 1880 begannen sie andere Bücher und Magazine auf Arabisch zu drucken. All dies trug stark zu einem geistlichen, gesellschaftlichen, politischen, wirtschaftlichen und religiösen Aufbruch unter den Arabern in Palästina / Israel bei!

Christen im Nahen Osten hatten keine Meinung oder Vision mehr nach der muslimischen Eroberung, wie sie sich ausbreiten könnten, sondern nur wie sie religiös überleben konnten. Es war schwierig zu evangelisieren, weil die Menschen, die sich zum Christentum bekehrten, exekutiert werden konnten. Christen begannen dann mit einer neuen Art des Zeugnisgebens, indem sie an Karfreitag, Weihnachten und Ostersonntag Paraden abhielten.

Nachdem die Anglikaner und die Christliche Mission der Juden den jüdischen Bischof Michael Solomon Alexander 1841 in Jerusalem eingesetzt hatten, wurden viele arabische Gemeinden gegründet, zu denen auch die in Jaffa und die auf dem Karmelberg gehörten. Armenier kamen nach Beirut und Nazareth und gründeten ein Krankenhaus, das seit 1864 und noch bis heute in Gebrauch ist.

Die erste Baptistengemeinde im Nahen Osten wurde 1912 in Nazareth von dem örtlichen Pastor Schira Mussa gegründet. Zur gleichen Zeit, in den ersten zwanzig Jahren des 20. Jahrhunderts, dienten Ben Zion Friedman und Gustof Dalman unter den Juden in Zefat und Jerusalem. Als er starb, übernahm ein Missionarspastor die Gemeinde, weil kein Ortsansässiger die Ausbildung dazu besaß. Gemeindegründer der First Baptist Church bauten 1924 eine Gemeinde in Nazareth auf, von der sie Missionare in den Nahen Osten aussandten, unter anderem nach Damaskus und Beirut. 1933 begann die Narkis Street Baptistengemeinde in Jerusalem mit ihren Zusammenkünften.

Es hat geistliche Väter unter den Arabern in Palästina / Israel gegeben. In den 30er Jahren gründete Munir Habibi Gemeinden in Haifa und ging dann in den Libanon. In den 40er Jahren begann Meguell Kawar mit der arabischen Brüdergemeinde in Nazareth, gründete eine weitere in Kafar Yassif und zog dann weiter nach Jordanien. 1947 – 2003 war Faud Sachniny in der Leitung und stellte die Baptistengemeinde in Nazareth wieder her. Es folgte Roy Whitman. 1948 – 1978 gründete Jamil El-Hassen mit 100 weiteren Personen Brüdergemeinden in Israel. 1949 – 1975 wirkte Dr. Dwight Baker zunächst 17 Jahre in Nazareth, dann in Haifa und Arad. Baker schrieb 1967 auch Artikel über die Kirche im Nahen Osten und in Nordafrika für ein Magazin, das *Christianity Today* heißt.

Unter der Leitung Faud Sachninys in den 50er und 60er Jahren wurden durch die Muttergemeinde in Nazareth eine weitere Baptistengemeinde am gleichen Ort, eine in Jaffa, Karmiel, Tamar, Rama, Akko, Eli Burne, Haifa und Petach Tikvah sowie in Galiläa gegründet.

Edward Tannus begann mit der Gründung von Gemeinden für die Assemblies of God, zu der seit 1985 eine in Haifa unter den Arabern gehört, und danach gründete er Gemeinden in Ramle, Jaffa, Nazareth, Safaram, Rama und eine weitere wurde durch einen anderen Leiter in Ramallah gegründet. Die Assemblies of God begannen 1985 ebenfalls mit einer russischen messianisch-jüdischen Gemeinde in Haifa und einer weiteren in Aschkelon.

Sechs Denominationen und Bewegungen begannen im Nahen Osten in Jerusalem, Palästina / Israel: die orthodoxe, katholische, armenische und anglikanische Kirche und die Baptistengemeinde am Tag von Pfingsten, sowie die messianisch-jüdische Bewegung. Dies zeigt, dass Jerusalem der Mittelpunkt auf der Straße des Heils von Ägypten über Israel bis nach Assyrien ist, sowohl in ihren Anfängen als auch bei ihrer Wiederherstellung.

1948, vor der Gründung des Staates Israel, gab es 30 Prozent arabische Christen im Land. 2003 waren es nur noch 1 bis 1,5 Prozent. Christen wollen eine Ausbildung bekommen, also emigrieren viele in den Westen und haben dort ein leichteres Leben. Moslems nehmen die Unterdrückung auf sich, kaufen Land, bauen Häuser und haben Babys, damit sie das Land besitzen können.

Gott ist in den letzten 120 Jahren in Israel in besonderer Weise unter den Juden am Wirken. Sie begannen 1880 mit der Rückkehr nach Palästina, als in der ehemaligen Sowjetunion in über 100 Städten Judenpogrome ausbrachen. Dies war die erste große *Alijah*, die Rückkehr der Juden aus der Diaspora ins Verheißene Land Israel, die bis ins 21. Jahrhundert anhält.

1877 hatte Theodor Herzl, der Vater des Zionismus, eine Vision, dass Israel in 50 Jahren wiedergeboren würde, was auch geschah. Es hat große *Alijah*-Bewegungen aus Osteuropa und den arabischen Nationen zur Zeit des Staatsaufbaus Israels in den 40er und 50er Jahren gegeben, als über 1 Million Juden hierher kamen. In den 80er und 90er Jahren brachten weitere große *Alijah*-Bewegungen eine weitere Million Juden aus der ehemaligen Sowjetunion, Äthiopien, Indien und China hierher. Heute starten Flugzeuge voller Einwanderer aus Argentinien, den USA und Frankreich als kleiner Anfang einer größeren *Alijah*-Bewegung aus dem Westen, die 2002 kurz nach dem 11. September 2001 begann.

Man kann aus den Zeugnissen dieses Buches erkennen, dass Gott in einer Weise wiederherstellend unter den Juden wirkt, dass sie den Messias wieder annehmen, und zwar seit 1841, als Michael Solomon Alexander (geb. 1799) der erste jüdische Bischof in Jerusalem seit dem 1. Jahrhundert wurde. Man kann auch sehen, dass die Juden den Messias zunehmend seit Anfang des 20. Jahrhunderts annehmen, nachdem Joseph Rabinowitz, bekannt als der Theodor Herzl des messianischen Judentums, den Messias auf dem Ölberg empfangen hatte. Im ersten Teil dieses Buches können Sie diese Zeugnisse und die Zeugnisse anderer Leiter wie Harcourt Samuel, Solomon Ostrovsky, Rabbi Daniel Zion, Zvi Kofsman, Bar-David u. a. lesen.

Die geistliche jüdische Wiederherstellung / Erweckung begann in großen Zahlen nach 1967, als Jerusalem wiedervereinigt wurde (siehe Teil III: Zeugnisse der Josua-Generation). In jenem Jahr, als die Juden erstmals wieder zur Klagemauer konnten und anfingen zu weinen, hörte Gott ihre Gebete und begann, sie zu lebendigen Steinen im geistlichen Tempel, den Gott aus Israel und allen Nationen aufbaut, zu machen. 1967 begann die letzte Josua-Generation.

Zu jener Zeit gab es nur eine Handvoll messianischer Gemeinden in Israel. 2003, 36 Jahre später, gibt es Gemeinden in fast allen der 80 größeren Städte, in einigen Städten sind es über 12 Gemeinden. Es gibt etwa 100 messianische Gemeinden / Gemeinschaften und fast 400 Gemeinden insgesamt in Israel, inklusive ungefähr 60 arabische Gemeinden, die wieder zu wachsen beginnen.

Seit der zweiten und gewaltsameren *Intifada*, die im September 2000 begann, hat die Zahl der Gläubigen unter Juden und Arabern stark zugenommen. Die Menschen beten für Frieden und Wohlstand, aber Gott bringt Erschütterungen und Erlösung. Drei messianisch-jüdische Schlüsselzentren sind heute die Christ Church in Jerusalem, Beit Immanuel in Jaffa – Tel Aviv und die Carmel Assembly in Haifa / Karmel. An diesen drei Orten öffnet Gott in besonderem Maße wieder die Brunnquellen der Vorzeit, die 2000 oder 3000 Jahre alt sind. Es gibt ein starkes Zeugnis von der jüdischen und arabischen Einheit, da wir gesegnet sind durch die gemeinsame Anbetung des Königs der Herrlichkeit. Bald wird der jüdische Messias seine Füße auf den Ölberg in Jerusalem setzen und dann werden Israel und die Gemeinde aus allen Nationen eins in ihrem Messias sein.

Ich habe hier weniger über Israel geschrieben, da bereits zwei Drittel dieses Buches darstellen, was Gott in Palästina / Israel seit 1800 getan hat. Die Zeugnisse in den vorangegangenen Kapiteln dieses Buches zeigen dies.

## *Südwestasien / Assyrien*

Südwestasien besteht aus zehn Nationen im Nahen Osten – Ägypten, Jordanien, Libanon, Syrien, Irak, Kuwait, Saudi-

Arabien, Bahrain, Katar, die Vereinigten Arabischen Emirate, Oman und Jemen.

Die größten christlichen Gemeinschaften im arabischen Teil Asiens bestehen aus den Kopten in Ägypten, die zwischen 11 und 15 Millionen Mitglieder haben. Die Kopten reichen zurück bis ins 1. Jahrhundert und bis zu Markus, der das Evangelium von Jerusalem nach Ägypten brachte. Die Leiter der evangelikalen und der Pfingstgemeinden in Ägypten, die etwa 1 Million Menschen zählen, sagen zurecht, dass Gott auch mächtig in der koptisch-orthodoxen Kirche wirken muss, damit es eine echte geistliche Erweckung in Ägypten geben kann. Christen haben einen Bevölkerungsanteil von 13 Prozent in einer Nation, die vor der Islamisierung fast völlig christlich gewesen war und es gemäß Jesaja 19,25 auch wieder sein wird.

Diese Dinge müssen inmitten vieler Erschütterungen geschehen, damit die Straße des Heils für Erlösung, Versöhnung und Wiederherstellung von Ägypten aus, und mit Ägypten, Israel und Assyrien vollständig geöffnet werden kann, und sie gemeinsam Gott dienen und so zu einem Segen inmitten der Erde werden (Jesaja 19,23-25).

Die zweitgrößte christliche Gemeinschaft im Nahen Osten ist die griechisch orthodoxe Kirche, der über 1 Million Menschen in Syrien, Libanon, Jordanien und Israel angehören. Die drittgrößte sind die Maroniten, zu denen etwa 1 Million Menschen im Libanon gehören. John Maron spaltete sich einst von der römisch-katholischen Kirche ab, um die Maroniten zu gründen, aber später baute er in gewissem Maße wieder eine Nähe zu Rom auf. Es gibt etwa eine halbe Million Armenier (Gregorianer, Katholiken und Protestanten), viele davon im Libanon, und etwa 400.000 griechische Katholiken im Libanon. Es gibt auch 250.000 Chaldäer, die im Irak leben. Die nestorianisch-assyrischen Orthodoxen, von denen sich die Chaldäer abgespaltet hatten, haben nur etwa 50.000 Mitglieder. Die syrisch-orthodoxe Kirche hat etwa 120.000 Mitglieder.

## Ägypten

Als Ort des prophetischen Gebärens und als Tor zwischen dem afrikanischen und asiatischen Kontinent hat Ägypten in der Menschheitsgeschichte eine zentrale Rolle gespielt. Als Heimat des Nils besteht das ägyptische Staatsgebiet hauptsächlich aus Wüste, wodurch die landwirtschaftliche Entwicklung sogar trotz moderner Bewässerungstechnologie begrenzt ist. Als Verbindung von Rotem Meer und Indischem Ozean mit Mittelmeer und Atlantik spielt der Suezkanal eine Schlüsselrolle in der Region und Wirtschaft Ägyptens.

Abraham kam aus Bethel nach Ägypten, bevor Gott ihm das ganze Land verhieß, als er nach Bethel zurückkehrte und Altäre in Hebron und Jerusalem baute. Angeführt von Markus, dem ersten christlichen Märtyrer in Ägypten, ist die ägyptische Kirche bekannt als „Kirche der Märtyrer" und hat 2000 Jahre Verfolgung überlebt sowie alle Versuche, jede Spur des reichen christlichen Erbes aus Ägypten zu tilgen. Es hat nicht nur die Israeliten während ihrer Flucht aufgenommen, sondern auch den Säugling Jesus. Sogar nach der muslimisch-arabischen Eroberung 640 n. Chr. blieb Ägypten über 1000 Jahre lang ein mehrheitlich christliches Land, vor allem durch die koptische Kirche. Aus Ägypten stammen einige der weltbesten christlichen Theologen, die Klosterbewegungen und die Septuaginta (die griechische Übersetzung des Alten Testaments). Zu seinen großen Leitfiguren gehören Salib Boulis, Boutros Labib, Dr. Ibrahim Said, Dr. Samuel Habib, Abouna Daniel, der Pastor von Emil Boutros, Kasel Maluouk, Manier Auluna und Matta El Miskeen.

## Jordanien

Jordanien, das nach biblischen Berichten von den Nachkommen Esaus (Edom) und Lots (Moab) besiedelt wurde, war mit seinen Wüstenabschnitten und dem Jordantal auch Heimat der Stämme Manasse, Gad und Ruben. Nach dem Jordanfluss (überliefert von Dan) benannt, gehörte Jordanien bis 1918 zum türkischen Reich, war als Transjordanien mit Paläs-

tina unter britischer Mandatsregierung, bis es 1946 unabhängig wurde. Mehr als die Hälfte seiner gegenwärtigen Bevölkerung sind Palästinenser mit jordanischer Staatsbürgerschaft. Obwohl der Islam Staatsreligion ist, verbietet die Verfassung die Diskriminierung Andersgläubiger und fördert die freie Ausübung der Religion. Fernsehen, Radio und Satellitenprogramme sind wichtig für die Verbreitung des Wortes Gottes in der Nation. Geistliche Väter in Jordanien sind unter anderem Roy Whitman, Habib Iskandor, Albert Hasaway und Faway Emosch. Pastor Iskandor half beim Aufbau der Assemblies of God-Gemeinden in Jordanien, zu denen jetzt auch die größte Gemeinde Jordaniens gehört. Pastor Hasaway spielte eine wichtige Rolle bei der Gründung der Christian Mission Alliance-Gemeinden in Jordanien, und Pastor Emosch ist der Vater der Baptistengemeinden in Jordanien. Heute wachsen die evangelikalen Gemeinden, und darunter vor allem die Hauskreise.
Jordaniens Erlösungsgabe ist es, ein Zufluchtsort zu sein. Es hatte diese Funktion schon für Palästinenser, Iraker, Juden und viele andere Volksgruppen. Nach der Zerstörung des Tempels 70 n. Chr. fanden viele Juden Zuflucht in Pella gemäß Daniel 11. Edom, Moab und Amman sind Orte mit prophetischer Bedeutung sowohl für Juden als auch für Christen als Zufluchtsort für die Zukunft. Ruth, die Moabiterin, repräsentiert die Heiden, die sich zu den Juden stellten, indem sie bekannten: **„Dein Volk ist mein Volk und dein Gott ist auch mein Gott."** Der jordanische Friedensvertrag wurde zum stärksten Band des Friedens für Israel innerhalb der arabischen Welt.

## Libanon

Das alte Phönizien, der Libanon, ist ein fruchtbarer, bergreicher Staat an der Ostküste des Mittelmeers. Sein Name bedeutet „weiß" und beschreibt akkurat den schneebedeckten Gebirgszug des Libanon und war zu biblischen Zeiten berühmt für seine duftenden Zedern, Fichten und Zypressen (Jesaja 60,13). Ehemals unter französischem Mandat erlangte

Libanon 1943 seine Unabhängigkeit mit einer Verfassung, die auf dem Gleichgewicht 18 anerkannter Glaubensgemeinschaften basiert, und es ist der einzige arabische Staat, der nicht offiziell muslimisch ist. Seit dem Bürgerkrieg von 1990 kontrolliert Syrien 90 Prozent des Libanon und Israel 10 Prozent.

Es gibt zahlreiche orthodoxe und katholische Kirchen, die in der Vergangenheit immer wieder Erweckungen erlebten und auch heute noch Erneuerung erfahren, besonders innerhalb der maronitischen Kirche. Die charismatische Bewegung hatte in den letzten zwei Jahrzehnten eine bedeutende Wirkung auf das ganze Kirchenspektrum. Als Startrampe für Dienste im ganzen Nahen Osten ist der Libanon ein Schlüssel, um Zugang zu einigen der unerreichtesten Volksgruppen der Welt zu bekommen, und diese Dienste umfassen die Übersetzung und Publikation christlicher Literatur, Ausbildung, Training, und Satellitenfernsehprogramme. So wie Hiram es tat (1. Könige 5,1-12 und 7,15-22), stehen viele Libanesen heute auf, um beim Wiederaufbau des geistlichen Tempels zu helfen, dem Leib des Messias in Jerusalem, Israel und dem gesamten Nahen Osten.

## Lebendiges Zeugnis eines radikal hingegebenen Gläubigen im Libanon

Robert Haddad entkam zweimal dem Tod. Er wurde von einem Arbeitskollegen bedroht, nachdem er ein pornographisches Bild vernichtet hatte, das dieser auf seiner Maschine liegen gelassen hatte. Haddad entgegnete ihm: „Wenn du mich tötest, werde ich in die Herrlichkeit des Himmels eingehen; aber wenn du stirbst, wo wirst du hingehen?" In jenem Moment läutete die Feierabendglocke.

Der Arbeiter antwortete: „Am Montag erschieße ich dich mit meinem Gewehr."

„Ich werde hier sein und der Herr Jesus wird mit mir sein", erklärte Haddad.

Als er am Montag zur Arbeit kam, näherte sich ihm ein anderer Arbeiter, der erklärte: „Der Herr liebt dich. Der

Mann, der dir am Freitag gedroht hat, dich zu töten, ging danach nach Hause und fiel tot um."

Obwohl die Fabrik nur 300 Meter von Haddads Haus entfernt war, handelte es sich um einen gefährlichen Arbeitsweg, weil er genau zwischen zwei kämpfenden Armeen hindurch führte. Als er eines Tages die Straße betrat, begannen rings um ihn her Gewehre zu feuern, und plötzlich stand ein bewaffneter Soldat direkt vor ihm.

Der bewaffnete Mann fragte ihn, ob er irgendwelche Waffen bei sich hätte. „Ja, ich habe eine Waffe in meiner Tasche", antwortete Haddad. Der Soldat fand kein Gewehr, sondern nur eine Bibel.

Der Soldat schrie: „Spottest du über mich?"

„Nein, aber ich glaube an Jesus Christus, und Sein Wort ist meine Waffe."

Als der verärgerte Soldat dem jungen libanesischen Gläubigen das Gewehr an den Kopf hielt, blieb dieser ruhig und entgegnete den verbalen Attacken des Soldaten: „Meine Waffe ist stärker, weil das Wort Gottes aus ihr dringt und dich ins Herz treffen wird. Wenn du ihm glaubst, wirst du ewig leben. Der Herr gab mir diese Gelegenheit, um dir von Jesus, dem Erlöser, der dich liebt, zu erzählen."

Als er den Finger des Mannes am Abzug sah, bat Haddad Gott, dass Er eingreifen möge.

Plötzlich lächelte der Mann nervös und fragte: „Bist du stark?"

„In Jesus Christus bin ich stark", antwortete Haddad.

„Dann drücke meine Hand nach unten!"

Haddad versuchte, den Arm des Soldaten hinunter zu drücken, aber er konnte ihn nicht bewegen. Der Mann drehte sich abrupt um und rannte weg, ohne sich noch einmal umzusehen.

Haddad rief: „Hab keine Angst, Jesus liebt dich!"

Kurz darauf hörte Haddad von einem Kämpfer, der seinen Kameraden erzählt hatte, dass er einen an Christus glaubenden Menschen getroffen hatte, von dem er sagte: „Er war ein echter Christ. Ich wollte ihn töten, aber meine Hand war gelähmt und ich konnte nicht."[1]

## Syrien

Das heutige Syrien, eine Abkürzung von „Assyrien“, eine Bezeichnung, die von Alexander dem Großen nach seiner Eroberung gebraucht wurde, umfasst den Hauptteil der Regionen, die im Alten Testament als Kanaan und Aram bekannt waren. Seit der Zeit der Gemeindegründung in Antiochien (Apostelgeschichte 13) sind syrische Christen, ob arabisch oder armenisch, eine tolerierte und respektierte Minderheit. Sowohl die orthodoxe Ostkirche als auch die römisch-katholische Kirche hat die Herrschaft der Byzantiner, der muslimischen Araber, Kreuzfahrer und Osmanen überlebt. Obwohl die Auswanderungswelle beträchtlich ist, nehmen die wenigen Bekehrungen vom Islam ganz langsam zu. Seit 1973 ist Syrien ein säkularer Staat, obwohl der Islam als Religion der Mehrheit anerkannt ist. Seit 1946 ist das Land unabhängig von Frankreich und in den 70er Jahren stabilisierte sich die syrische Regierung nach einer Phase ständiger Unruhen. Syriens Erdöl und Landwirtschaft sind dank der fruchtbaren Ebenen am Mittelmeer und an den Ufern des Euphratstromes primäre Einnahmequellen des Landes. Wie Paulus sein geistliches Erlebnis auf der Straße nach Damaskus hatte, mögen auch die Christen in Damaskus und Syrien ähnliche Erfahrungen in diesen letzten Tagen haben.

## Assad Schidiak, syrischer Märtyrer für Jesus

Als der Syrer Assad Schidiak, Assistent des maronitischen Patriarchen, zum evangelikalen Glauben konvertierte, versuchte der verblüffte Patriarch es zunächst mit Überredungskunst, bot dann Schidiak als Bestechung eine Beförderung an und drohte ihm schließlich mit der Exkommunizierung. Als Schidiak standhaft blieb, ließen verärgerte Verwandte seine Ehe annullieren und baten den Patriarchen, alle Strenge gegen ihn walten zu lassen. Der Patriarch ließ ihn ins Gefängnis werfen, wo er später vor einer Ikone und einem Gefäß voll glühender Kohlen angekettet wurde. Es wurde ihm gesagt: „Du kannst dich entscheiden, die Ikone als Zeichen deiner

Reue zu küssen oder du kannst die Kohlen küssen!" Er presste seine Lippen auf die brennenden Kohlen und wurde dann mit versengten und geschwärzten Lippen zurück in seine Zelle gebracht.

Die Folter ging weiter. Schließlich bauten sie eine Mauer um ihn herum innerhalb seiner Zelle und ließen nur ein kleines Loch offen, durch das er atmen und Nahrung aufnehmen konnte. Dort starb er nach langen Qualen.[2]

## Irak

Der Irak wird in der Bibel schon früh erwähnt (1. Mose 11) und hat eine reiche Geschichte, zu der auch die Weltreiche der Sumerer, Assyrer und Babylonier gehören. Die fruchtbaren Überflutungsebenen von Euphrat und Tigris, die syrische Wüste im Südwesten und die hohen Berge im Norden formen ein abwechslungsreiches Landschaftsbild. Obwohl das Land mit überwältigender Mehrheit muslimisch ist, herrscht als dominierende Ideologie der panarabische Sozialismus.

Seit 1968 bekommen Christen zunehmend die Freiheit, Gottesdienste zu feiern, darüber hinaus erleben sie auch Erneuerung und Erweckung. Die kleine christliche Gemeinschaft ist weitgehend assyrisch mit einigen Armeniern. Diese Gläubigen sind Nachfahren aus der nestorianischen Kirche, die bekannt dafür sind, einen Teil Asiens vor 1000 Jahren gewonnen zu haben, und sind Nachfahren der Alten Kirche des Ostens. Durch die Bemühungen ausländischer Missionare in den letzten 150 Jahren sind viele Assyrer der chaldäisch-katholischen Kirche evangelikal geworden. Nicht nur Araber nehmen das Evangelium an, es gibt sogar eine Handvoll kurdischer Gemeinden.

Die Kriege mit den USA haben die Golfregion verändert. Beten Sie dafür, dass die Gemeinde geistlich gedeiht und sich im 21. Jahrhundert noch stärker multipliziert und auf Jesu Wiederkunft vorbereitet wird.

## Kuwait

An der Nordwestküste des Persischen Golfs, eingeklemmt zwischen Irak und Saudi-Arabien, liegt die ölreiche Wüste von Kuwait. Obwohl der sunnitische Islam Staatsreligion ist, gibt es eine vielfältige christliche Gemeinschaft unter einem relativ liberalen Regime. Von den annähernd 2 Millionen Menschen sind etwa 8 Prozent Christen, darunter gibt es aber nur einige Hundert gebürtige Kuwaiter. Viele hören Gottes Wort über das Radio und durch Satellitenprogramme.

## Saudi-Arabien

Bevor der Islam vor fast 1300 Jahren die Kontrolle übernahm, gab es einen großen christlichen Bevölkerungsanteil in Saudi-Arabien. Saudi-Arabien besitzt 25 Prozent der weltweit bekannten Ölreserven und ist hauptsächlich von einer Wüstenlandschaft geprägt, die den Hauptanteil der Arabischen Halbinsel bedeckt. Die absolutistische Monarchie und der semifeudale Staat gebrauchen den unermesslichen Wohlstand, um staatliche Dienstleistungen und Kommunikationswege zu verbessern, die Industrie des Landes zu diversifizieren und die Expansion des Islam weltweit zu fördern. Saudi-Arabien wird als Wächter des Islam angesehen, da er die heiligsten Stätten des Islam, Mekka und Medina, hütet, und ist deshalb ein islamischer Staat, der alle anderen Religionen verbietet. Die Saudis sind natürliche Nachfahren Mohammeds und so existiert in der saudischen Identität das Gefühl, das wirklich erwählte „*umma*" Volk Gottes zu sein, und somit den Platz der Juden und der Gemeinden eingenommen zu haben. An der Wurzel der eigentlichen Enterbungstheologie steht der Islam.

Heute ist Saudi-Arabien eines der am wenigsten evangelisierten Länder der Welt und lässt keine christlichen Mitarbeiter oder christliche „Propaganda" zu. Zeugnisgeben oder öffentliche Dienstleistungen außerhalb der christlichen Zonen sind verboten. Jede öffentliche Demonstration des Glaubens wird mit Gefängnis, Deportation oder Exekution bestraft.

Saudis, die Christus bekennen, droht die Todesstrafe. Viele hören heimlich christliche Radiosendungen. Trotz Verfolgung gibt es jetzt Gemeinden in jeder größeren Stadt außer in einer Stadt, die hauptsächlich aus ausländischen Arbeitern besteht.

## Bahrain

Bahrain ist eine kleine Insel im Persischen Golf vor der Küste Saudi-Arabiens nahe der Katar-Halbinsel. Die Wirtschaft Bahrains ist divers, dazu gehören Erdölförderung und Raffinerien, Aluminiumverhüttung und Bankenwesen. Nach 1971, als das britische Protektorat endete, wurde die Nation von einer absolutistischen Monarchie regiert, bis in die jüngste Vergangenheit, als sie sich in Richtung einer konstitutionellen Monarchie und demokratischen Regierung bewegte. Alle von Bahrains ca. 650.000 Einwohnern sind offiziell muslimisch, aber bis zu 10 Prozent sind Christen. Die größte arabisch-christliche Gemeinschaft der Golfstaaten versammelt sich hier, die meisten davon sind ausländische Mitarbeiter, darunter viele Inder.

## Katar

Dieser arabische Halbinselstaat ist fast vollständig von Wüste bedeckt und gehörte bis 1918 zum Türkisch-Osmanischen Reich und kam dann unter das britische Protektorat, bis er 1971 unabhängig wurde. Katar ist die Heimat der weltweit größten Erdgasreserven und Erdölprodukte sind Hauptexportmittel und Katalysator für die Wirtschaft des Landes. Stimuliert von den guten Verdienstmöglichkeiten, werden viele ausländische Arbeiter von Katar angezogen. Die meist asiatischen Ausländer stellen den Hauptanteil der Bevölkerung.

Die strenge Wahabittradition des sunnitischen Islam ist Staatsreligion, aber den ca. 10 Prozent Christen wird die Ausübung ihres Glaubens gestattet. Vor 1985 waren keine einheimischen Gläubigen in Katar bekannt. Einige sind im Ausland zum Herrn gekommen, erleiden aber Verfolgung im eigenen Land. Lob sei Gott, dass Katar heute in gewissem Maße offen für Christen und Juden ist. Beten Sie für eine weitere Öffnung.

## Die Vereinigten Arabischen Emirate

Die Wüsten- und Berglandschaft, die sich bis zum Persischen Golf und zum Golf von Oman erstreckt, bildet die sieben Emirate der Vereinigten Arabischen Emirate. Die wenigen arabischen Gläubigen, die es in den VAE gibt, sind mit Verfolgung und sogar Tod um ihres Glaubens willen konfrontiert. Nachdem in den letzten drei Jahrzehnten die Modernisierung vorangeschritten ist, werden auch christliche Fernsehprogramme zunehmend effektiv.

## Oman

Am südöstlichen Zipfel der Arabischen Halbinsel und Eingang zum Persischen Golf gelegen, ist Oman eine Gebirgsnation, die sich zum Golf von Oman und zur Arabischen See hin öffnet. Ölreserven unterstützen die Finanzierung der landwirtschaftlichen und industriellen Marktdiversifikation. Oman war bis 1970 eine isolierte feudalistische Monarchie. Dann kam der jetzige Sultan an die Macht, der als wohlwollender absolutistischer Monarch agiert. Obwohl der Ibadi-Islam Staatsreligion ist, unterdrückt der Sultan beharrlich jeden fanatischen Islam.

Samuel Zwemer, ein apostolischer Vater in der arabischen Welt, begann seine Tätigkeit 1890 in Oman. Die Krankenhäuser, Kliniken, Ausbildungsstätten und Geschäfte, die er zurückgelassen hat, sind bis heute ein Zeugnis. Heute erreichen Radio- und Satellitenfernsehprogramme den Oman effektiv. Es gibt vielleicht eine Handvoll einheimischer Gläubiger, die Christus aufgrund unterdrückerischer Maßnahmen gegen sie nicht öffentlich bekennen.

## Jemen

Das Christentum war bis 400 n. Chr. stark im Jemen vertreten, wurde aber bei der muslimischen Eroberung 300 Jahre später fast völlig ausgelöscht. Wie die Königin von Saba, die den Jemen regierte, Weisheit suchte, mögen auch die Einwohner ihres Landes die Weisheit Gottes suchen, wie es in Jesaja 60,6 heißt:

> **Sie alle werden aus Saba kommen. Gold und Weihrauch tragen sie, und sie werden das Lob des HERRN fröhlich verkündigen.**

Im gebirgigen Süden und Südwesten der Arabischen Halbinsel gelegen, ist der Jemen der einzige Teil der Arabischen Halbinsel mit nennenswerten Niederschlägen. Dadurch können die Erdölexporte mit landwirtschaftlichen Produkten ergänzt werden, darunter auch Weihrauch und Myrrhe. Da der Islam offizielle Staatsreligion ist, basiert das Rechtssystem auf der *Scharia* und gewährt nur Nicht-Moslems die Religionsfreiheit. In einem der am wenigsten evangelisierten Nationen der Welt finden christliche Radiosendungen fragende Zuhörer.

## Das moderne Südwestasien

Heute haben die meisten „Christen" im arabischen Teil Asiens einen nominell christlichen Hintergrund, da es sich bei den uralten orthodoxen und katholischen Glaubensgemeinschaften um schlafende Riesen handelt. Es gibt etwa 100.000 arabische Katholiken in Südwestasien und etwa 100.000 protestantische Araber aller Denominationen.

Die Anzahl der protestantischen Gemeinden in der arabischen Welt entstanden durch eine Erweckung im 18. und 19. Jahrhundert in den USA und in Großbritannien. Anfang des 19. Jahrhunderts gab es eine enge Zusammenarbeit zwischen allen protestantischen Gruppen in der Mission und Evangelisation, wodurch ganz Südwestasien und Palästina berührt wurden. Bibeln und Traktate wurden seit 1815 in arabischer Sprache auf Malta gedruckt. 5 Jahre später kamen die ersten protestantischen Missionare in den Nahen Osten, nach Ägypten, Syrien und Beirut. In jenem Jahr begannen Missionen der biblischen Glaubensgemeinden heimlich ihre Tätigkeit in Ägypten und 20 Jahre später (1840) in Palästina, wo Michael Solomon Alexander 1841 als erster anglikanischer Bischof in Jerusalem eingesetzt wurde.

Heute sind die protestantischen Denominationen immer noch wenige und haben nur kleine Gemeinden. Es gibt Verfolgung und Diskriminierung Gläubiger in einigen Regionen Südwestasiens, aber sie nehmen jetzt zahlenmäßig und in der Liebe zu Jesus zu. Sie erleben großen Druck von Verwandten, Arbeitgebern und Behörden. Es ist schwierig für sie, Gemeinschaft zu finden, da großes Misstrauen gegenüber anderen Gläubigen mit muslimischem Hintergrund herrscht, aber auch Vorbehalte gegenüber Gemeinschaft mit Christen aus einem anderen konfessionellen Hintergrund. Beten Sie, dass die Christen lernen, Leiden zu ertragen und in Südwestasien zu bleiben, und als Licht und Salz zuzunehmend Freimut zu bekommen und nicht in Strömen in den Westen zu fliehen, sondern dass die Multiplikation von Zellgruppen und Jüngern stattfindet als Vorbereitung auf die Wiederkunft des Messias.

**Fußnoten**

[1] Aus: *By Their Blood*

[2] Aus: *By Their Blood*

# Bibliographie

Wenn Sie mehr Informationen über die Menschen in diesem Buch haben oder den näheren Zusammenhang erfahren möchten, ermutigen wir sie dazu, die folgenden vertiefenden Werke zu erwerben.

Antier, Jean-Jacque. Charles de Foucauld Charles of Jesus. San Francisco: Ignatius Press, 1999.

Bendor-Samuel, T. H. "Harcourt Samuel: Hebrew Christian Leader" *Mishkan* 15 (2/1991): 37-41.

Bernstein, B.D., Rev. A.: Some Jewish Witnesses for Christ. Jerusalem, Israel: Keren Ahvah Meshihit, 1999.

Corey, Muriel W. From Rabbi to Bishop. London, England: The Olive Press (Druck zur Britischen Mandatszeit)

Crombie, Kevin. "A real son of Zion: Ben Zion Briedman and the Jewish mission at Safed" *Mishkan* 15 (2/1991): 25-36.

Crombie, Kelvin. For the Love of Zion. London: Hodder & Stoughton, 1991.

Crombie, Kelvin. "Michael Solomon Alexander and the Controversial Jerusalem Bishopric" *Mishkan* 15 (2/1991): 1-12.

Cragg, Kenneth. The Arab Christian: A History in the Middle East. Louisville, KY: Westminster/John Knox Press, 1991

Daniel, Robin. The Holy Seed. England: Tamarisk Publications, 1992.

El Hassan Bin Talal, Crown Prince of Jordan. Christianity in the Arab World. Amman, Jordan: Arabesque, 1994

Hamilton, E. The Desert My Dwelling Place: A study of Charles de Foucauld.

Hefley, James and Marti. By Their Blood: Christian Martyrs of the Twentieth Century, 2nd ed. Grand Rapids, Michigan: Baker Books, 1996

Hess, Tom. God's Abrahamic Covenants with Israel. Jerusalem, Israel: Progressive Vision International, 2003.

Hess, Tom. Let My People Go! 5th ed. Jerusalem, Israel: Progressive Vision International, 1997.

Hess, Tom. Pray for the Peace of Jerusalem. Jerusalem, Israel: Progressive Vision International, 2000.

Hess, Tom. Prepare the Way of the King Glory. Jerusalem, Israel: Progressive Vision International, 2001.

Hess, Tom. The Watchmen. Jerusalem, Israel: Progressive Vision International, 2000.

Kjaer-Hansen, Kai and Bodil F. Skjott. Facts and Myths about the Messianic Congregations in Israel 1998-1999: A Survey. Jerusalem, Israel: United Christian Council in Israel, 1999.

Kjaer-Hansen, Kai: Joseph Rabinowitz and the Messianic Movement. Grand Rapids, Michigan: The Handsel Press Ltd., 1995

Kjaer-Hansen, Kai: "Joseph Rabinowitz: The Hertzel of Jewish Christianity." *Mishkan* 14 (1/1991): 1-14

Liberman, Paul. The Fig Tree Blossoms. Indianola, Iowa: Fountain Press, 1976.

Lindsey, Robert I. Israel and Christendom: The Problem of Jewish Identity. Jerusalem (zwischen 1954 und 1959)

Mannchen, Julia. "Gustof Dalman and Jewish Missions" *Mishkan* 14 (1/1991): 64-73.

Nerel, Gershon. "Haim (Haimoff) Bar David: Restoring Apostolic Authority" *Mishkan* 37 (2002): 59-78

Nerel, Gershon. "Messianic Jews in Eretz-Israel (1917-1967)" *Mishkan* 27 (1997): 11-25

Pacini, Andrea. Christian Communities in the Arab Middle East: The Challenge of the Future. Oxford: Oxford University Press, Inc., 1991

Ronning, Halvor. "The Evangelistic Methods of Robert Lisle Lindsey" *Mishkan* 37 (2002): 104-111.

Samuel, Harcourt. "History of the International Hebrew Christian Alliance" *Mishkan* 14 (1/1991): 74-79

Shorrosh, Anis. The Liberated Palestinian. Wheaton, Ill: Victor Books, 1976

Shorrosh, Dr. Anis A. Islam Revealed: A Christian Arab's View of Islam. Nashville: Thomas Nelson Publishers, 1988.

Shulam, Joseph. "Rabbi Daniel Zion: Chief Rabbi of Bulgarian Jews During World War II" *Mishkan* 15 (2/1991): 53-57.

Wilson Sr., J. Christy. Apostle to Islam: A Biography of Samuel Zwemer. Grand Rapids, MI: Baker Book House, 1952.

Wilson Sr., Christy. Flaming Prophet: The Story of Samuel Zwemer. NY: Friendship Press, 1970.

Whitman, Roy. Signs and Wonders in Rabbath-Ammon: Beina an account of Divine Visitations in Amman, Trans-Jordan. Amman, Jordan: The Co-operative Printing Presses Workers Society, 1933.

## Weitere Werke in anderen Sprachen

Bazin, R. Charles de Foucauld. Explorateur du Maroc, Ermite au Sahara. 1921 (Französisch).

Shulam, Joseph und Amicam Tavor, Hrsg. Von Jerusalem nach Jerusalem: Auszüge aus dem Tagebuch von Mosche Immanuel Ben-Meir. Israel, 2001 (Hebräisch).

Madanat, Suhail. Roy Whitman. Baptist Publications, 1990 (Arabisch).

Abu Hamad Sami, Hrsg. *El Haris (Der Wächter): Evangelische Monatsschrift.* Haifa, Palästina: Haifa Church, 1946-1948 (Arabisch).

Whitman L.F. Hrsg. *Misbah Ul-Haqq: Evangelische Monatsschrift.* Amman, Jordan, 1938 & 1939. (Arabisch).

## Online-Ressourcen

www.hakesher.org – Robert Lindsey und sein Lebenswerk

Franz Biebl, 45 Jahre alt, verheiratet mit Monika und Vater von Janina (14) und Julia (12), bereist seit 1976 Israel. Er zählt Juden und Araber zu seinen Freunden. Sein Buch entstand aus Liebe und Freundschaft zu Israel und seinen Menschen und ist mit vielen persönlichen Beispielen illustriert.

In den 1980er Jahren arbeitete er als Sozialarbeiter mit Flüchtlingen aus verschiedenen Nationen, besonders gerne mit Palästinensern aus dem Libanon.

Neben der praktischen Sozialarbeit im Beruf studierte er Sozialwissenschaften, Politik und Geschichte und schloss mit einer Arbeit über „das Rechtsextremismuspotential unter Jugendlichen in den neuen Bundesländern" ab.

Viele Jahre gehörte er der Gemeindeleitung des Christlichen Zentrums Nordweststadt (Frankfurt a.M.) an, das er 1991 mit begründet hatte.

Er leitet heute ein Sozialwerk für psychisch kranke Menschen in Frankfurt am Main, organisiert Zeitzeugenvorträge von Holocaustüberlebenden und steht im übergemeindlichen Lehr- und Predigtdienst.

Verlag Gottfried Bernard
ISBN 3-934771-50-5

FRANZ BIEBL
Vorwort von CHRISTOPH HÄSELBARTH

*Don Finto war über 25 Jahre Pastor der Belmont Church in Nashville. Er ist immer noch ein Pastor für Pastoren und ist aktiv involviert in die auferweckte Gemeinschaft messianischer Juden in den USA und Israel. Don und seine Frau Martha Ann haben drei Kinder und sieben Enkelkinder und leben in Tennessee.*

Zu viele nichtjüdische Gläubige halten das Christentum für einen Ersatz des Judentums - und Israel für etwas, das nicht zu Gottes Plan gehört.

Don Fintos „Dein Volk ist mein Volk" offenbart Gottes Absichten für Sein Bundvolk in unserer Zeit, und wie diese Offenbarung die Kirche beeinflusst.

Anders als Rut im Alten Testament haben viele von uns den Verwandten des Messias den Rücken gekehrt, und wir haben Anteil an der kollektiven Schuld Jahrhunderte langer Verfolgung. Finto erinnert uns daran, dass ein Bekenntnis der Schuld nur ein Anfang ist. Mehr als jemals zuvor müssen wir das erwählte Volk Gottes umarmen und fürbittend zu ihm stehen, indem wir unsere Gebete in Einklang mit Gottes Plan bringen.

Jetzt, in einem kritischen Augenblick der Weltgeschichte, da Israel und sein Volk wieder im Rampenlicht stehen, sind unsere Gebete von zentraler Wichtigkeit. Werden wir den gleichen Bund mit Israel schließen, den Rut mit Naomi schloss? Wenn ja, dann wird unsere Kirche sich grundlegend verändern!

VERLAG GOTTFRIED BERNARD
ISBN 3-934771-34-3 · BEST.-NR. 175734

Derek Prince, ehemals Professor für Philosophie an der Cambridge-Universität in England, war bis zu seinem Tod einer der führenden Bibellehrer unserer Zeit. Seine Bibelauslegungen zeichnen sich durch ihre klare, gründliche Strukturierung sowie durch ihre Lebendigkeit und konkrete Umsetzbarkeit aus.

**Derek Prince**

## Die Zukunft Israels und der Gemeinde

Was hat die Bestimmung Gottes für das Volk Israel mit der Bestimmung für die Gemeinde zu tun? Diese Frage ist heute so brennend, wie nie zuvor. Je mehr die endzeitlichen Entwicklungen ihrem Höhepunkt entgegengehen, umso mehr bedarf es einer klaren Orientierung in dieser für Christen und Juden gleichermaßen wichtigen Frage.

Es gibt nur eine Quelle, die eine solche Orientierung zu vermitteln vermag: Die Bibel. In diesem Buch analysiert Derek Prince das Wort Gottes in Bezug auf diese Kardinalsfrage in der für ihn typischen präzisen, leicht verständlichen und gleichzeitig tiefgreifenden Weise.

VERLAG GOTTFRIED BERNARD
ISBN 3-925968-51-2 · BEST.-NR. 175851

Dem PHILIPPUS-DIENST ist es als Herausgeber ein besonderes Anliegen, sowohl den jüdischen wie auch den christlichen Aspekt, den Paulus in Römer 11 beschrieb, herauszustellen. Eine Kurzbiografie der beiden Autoren Avner Boskey und Thomas Capelle findet sich im Booklet.

**Avner Boskey · Thomas Capelle**

## Der edle Ölbaum und seine Zweige

Obwohl Römer 11 sich mit dem Schicksal der Christen aus den Nationen als auch dem Schicksal Israels befasst und beide am Ende miteinander in Beziehung setzt, ist über diese Thematik wenig publiziert oder kaum darüber gepredigt worden.

In anschaulicher Betrachtung führt Avner Boskey den Leser in die Tiefen von Römer 11 ein und Thomas Capelle zeigt in Klarheit unverblümt auf, wie die christliche Praxis über die Jahrhunderte in Bezug auf Römer 11 aussah. Dieses Booklet wird das Verständnis für Gottes Endzeitpläne öffnen, in denen Juden wie Christen einen ausgesonderten Platz einnehmen werden und beide zu der einen Braut Christi zugerüstet werden.

GB VERLAG GOTTFRIED BERNARD
ISBN 3-934771-52-1 · BEST.-NR. 175752